ΜΕΤΑΦΥΣΙΚΕΣ ΑΠΟΣΤΑΣΕΙΣ

Ρένα Κατσάνη

Ordering Information:

Prime Seven Media
518 Landmann St.
Tomah City, WI 54660

Printed in the United States of America

Ρένα Κατσάνη

ΜΕΤΑΦΥΣΙΚΕΣ ΑΠΟΣΤΑΣΕΙΣ

Τριλογία θεάτρου

ΠΕΡΙΕΧΟΜΕΝΑ

Πρώτο μέρος
«Στων Κόσμων το Μεταίχμιο»

Εισαγωγή - Σκηνικό - Πρόσωπα

Ρεαλιστικά ή αλληγορικά το έργο αυτό αναφέρεται περισσό- τερο σε έννοιες παρά σε κάποια συγκεκριμένη «υπόθεση». Ως εκ τούτου οι ρόλοι είναι συμβολικοί, πλευρές του εαυτού μας, αντιπροσωπευτικές φιγούρες της κοινωνίας που ζούμε. Εκπρο- σωπούν ιδιότητες και χαρακτηριστικά και όχι συγκεκριμένα «πρόσωπα». Μεγάλο ρόλο παίζει η ατμόσφαιρα και το μοντάζ. Μέσα από αυτό βλέπουμε τη «λεπτομέρεια» που καθορίζει την εμπειρία των προσώπων – αλλά και τον τρόπο που οι κοινωνικές συνθήκες επιδρούν και διαμορφώνουν αυτές τις εμπειρίες.

Τα πρόσωπα με τη σειρά που εμφανίζονται:

Ο Αριστοφάνης
Η Ειρήνη
Ο Κυνηγός
Το Χερουβείμ
Ο Οικολόγος
Ο Καλλιτέχνης
Ο Πολιτικός
Η Γυναίκα
Η Γιαγιά
Η Κοπέλα
Η Μητέρα
Το Παιδί

Το σκηνικό σ' ένα ξέφωτο, δέντρα πολλά, θάμνοι, ειδυλλιακή ατμόσφαιρα. Στη μια πλευρά της σκηνής ένα μεγάλο τραπέζι από χοντρό ξύλο και πέτρινα, σαν πολυθρόνες, καθίσματα. Πιο πίσω, στο κέντρο ένας μεγάλος βράχος με ξύλινη πόρτα– η σπη- λιά της Ειρήνης. Ανάμεσα στα δέντρα διακρίνεται η σκηνή του Αριστοφάνη, και στην άλλη άκρη ένας βωμός. Πάνω από τον βωμό μια στρογγυλή οθόνη προβολής – μοιάζει με φεγγάρι όταν δεν προβάλλεται εικόνα.

Πράξη 1η

(Ο Αριστοφάνης κάθεται και πίνει το τσάι του μ' ένα παξιμάδι σ' ένα μεγάλο φλιτζάνι. Ξημέρωμα, ήχοι πουλιών, νερών κλπ. Μονολογεί.)

Αριστ.: Μμμμ...

(πίνει μια γουλιά – προς το κοινό) Να 'μαστε πάλι εδώ... που λέει και το τραγούδι... Καλώς τους... Ε... κι αν ξέρατε πού ήρ- θατε... Χμμμ... Να... Να δείτε και να μάθετε τι απόγινα μετά που έφυγα από τον μάταιο κόσμο σας: Παράδεισος... περάστε... Αν και... δεν είναι εντελώς Παράδεισος εδώ, βλέπεις δεν τα 'χα κάνει όλα όπως έπρεπε... Στον Παράδεισο δεν μπορείς να δεις τι γίνεται με τους ανθρώπους – γι' αυτό είναι και Παράδεισος... Τίποτα να μην ταράζει την Αιώνια Αρμονία... Όμως εδώ είμα- στε στις παρυφές... στα σύνορα που λένε... Δεν είναι κι άσχημα φυσικά – όμως μπορούμε να βλέπουμε τι γίνεται στη Γη, κι από 'δω περνάνε κι οι περισσότεροι νεοφερμένοι... Ε... όσο να 'ναι δεν είναι αυτά τα πράγματα και τόσο αρμονικά και παραδεισέ- νια... Θα μου πεις, τι δουλειά έχω εγώ εδώ, ολόκληρος Αριστο- φάνης... διάσημος...

ένας σταρ για την εποχή μου… αααχχχ… Κι όμως... κι όμως, φίλοι μου...

(αναστενάζει – κωμικοτραγωδεί)

Ο δρόμος του Παραδείσου σταμάτησε εδώ για 'μένα... Ούτε μ' αντικλείδι δεν μπόρεσα να μπω μετά από τόσους αιώνες... Εγώ που λες, σαν έφθασα εδώ, βρήκα μόνο τούτο το τραπέζι κι αυτά τα πέτρινα καθίσματα...

(κατ' ιδίαν)... Κι αν έχει συνηθίσει ο κώλος μου στην πέτρα... Κι απάνω 'δω είχε μια περγαμηνή – ακόμα την φυλάω... αιώνες χίλιοι κι άλλοι τόσοι πέρασαν...

(παίρνει και ξεδιπλώνει από ένα καλαθάκι μια περγαμηνή – διαβάζει) «Καλώς ήλθες» – καλώς λέει! «Καλώς ήλθες, λοιπόν,... κι εδώ θα μείνεις – στης Ειρήνης τα χωράφια... της σπηλιάς της φύλακας και βοηθός της στους αιώνες... Οδηγίες θα σου δοθούν συν τω χρόνω… Για την ώρα ξεκουράσου. Καλώς έφθασες!...» Και για υπογραφή ο Κύριος έγραψε... τρεις τελείες!

(ειρωνικά). Ωραία υποδοχή για έναν διάσημο συγγραφέα! Τόσα έργα έγραψα, τόσο γέλιο χάρισα κι ορίστε τ' αποτελέσματα... Ούτε ναοί και κίονες, ούτε συμπόσια... ούτε... (πονηρά) ... πα- ρέες, γκόμενες και άλλες ασωτίες... Ξεκουράσου, λέει... Τέλος πάντων, που λέτε, ξεκουράστηκα... Δεν ξέρω για πόσο – εδώ δεν τα μετράμε και πολύ αυτά... Κάποια στιγμή με ξύπνησαν δυο Χερουβείμ κι αρχίσανε τις «εξηγήσεις». Ο Ουρανός – λέει – θα μου άνοιγε τις πύλες του μετά χαράς αν δεν είχα κάνει ένα πολύ σοβαρό λάθος… Λάθος; Αν είστε άνθρωποι με λογική... Εγώ «λάθος»...;;; Κι όμως… κι όμως, φίλοι μου... Έγραφα για την Ειρήνη, την ήθελα, την αναζητούσα, και κάθε φορά… μουγκή την έδειχνα... Μια ταλαίπωρη, σαν σκιάχτρο λευκοντυμένο. Πότε πάνω σε γαϊδάρους, πότε σερνόμενη – και πάντοτε βου- βή... Σαν κωφάλαλη... Κανένας δε γινότανε να την ακούσει - κι οι άνθρωποι ακόμα πολεμάνε... Όλο και πιο άγρια...

Αυτό ήτανε το λάθος μου – κι ο Πανάγαθος για να τα διορθώσει με διόρισε βοηθό της. Πού να φανταστώ τόση δουλειά – σχεδόν όλοι από 'δω πέρα περνάνε… Φυσικά οι περισσότεροι γυρίζουν πίσω... Περιπλανιόνται στο δάσος κάμποσο καιρό – μη ρωτάς πόσο - εδώ τα 'παμε – μετράνε αλλιώς αυτά... Από 'κει τους πα- ραλαμβάνουν οι Άγγελοι και τα Στοιχειά, τούς ετοιμάζουν και... φτου κι απ' την αρχή... Σπάνια θυμούνται και καταλαβαίνουν πώς και τι...

(Ακούγεται ένας θόρυβος από τη σπηλιά και εμφανίζεται αργά με ανάλογη μουσική – π.χ. «Ερηνούλα μου» από σκέτο πιάνο – η Ειρήνη, ως ένα αγοροκόριτσο, με αμπέχονο και ύφος κάπως οργισμένο...)

Ειρήνη: Μέραα...

Αριστ.: Ορίστε εμφάνιση... Θεότητα σου λέει... Της Ειρήνης μάλιστα...

Ειρήνη: Δε με βαρέθηκες, όλο με πέπλα και λουλουδάκια...; Είπα ν' αλλάξω εμφάνιση μπας και βοηθήσει...

Αριστ.: Άντε πάλι... πάλι παράπονα; Δεν είμαστε καλά εδώ;

Ειρήνη: Καλά...; Δεν προλαβαίνω να μετράω τα πτώματα...! Το δάσος γέμισε από ψυχές ταραγμένες! Ούτε ως εδώ δεν κατα- φέρνουν να φτάσουν πια... Ποιος πεθαίνει ειρηνικά στις μέρες μας...;

Αριστ.: Στις «μέρες μας»...; Ποιες απ' όλες;

Ειρήνη: Δεν αφήνεις τα λογοπαίγνια; Είναι καιρός που δεν αντέχω αυτά που βλέπω σε τούτο 'δω το σύνορο... Κι ανάθεμά με αν ξέρω τι να κάνω...

Αριστ.: Καλά τα λες – μα... να σ' ακούω βαρέθηκα κι αποτέλε- σμα δε βλέπω... Άσε τους να σφάζονται και πάρ' το απόφαση... Ο Παράδεισος δε θα 'χει ποτέ πολλούς πελάτες.

Ειρήνη: Σπηλιά με πανοραμική θέα – και θεωρείται και προ- σόν... Μωρέ, να γυρίσω την πλάτη μου σε όλα θέλω... Να τα παρατήσω... Να φύγω στα πάρκα του Παραδείσου... Να περ- νάω τον καιρό μου μ' έρωτες παιχνίδια και χορούς και να μ' αφήσουν ήσυχη με τούτο το μεταίχμιο... Τιμητική διάκρισις σου λέει – μμμμ... με υποχρεώσανε...

Αριστ.: Ε... όσο και να πεις... είναι μια διάκριση... μια εξουσία... Ο «μέγας» έλεγχος διαβατηρίων... Κοτζάμ Παράδεισο φυλάς...

Ειρήνη: Ναι... βέβαια... αυτό μόνο, επιστροφές συμπληρώνω... (Ακούγεται θρόισμα στους θάμνους και εμφανίζεται ο κυνηγός, με αμπέχονο, και μια παιδική καραμπίνα / παιχνίδι κρεμασμένη στον ώμο. Κοιτάζει γύρω σαν χαμένος, παραξενεμένος.)

Αριστ.: Έλα... να... υποψήφιος...

Ειρήνη: Αμήν.

Κυνηγ.: Καλημέρα...!

Αριστ.: Όπως το πάρεις...

Ειρήνη: Ειρήνη. Μαζί σου.

Κυνηγ.: (διστακτικά) Τι είν' εδώ παρακαλώ;

Αριστ.: Σαν τι σου μοιάζει;

Κυνηγ.: Ορίστε;

Ειρήνη: Μην του δίνεις σημασία... του αρέσουν τα χωρατά... Καλώς ήλθες! Βρίσκεσαι στα χωράφια μου... Είμαι η Ειρήνη.

Κυνηγ.: Ποια Ειρήνη;

Αριστ.: Του παπά-Βαγγέλη του κηπουρού...

(στο κοινό) Άκου «ποια Ειρήνη»...

Κυνηγ.: Δεν κατάλαβα.

Αριστ.: Αυτό να λέγεται...

Ειρήνη: Έλα πια, σταμάτα – τον μπέρδεψες τον άνθρωπο...

(στον κυνηγό) Είμαι η Ειρήνη, φίλε μου, και φυσικά και 'γω είμαι κόρη κάποιου... Ίσως πράγματι του παπά-Βαγγέλη του κη- πουρού... Είσαι στα χωράφια μου.

Κυνηγ.: Συγνώμη... Δεν το ήξερα.

Ειρήνη: (γελάει) Φυσικά. Δεν πειράζει. Κάθισε να ξεκουρα- στείς.

Κυνηγ.: (κάθεται) Ευχαριστώ... (κοιτάζει γύρω με απορία)

Ειρήνη: (στον κυνηγό) Θέλεις λίγο τσάι;

Κυνηγ.: (απότομα) Μπα δε βαριέσαι... Βιάζομαι. Δεν ξέρω πώς βρέθηκα εδώ και με περιμένουν...

Αριστ.: (πειρακτικά) Πράγματι... χα, χα... πράγματι...

Κυνηγ.: Το μόνο που θέλω να μάθω είναι πού βρίσκομαι... και πώς θα γυρίσω...

(νευρικά) Ξαφνικά χάθηκα... Καταλαβαίνετε; Είχα πάει για κυ- νήγι με τον ξάδερφο – και τον έχασα... Κάτι με χτύπησε, σκό- νταψα... Δεν κατάλαβα… Κι ύστερα… συνήλθα κι ήμουνα στα δέντρα πέρα – δεν ξέρω πώς... Πρέπει να βιαστώ να γυρίσω... Θα με ψάχνει...

Αριστ.: Σε βρήκε... Μην ανησυχείς...

Ειρήνη: Δεν μπορείς να φύγεις τώρα αμέσως από 'δω... Ηρέμησε λίγο…

(Εμφανίζεται το Χερουβείμ κι αφήνει ένα φλιτζάνι) Πιες λίγο τσάι – και θα σου εξηγήσω… Εδώ, είπαμε, είναι τα «χωράφια» μου – κι είναι ακριβώς στο σημείο που συνορεύει ο Παράδεισος με τη Γη...

Πριν λίγες ώρες ο εξάδελφός σου σε χτύπησε κατά λά- θος στο κυνήγι… Είδα από το παράθυρο τη σκηνή… Λυπάμαι…

Κυνηγ.: (σηκώνεται απότομα) Είσαι τρελή, μωρή…;

(Η Ειρήνη σηκώνεται, τον κοιτάζει με οίκτο και φεύγει προς τη σπηλιά.)

Κυνηγ.: (στον Αριστοφάνη) Είναι…

(κάνει με το χέρι την κίνηση της τρέλας)

Αριστ.: Κατ' αρχάς να συστηθώ. Αριστοφάνης… ο γνωστός, νο- μίζω.

Κυνηγ.: Εγώ δε σε ξέρω… αλλά δεν πειράζει…

(τείνει το χέρι) Εγώ Γιάγκος. Με ξέρουν όλοι στο χωριό… Ο Σημαδούρας – πρώτο σημάδι…

Αριστ.: Εμμ… Φυσικά… το βλέπω… Ο ξάδελφος όμως δεν ήτα- νε.

Κυνηγ.: Τι;

Αριστ.: Λέω… ο ξάδελφός σου…

(με διπλό νόημα) Δεν ήτανε αυτός πρώτο σημάδι…

Κυνηγ.: Α… μπα… Βούρλο…

Αριστ.: Τι τα θες…; Κυνήγι με το βούρλο… ε, σε φάγανε τα βούρλα…

Κυνηγ.: Τι θες να πεις;

(κατ' ιδίαν) Σε παλαβούς έπεσα…

Αριστ.: Κοίταξε… ξέρω πως δε θες να το πιστέψεις… όμως η κυρία, που την είπες τρελή – ευγενέστατα, ομολογώ – δεν είναι στ' αλήθεια τρελή, ίσα – ίσα… Και πες με τρελό…

Κυνηγ.: Σάμπως για τέτοιος μου φαίνεσαι...

Αριστ.: Εντάξει... ίσως να είμαι και λίγο τρελός... Όμως... ζή- τησες να μάθεις πού βρίσκεσαι... Και σου εγγυώμαι, δεν έχεις κανέναν άλλον να ρωτήσεις...

(Ο Κυνηγός μαζεύεται / κοιτάζει γύρω / σηκώνεται / ο ήχος των πουλιών δυναμώνει / χαμηλώνουν τα φώτα / προβολέας στον κυνηγό.)

Κυνηγ.: Τ' ακούω... αλλά δε φαίνονται πουθενά... Πού είναι τα πουλιά;

(αργά δυναμώνουν τα φώτα / σχεδόν φωνάζει) Πού βρίσκομαι;;

Αριστ.: Σου εξήγησα... στα χωράφια της Ειρήνης...

Κυνηγ.: Ποια είν' αυτή επιτέλους! Εγώ δεν ξέρω κανέναν πα- πά-Βαγγέλη «κηπουρό».

Αριστ.: Καααλά... εν' αστείο κάναμε... Η Ειρήνη είναι η Ειρή-νη... Αυτή που τα κάνει όλα ειρηνικά – και... πίστεψέ με δεν είναι καθόλου εύκολο...! Βρίσκεσαι στο σύνορο με τον Παρά- δεισο – μόνο που για να μπεις πρέπει πρώτα να περάσεις από 'δω, να φροντίσεις λίγο τα δικά μας τα χωράφια... Να τα καλ- λιεργήσεις, να φας από τους καρπούς... Τότε η Ειρήνη φτάνει στην καρδιά σου και... αυτό είναι... Περνάς στον Παράδεισο, χωρίς άλλα χασομέρια. Όμως... όσο να 'ναι θα πάρει λίγο χρό- νο... Εκτός αν έχεις έρθει έτοιμος, που... δεν το βλέπω...

Κυνηγ.: Δεν καταλαβαίνω τι μου λες... Πρέπει τώρα εγώ να σκάψω τα χωράφια αυτής της παλαβής;;

Αριστ.: Α... αν δεν το θέλεις, δεν το κάνεις... Μόνο που αν θέ-λεις Παράδεισο δε γίνεται αλλιώς... Να φανταστείς... εγώ... εδώ κι αιώνες σκάβω – μα... δε βαριέσαι... Ακόμα λίγοι είμαστε – κι ακόμα να περάσω δεν κατάφερα...

Κυνηγ.: Τι μπορώ να κάνω τώρα;

(κοιτάζει γύρω – τα φώτα χαμηλώνουν – μουσική) Τι παράξενο μέρος... Με χτύπησε...; Και βρέθηκα εδώ...; Κι αυτοί οι δύο...

(πλησιάζει στη σπηλιά της Ειρήνης / χτυπάει στην πόρτα) Ε... κυρία... Συγνώμη... παραφέρθηκα...

(βγαίνει η Ειρήνη με απλωμένο χέρι σαν να τον σπρώχνει / οπι- σθοχωρεί.)

Με συγχωρείς...

Ειρήνη: Φυσικά... δεν μπορώ να κάνω και τίποτε άλλο...

Αριστ.: (στο κοινό) Φύση και θέση...

Κυνηγ.: Θα μου εξηγήσεις τι γίνεται;;

Αριστ.: Γίνεται ότι πέθανες... όχι βέβαια και πολύ ειρηνικά... Κι όσοι πεθαίνουν... ξέρεις... ή στην κόλαση θα πάνε... ή στον Παράδεισο. Κι επειδή η κόλαση δε χρειάζεται προθάλαμο, από 'δω περνάνε μόνο οι υποψήφιοι για τον Παράδεισο. Όπως κα- ταλαβαίνεις... πολλοί φτάνουν ως εδώ – και λίγοι παραπέρα...

Κυνηγ.: Δηλαδή... όλοι που πεθαίνουν... στην κόλαση πάνε;

Αριστ.: Ε... όπως το πάρεις...

Κυνηγ.: Σαν πώς δηλαδή να το πάρω;

Αριστ.: Ε... η κόλαση έχει πολλές γειτονιές – κι ο Παράδεισος εξάλλου... Τι νομίζεις – μια μεγάλη πόλη είναι κι ο Ουρανός... Με τις αριστοκρατίες και τις φτωχογειτονιές του... τις εξοχές και τα ναυπηγεία του... Αντικειμενικές αξίες, που λέτε και στη Γη... Να... τα δικά μας τα χωράφια είναι, ας πούμε, σαν το του- ριστικό κέντρο... η Πλάκα, η Ακρόπολη... Ωραία μέρη, μα θέ- λουνε συντήρηση...

Κυνηγ.: Τι δουλειά έχει τώρα η Ακρόπολη; Παλαβά τα λες... δεν φταίω που δεν καταλαβαίνω...

Ειρήνη: Σωστά... Λοιπόν, αν θέλεις να περάσεις για τον Πα- ράδεισο, χρειάζεται να έχεις τη σφραγίδα μου – και για να στην δώσω πρέπει να είσαι έτοιμος. Καταλαβαίνεις τώρα...;

Κυνηγ.: Δεν είμαι σίγουρος – αλλά τέλος πάντων... Τι πρέπει να κάνω;

Ειρήνη: Δε χρειάζεται ακριβώς να κάνεις κάτι. Πρέπει να «εί- σαι»...

Κυνηγ.: Τι να είμαι;

Ειρήνη: Ειρηνικός...

Κυνηγ.: Ειρηνικός; Ε... ειρηνικός είμαι – δε μ' άρεσε ο πόλεμος εμένανε... Ποτέ...! Άμα βέβαια γινόταν... θα 'πρεπε να πάω – αλλά μόνο γιατί ήμουν υποχρεωμένος... Ευτυχώς δεν έτυχε – μόνο κάτι ασκήσεις στον στρατό...

Ειρήνη: Το να 'χεις «ειρήνη» δε σημαίνει απλώς να μην έχεις πάει στον πόλεμο...

Κυνηγ.: Αλλά;

Ειρήνη: Σημαίνει κυρίως να 'χεις ειρήνη στην καρδιά σου. Αν μπεις στον Παράδεισο με την καρδιά κουλουβάχατα, θα κου- τρουβαλιαστείς αμέσως πίσω... στην πιο «σκοτεινή» γειτονιά, μάλιστα... Είναι καλύτερα να περιπλανηθείς με την ησυχία σου στον ελαιώνα... Άσε που θα κάνουμε και την ατμόσφαιρα του Παραδείσου σκέτη λάσπη...

(με νοσταλγία) Ο αέρας εκεί είναι τόσο ευαίσθητος... Τόσο γλυ- κός...

Κυνηγ.: (στον Αριστοφάνη) Ερωτευμένη είναι;

Αριστ.: Κατά κάποιον τρόπο, φίλε μου, κατά κάποιον τρόπο...

Κυνηγ.: Τέλος πάντων, τώρα τι κάνουμε;

Αριστ.: Τι θα 'λεγες για ένα τσαγάκι...; Να σκεφτείς, να ηρεμή- σεις... Να θυμηθείς...

(εμφανίζεται το Χερουβείμ – αφήνει «τσάι») Βλέπεις... η δια- φορά μας - κι από τον Παράδεισο κι από την κόλαση – είναι ότι «εδώ» θυμάσαι...! Στην κόλαση δεν μπορείς... Δε θέλεις τις μνήμες σου – δεν αντέχεις το βάρος και τα χάλια τους... Έτσι... μένεις στο σκοτάδι... Πηγαινοέρχεσαι στη Γη χωρίς να πάρεις είδηση - κι επαναλαμβάνεις τα ίδια και τα ίδια... Ως που κάπο- τε, βρίσκεις τον δρόμο και για τα χωράφια μας – καλή ώρα... Εδώ θα συναντήσεις την «αιωνία Μνήμη» – κι αυτό θα πει πως τώρα αντέχεις να θυμηθείς... Έτσι έχεις την ευκαιρία να κατα- λάβεις – ίσως και να διορθώσεις... Το μόνο που χρειάζεται να κάνεις είναι αυτό: Να θυμηθείς ό,τι έχεις ζήσει... Να συνειδη- τοποιήσεις – κι αν μπορείς να συγχωρέσεις.... Τα πάντα...! Συ- μπεριλαμβανομένου και του εαυτού σου...

(στο κοινό)... Φτάσαμε στο κυρίως θέμα...

Κυνηγ.: Αυτό είν' εύκολο... Δεν έχω πρόβλημα εγώ με τον εαυ- τό μου... Ούτε και με κανέναν άλλο...

Αριστ.: (ειρωνικά) Οπωσδήποτε...

Ειρήνη: Τόσο το καλύτερο, φίλε μου, τόσο το καλύτερο για όλους... Θα είναι εύκολο να θυμηθείς και θα χαρώ πολύ να σου δώσω το διαβατήριο για τον Παράδεισο – ίσως να σε συνοδεύ- σω κιόλας... Η ατμόσφαιρα εκεί... πάντα μ' ανεβάζει...

Κυνηγ.: Να θυμηθώ θέλεις; Τι πρέπει να θυμηθώ;

Ειρήνη: Όλα... όσα έζησες.

Κυνηγ.: Όλα... ε...;;; Όλα...;

(χαμηλώνει τη φωνή – σοβαρεύεται – τα φώτα χαμηλώνουν – προβολέας στον κυνηγό – μουσική ανάλογη – και στην οθόνη προβάλλονται σαν βίντεο διάφορες εικόνες και πρόσωπα – το πρόσωπο του κυνηγού – σκηνές από καβγάδες – μια γυναίκα που την χαστουκίζει – ένα σκυλί που το χτυπάει – μια σαύρα που την παιδεύει ένα παιδί – και τέλος ένα ψεκαστικό που ρίχνει φάρμακο και μια γυναίκα να κρατά ένα παιδί – μπορούν να είναι σκηνές από δελτία ειδήσεων – ενδιάμεσα συνεχώς η εικόνα του κυνηγού να σημαδεύει κι ένα πουλί που πέφτει. Παρακολουθεί, κλονίζεται ανάλογα, μονολογώντας σκόρπιες λέξεις...)

... Έ... έλα μωρέ... ο Γιώργης... χα... ο σκύλος του μπακάλη... χμμμμ... η Μαρίκα... μαράζωσε η Μαρίκα... πριν την ώρα της γέρασε... Η σαύρα...;;; Πόσο τη φοβόμουνα... Η γερακίνα... Πάλι μπροστά μου 'κείνη η γερακίνα... (η φωνή του όλο χαμηλώνει, κλονίζεται αρχίζει να κλαίει) Η θεία Ελένη... η θεία Ελένη κι ο γιος της... Δεν το 'θελα... το καη- μένο το παιδί... Δεν έφταιγα εγώ... νόμιμος ήτανε ο ψεκασμός – μα το παιδί αρρώστησε... Δεν το 'θελα... δε φταίω... πφφφ. Βρωμάει...

(κουλουριάζεται σαν να μυρίζει πραγματικά ακούγεται πυροβο- λισμός / βλέπουμε στην οθόνη να πέφτει / γλιστρά στο πάτωμα. Τα φώτα σβήνουν – παύση – ανάβουν πάλι – ανακάθεται και απευθύνεται με πολύ διαφορετικό ύφος στην Ειρήνη)

Πρέπει να γυρίσω πίσω – πρέπει να βρω τρόπο να γυρίσω πίσω... Τίποτ' άλλο δε γίνεται να κάνω – είναι πολλά που πρέ- πει να διορθώσω - πουθενά δε γίνεται να πάω έτσι... Μόνο να γυρίσω...

Ειρήνη: (με συμπάθεια) Καταλαβαίνω... Ο Αριστοφάνης θα σου δείξει πώς να επιστρέψεις... Δε θα είσαι ο ίδιος, φυσικά – θα χρειαστείς ένα καινούργιο φυσικό σώμα κι ένα σχέδιο ανάλογο για να διορθώσεις ό,τι χρειάζεται... Αφού έφτασες ως εδώ, έχεις κάποια δικαιώματα επιλογής – όμως γι' αυτά τα θέματα θα σ' ενημερώσει η Αρμόδια Υπηρεσία. Εγώ... πρέπει να πηγαίνω....

Κυνηγ.: Στάσου... στάσου λίγο... Θέλω να μάθω πριν να φύγω... να ξέρω... Στην κόλαση λες δε θυμούνται... Λήθη... Στο δικό σου το βασίλειο... είπες καταφέρνουμε τουλάχιστον αυτό... Και μετά; Τι γίνεται μετά; Τι γίνονται αυτές οι μνήμες;

Ειρήνη: Σκόνη... στον άνεμο... Όταν έχεις καταλάβει - όταν τις έχεις εσύ «χωρέσει» – και δε σε βαραίνουν πια... τότε διαλύο- νται... Εσύ ο ίδιος θα τις διαλύσεις – και μόνον εσύ μπορείς να το κάνεις...

Κυνηγ.: Και στον Παράδεισο;

Ειρήνη: Στον Παράδεισο δε θυμούνται, γιατί δε χρειάζεται να θυμούνται... Στον Παράδεισο μόνο ονειρεύονται...

Φ α ν τ ά ζ ο ν τ α ι...

(Τα φώτα χαμηλώνουν – μουσική – δυναμώνουν τα πουλιά..)

Τέλος της πρώτης πράξης.

Πράξη 2η

(Το ίδιο σκηνικό / ήχοι δάσους / τα πουλιά / μουσική ανάλογη... Εμφανίζονται ο οικολόγος κι ο Καλλιτέχνης ντυμένοι με τζιν / ο οικολόγος μ' ένα ζευγάρι παιδικά κιάλια κρεμασμένα από τον λαιμό κι ο Καλλιτέχνης με μια παιδική κιθάρα στον ώμο.)

Οικολ.: Τουλάχιστον βρήκαμε αυτό το ξέφωτο - κάποιος φαίνε- ται να μένει εδώ... Ίσως βρούμε να ρωτήσουμε...

Καλ.: (νευρικά πηγαινοέρχεται, πλησιάζει στη σπηλιά – κοιτά- ζει την πόρτα) Ωραία πόρτα – ζωγραφισμένη... Ωραία δουλειά...

(χτυπάει) ... Είναι κανείς εδώ;

(Βγαίνει η Ειρήνη, είναι ντυμένη ανάλογα – με τζιν.)

Ειρήνη: Καλώς ήλθατε... ελάτε να καθίσετε…

Οικολ.: Καλημέρα σας... Γιάννος.

Ειρήνη: Καλημέρα... Ειρήνη. Μαζί σας.

Καλ.: Κι εγώ... Ιωάννης... μουσικός...

Ειρήνη: Χαίρομαι πολύ... Η μουσική πάντα με μαγεύει...

(στον οικολόγο) Κι εσείς; Καλλιτέχνης;

Οικολ.: Όχι... εγώ ασχολούμαι με τη διατήρηση των βιότοπων...

Ειρήνη: Κι αυτό τέχνη είναι... Πολύ καλή μάλιστα...

Οικολ.: Κι εδώ... μοιάζει Παράδεισος – βιότοπος σίγουρα αν και... δεν τον ξέρω – δεν τον έχω ξαναδεί... Ίσως και να μην τον έχουμε καταγράψει...

(βγάζει ένα σημειωματάριο / κοιτάζει)

Ειρήνη: Μην παιδεύεσαι άδικα – τούτος ο «βιότοπος» είναι στη δικαιοδοσία μου... και δεν τον έχεις καταγράψει... Στην πραγματικότητα, βέβαια, όλοι οι βιότοποι είναι στη δικαιοδοσία μου – αλλά αυτό... είναι μια μεγάλη ιστορία...

(Καθώς μιλάει μπαίνει στη σκηνή ο Αριστοφάνης κι ακούει την τελευταία φράση.)

Αριστ.: Ου ου ου... προαιώνια...

(προς τους δυο) Καλώς τα παιδιά... Να συστηθώ... Αριστοφά- νης... ο γνωστός...

Καλ.: ... Ε;;

Οικολ.: Δε νομίζω πως σε ξέρω...

(απλώνει το χέρι) Γιάννος...

Καλ.: Τιιι... εννοείς ο... «γνωστός»...;

Αριστ.: Ε... δεν ξέρεις και πολλούς μ' αυτό το όνομα...

Καλ.: Δηλαδή;;

Αριστ.: Χμμμ... εμείς οι Καλλιτέχνες γνωριζόμαστε... Ιωάννης, ναι;

Καλ.: (ενθουσιασμένος) Αυτό σημαίνει πως έφθασα! Έφθασα... επιτέλους! Το 'ξερα... Εδώ είναι ο Παράδεισος...!!!

(συγκινημένος αγκαλιάζει τον Αριστοφάνη)

Αριστ.: Σχεδόν, φίλε μου... Σχεδόν...

Οικολ.: Γνωρίζεστε; Τέτοια σύμπτωση, εδώ; στην άκρη του κό- σμου;

Αριστ.: Κυριολεκτικά... Αυτό... το πέτυχες διάνα. !

Καλ.: Ο Αριστοφάνης, φίλε...! Ο γνωστός Αριστοφάνης...

Οικολ.: (αμήχανα) Ο... ποιος. ;;

Καλ.: Δεν πάει ο νους σου;;; Οι Αρχαίες κωμωδίες;; Οι Όρνι- θες...; Οι Νεφέλες...; Και τα λοιπά και λοιπά. ;;

Αριστ.: Εδώ είμαστε...

(με στόμφο στο κοινό) Στα... «λοιπά»...

Οικολ.: Μα πώς γίνεται; Αυτός έχει πεθάνει...

Αριστ.: Ενώ εσύ, ε;...

Καλ.: (κοιτάζει γύρω / αφουγκράζεται) ... Μμμμμ... νομίζω πως... αν κατάλαβα καλά... κι εμείς έχουμε πεθάνει, φίλε μου...

Οικολ.: Ορίστε;;;

Καλ.: Κοίτα... κοίτα γύρω προσεκτικά... Άκου... Θα δεις...

Οικολ.: Αλήθεια... πού είναι τα πουλιά;; Τ' ακούω... αλλά... Εσείς...; ποια είστε, είπαμε...;;

Αριστ.: Συστάσεις – παρακαλώ... η Ειρήνη, στου Παραδείσου το μεταίχμιο – και μακάρι να περάσετε, το εύχομαι ολόψυχα – έχετε όλες τις προϋποθέσεις, μου φαίνεται – για να δούμε...

Ειρήνη: Σωστά... Βέβαια... απ' το παράθυρο της σπηλιάς μου είδα πως δε φύγατε και πολύ ειρηνικά – κι αυτό συχνά είναι ένα θέμα... Το κυρίως θέμα, μάλιστα... Πάντως κατά τα άλλα, πράγ- ματι... Έχετε πολύ καλές προδιαγραφές...

Καλ.: Δεν τη φανταζόμουν έτσι τη διαδικασία για τον Παράδει- σο...

(κοντοστέκεται – προς την Ειρήνη μ' ενθουσιασμό) Όπως και να 'χει... Προσκυνώ... Είσαι ό,τι ονειρευόμουν στη ζωή... Για 'σένα έγραψα τόσα τραγούδια – κι ας μη γινόταν να σε βρω... Ποτέ μου δε φαντάστηκα τον Παράδεισο χωρίς εσένα... να το ξέρεις...!

Ειρήνη: Και βέβαια το ξέρω... Κι αυτό είναι πολύ σπουδαίο, γιατί... αν... αν καταφέρεις να κάνεις ειρήνη και με τον εαυτό σου, μπορείς να περάσεις στον Παράδεισο χωρίς άλλες διαδι- κασίες...

Καλ.: Με τον εαυτό μου...;;; χμ...

Αριστ.: (σιγοτραγουδάει) Απότομα... μου την κοπάνησες από- τομα...

Ειρήνη: Χρειάζεται να τα δεις λίγο διαφορετικά τα πράγματα... Να καταλάβεις τον εαυτό σου – που σ' έστειλε εδώ τόσο απότο- μα... Να θυμηθείς την αιτία...

Καλ.: Να θυμηθώ...;;

(Τα φώτα χαμηλώνουν / ο οικολόγος απομακρύνεται προς τα δέ- ντρα, ξαπλώνει στην άκρη της σκηνής και κοιμάται / προβολέας στον Καλλιτέχνη / ανοίγει η οθόνη / στο βίντεο διάφορες σκηνές με γνωστούς Καλλιτέχνες - Λέννον κλπ. – εικόνες από μεγάλες συναυλίες αλλά και από σκυλάδικα. – ένας άντρας που σπάει μια κιθάρα – ένα παιδί να τρώει ξύλο – σ' αυτό το σημείο κλο- νίζεται – βλέπουμε να περιπλανιέται με την κιθάρα / ενδιάμεσα επαναλαμβάνεται μια εικόνα από σκυλάδικο και μια άλλη να σπρώχνει μια γυναίκα που γυρνάει και φεύγει / διάφορα πλάνα περιπλάνησης – και τέλος να κόβει τις φλέβες του κι η εικόνα μένει *σε κρεβάτι νοσοκομείου με τα χέρια δεμένα σε γάζες. Ο Καλλιτέχνης παρακολουθεί και αλλάζει ανάλογα.)*

Καλ.: Μμμμ τα ήξερα... Φυσικά και τα ήξερα... Και τι θέλεις να κάνω τώρα; Για τίποτα δεν κρατάω κακία – και για κανέναν… Αυτό δεν εννοείς…;

Ειρήνη: Ναι... Αυτό... Τους έχεις στ' αλήθεια συγ - χωρέσει; Όλους;

Καλ.: Όλους...

Ειρήνη: Και τον εαυτό σου…;

Καλ.: Δε βαριέσαι… αυτό δεν πιάνεται... Δεν έχω τίποτα να συγχωρέσω... Έφθασα εδώ που ήθελα...

Ειρήνη: (θυμωμένη) Αυτός είναι ένας ανόητος μύθος – που κάθε φορά με βγάζει απ' τα ρούχα μου και μόνον ειρηνικά δεν αισθάνομαι... Πού να πάρει και να σηκώσει – Θεέ μου, ήμαρτον – κι είναι τόσο απλό...! Για 'σένα πρώτα έπρεπε να με βρεις – και με τον εαυτό σου πρώτα θα κάνεις Ειρήνη... οι άλλοι εδώ δε μετράνε...! Αν έχεις Ειρήνη με τον εαυτό σου, έχεις και μ' όλους τους άλλους... Κι αν δεν έχεις… τότε δεν μπορείς να έχεις με κανέναν... Κι αυτό… μπορεί να μη μοιάζει με «πόλεμο» – αλλά είναι η αιτία του…

Καλ.: Δεν μπορώ να σου πω ψέματα... Όχι... τον εαυτό μου δεν τον έχω συγχωρέσει... Ίσως να 'ναι όπως τα λες – και τελικά να μην έχω συγχωρέσει και κανέναν άλλο… Δεν ξέρω... Το αποφα- σίζω κάθε τόσο, το σκέφτομαι… αλλά δεν το νιώθω… Τίποτα δε νιώθω πια… Τίποτα δε θέλω να νιώθω… Έτσι… την άφηνα τη ζωή να φεύγει… δεν την άντεχα... Δεν την ήθελα... κι ακόμα δεν τήνε θέλω…

Ειρήνη: Ο χρόνος είναι απέραντος, ξέρεις… Με τη μουσική σου κέρδισες το δικαίωμα να επιλέγεις μερικά πράγματα – όπως το πόσο σύντομα θέλεις να επιστρέψεις στη Γη. Με την αυτο- κτονία σου, βέβαια, έχασες μερικά δικαιώματα – όπως το «αν» θα επιστρέψεις... Εδώ στο ξέφωτο μπορείς να ξεκουραστείς... Να ψάξεις την Αιτία και να θυμηθείς πώς είναι ν' αγαπάς τη ζωή... Καλή αντάμωση, φίλε μου...

(φεύγει)

Αριστ.: Κάτσε λίγο – θα μου κάνεις και παρέα... Δεν είναι άσχημα εδώ... γνωρίζεις και κόσμο...

(ακούγεται θόρυβος – κάποιος πλησιάζει) Πάνω στην ώρα...

(Εμφανίζεται ο πολιτικός – ντυμένος συντηρητικά με κουστού- μι, λυμένη τη γραβάτα κι ένα αυτοκόλλητο στο πέτο του σακα- κιού. Κρατάει μια παιδική τσάντα «γραφείου». Προχωράει αργά – προσεκτικά με το γνωστό απορημένο κοίταγμα γύρω – γύρω.)

Πολ.: Χαίρετε...

Αριστ.: Χαίρετε..

Καλ.: Επίσης...

Πολ.: Πώς βρέθηκα σ' αυτό το παράξενο μέρος;

Αριστ.: (στο κοινό) Είναι ένα θέμα στα θυρωρεία η επανάλη- ψη...

(στον πολιτικό) ... Ξαφνικά...!

Πολ.: Ορίστε;;

Αριστ.: Λέω... ξαφνικά.

Πολ.: Τι ξαφνικά;;

Αριστ.: Βρέθηκες σ' αυτό το παράξενο μέρος...

Πολ.: Αααα... ναι... Σίγουρα... ξαφνικά... Τι έγινε; Πώς…;;;

Αριστ.: Εδώ δεν ξέρεις εσύ.. θα ξέρω εγώ... χα... χα... δεν πειράζει... Αστειεύομαι… Να – τώρα θα 'ρθει η κυρά Ειρήνη να σου θυμίσει... Το «πώς έγινε» το βλέπει πάντα αυτή...

Πολ.: Αυτή; Ποια «αυτή»;

Αριστ.: Η Ειρήνη, ντε... Πώς λέμε «αναπαύσου εν' Ειρήνη», «Ειρήνη υμίν», και... όλ' αυτά τέλος πάντων…;; Αυτή...

(Εμφανίζεται η Ειρήνη ντυμένη ανάλογα – με ταγιέρ.)

Ειρήνη: (στον Αριστοφάνη) Μίλησες;

Αριστ.: Σε ζητούν...

Ειρήνη: Κιόλας; (πλησιάζει)

Πολ.: (απλώνει το χέρι με στυλ και διπλωματικό χαμόγελο-υποκλίνεται) Γιαννάκης Γιαννούλας... Βουλευτής...

(της φιλάει το χέρι) Δούλος σας...

Ειρήνη: (ειρωνικά) Το... έχω υπ' όψιν μου...

Αριστ.: Χα... χα… Αμ... δεν πιάνουν εδώ αυτά...

Πολ.: Προς Θεού... το εννοώ...!

Αριστ.: Κααααλά... σ' εμένα θα πεις; Έχω γράψει τέτοια...

Ειρήνη: Έλα... φτάνει... Καθίστε, αγαπητέ… Προ ολίγου κοιτάζοντας από το παράθυρό μου είδα ένα... άσχημο... πώς να το πω... «περιστατικό»;

Πολ.: Δεν... ξέρω... Εγώ... μόλις... ήλθα...

(δείχνει τον οικολόγο) Ο κύριος...; δεν είναι καλά; Μέθυσε;

Αριστ.: Περίπου... δεν έχει και μεγάλη διαφορά...

Ειρήνη: Απλώς ξεκουράζεται - κι αυτός ξαφνικά έφθασε.

Πολ.: Ναι ε...; Πού όμως...;;

Ειρήνη: Πολύ κοντά στον Παράδεισο... Ωραία δεν είναι...; Στον κυρίως Παράδεισο είναι, βέβαια, ωραιότερα - αλλά οπωσ- δήποτε κι εδώ... παίρνεις μια γεύση...

Πολ.: (αμήχανα) Ναι... βεβαίως... ωραία είναι... Πώς λέγεστε, είπαμε;

Ειρήνη: Ειρήνη, αγαπητέ μου.

Πολ.: Ειρήνη... τι;

Ειρήνη: ... Σκέτο... Ειρήνη.

Αριστ.: Μα... σου είπα: η... «Αναπαύσου εν' Ειρήνη» κι όλα αυτά τα γνωστά...

Πολ.: (στον Αριστοφάνη) ... Κι εσείς;

Αριστ.: Αριστοφάνης... ο γνωστός... (υποκλίνεται – διακωμωδεί) Δούλος σας...

Πολ.: (έκπληκτος) Αριστοφάνης;!

Ειρήνη: Πιστός μου φίλος... από αρχαιοτάτων χρόνων...

Αριστ.: (στρέφεται στην Ειρήνη – υποκλίνεται) Δούλος σας...

Ειρήνη: Μόνο που συχνά υπερβάλλει...

(Ο πολιτικός σηκώνεται / απομακρύνεται αργά / φώτα χαμηλώ- νουν - προβολέας τον κεντράρει – δυναμώνουν τα πουλιά.)

Πολ.: Πού βρέθηκα;; Ο «Αριστοφάνης» λέει... Αναπαύσου; Ειρήνη; Τα πουλιά; Πού είναι τα πουλιά; Τ' ακούω... μα δε φαίνο- νται πουθενά...

(αλλάζει ύφος φέρνει το χέρι στην καρδιά του – δυναμώνουν αργά τα φώτα – επιστρέφει στους άλλους)... Π έ θ α ν α ;

Αριστ.: Μμμμ... σπίρτο είσαι... το 'πιασες...

Πολ.: Ήμουν σε μια συγκέντρωση, νομίζω... κάτι οικολόγοι οργάνωσαν μια διαμαρτυρία... Κόσμος πολύς δημοσιογράφοι... Χτυπήθηκε ένας νεαρός – κι ύστερα... Ένας σφάχτης εδώ...

Ειρήνη: Ναι... το είδα, όπως σου είπα, το περιστατικό... Έγιναν επεισόδια...

(δείχνει τον οικολόγο) Ορίστε και ο νεαρός... Αυτός χτυπήθη- κε...

Πολ.: Τόσο νέος... τι κρίμα...!

(στην Ειρήνη με ξαφνική αγωνία) Όμως εγώ δεν έφταιγα... το ξέρεις άμα είδες τι έγινε... Πες μου ότι το ξέρεις... Εγώ... λυπή- θηκα πολύ... Έσπασε η καρδιά μου...

Αριστ.: Α... αυτό... κυριολεκτικά...!

Ειρήνη: Ναι... το ξέρω... Γι' αυτό είσαι άλλωστε εδώ – αν ήταν αλλιώς ούτε που θα 'βρισκες τον δρόμο... Θα χανόσουν στον «λαβύρινθο» των «πολιτικών συνθηκών» – αυτό ζούσες άλλω- στε... Χαίρομαι που έφθασες μέχρι εδώ πάντως – δε μας έρχο- νται συχνά πολιτικοί... Θα χαρώ να σου δώσω το διαβατήριο και για πάρα πέρα..

Πολ.: Πάρα πέρα; Τι είναι πάρα πέρα; (τεντώνεται να δει το πάρα πέρα)

Ειρήνη: Μα.. ο Παράδεισος – και μην ψάχνεις μακριά – δε φαίνεται έτσι... Αλλιώς βρίσκεται... δεν είναι θέμα χώρου...

Πολ.: Δεν αντελήφθην...;

Αριστ.: (στο κοινό) Πώς φαίνεται ο πολιτικός... ε...;

Ειρήνη: Όπως ξέρεις, ο Παράδεισος είναι ένας τόπος ευχάρι- στος... Ως εκ τούτου θα βρεθείς εκεί μόλις νιώσεις την ανάγκη να πεις «ευχαριστώ» για όλα όσα έζησες... Θυμήσου τα, λοι- πόν... κι αν δεν υπάρχει κάτι που να σε βαραίνει...

Πολ.: (παραξενεμένος) Μόνο αυτό;... Εγώ έχω καλή μνήμη... Μια χαρά θα τα θυμηθώ – άλλωστε... δε με βαραίνει τίποτα...

(χαμηλώνουν τα φώτα / προβολέας στον πολιτικό / ανοίγει η οθόνη σκηνές από μπαλκόνια / γνωστούς πολιτικούς / διαδη- λώσεις / ενδιάμεσα σκηνές εξαθλίωσης /σκηνές από δεξιώσεις / εικόνα ενδιάμεσα ένα παιδί με κουστούμι και ο πολιτικός μ' ένα ποτήρι σαμπάνια. Τέλος σε κοντινό πλάνο τον οικολόγο να πλησιάζει τον βουλευτή και να του κολλάει το σηματάκι στο πέτο / πλάνα από διαδηλώσεις / δολοφονίες διαδηλωτών κλπ. Βλέπουμε στην οθόνη τον πολιτικό να πιάνει την καρδιά του – η εικόνα στέκεται σ' αυτό. Στη σκηνή παρακολουθεί με εναλλα- γές ύφους – αποδοκιμασίας – μονολογεί)

... Μια ζωή έτρεχα... ν' αποδείξω κάτι... Άντε τώρα να βρεις τι...

Κι αυτά τα κοστούμια - πώς τα σιχαίνομαι ώρες – ώρες... (τι- νάζεται – κοιτάζει) ... Ένας ηλίθιος φανφάρας ήμουνα... Τόσες ευκαιρίες είχα... και τίποτα δεν έκανα... τίποτα που ν' αξίζει... Σαν να χτύπησε την καρδιά μου ο μπάτσος... Αι... Τέλος πά- ντων...

(επαναλαμβάνει αργά) ... Τέλος...; πάντων;

(κοιτάζει προς τα 'κει που κοιμάται ο οικολόγος – τον πλησιάζει – κάθεται κοντά – τα φώτα δυναμώνουν... Στο βίντεο πέφτει η εικόνα που ο οικολόγος κολλά στο πέτο του το σηματάκι) Ποιος να 'ναι άραγε; Πώς τον λένε;

(Ο οικολόγος ξυπνάει – τον κοιτά – ανακάθεται.)

Οικολ.: Σ' εμένα μιλάς;

Πολ.: Ναι... βέβαια... συγγνώμη – σε ξύπνησα... δεν ήθελα...

Οικολ.: Δεν πειράζει... Γνωριζόμαστε;

Πολ.: Λίγο... (Του δείχνει με νεύμα το βίντεο.)

Οικολ.: Εσύ;... κι εγώ;

Πολ.: Μμμμμ...

Οικολ.: Πού σε ξέρω...; Πώς βγήκε αυτή η φωτογραφία; Ποιος είσαι; Πού είμαστε;

Πολ.: Μου φαίνεται κάπου κοντά στον Παράδεισο... Γνωριστή-καμε λίγο πριν πεθάνουμε... Απ' ό,τι κατάλαβα πεθάναμε μαζί...

Οικολ.: Τι κάναμε λέει;;

Πολ.: Όπως τ' ακούς... Η τελευταία σου διαδήλωση κι η τελευ- ταία μου πολιτική εμφάνιση... Θα μας έδειξαν και στις ειδήσεις – αν και... δεν ξέρω αν θα μας είναι χρήσιμο αυτό...

Οικολ.: Ποιος είσαι;

Πολ.: Γιαννάκης Γιαννούλας... βουλευτής...

Οικολ.: Ναι... κάτι μου λέει... Εγώ... Γιάννος... Ιωάννου... (αστειευόμενος) ... Διαδηλωτής...

Πολ.: Ωραία... τουλάχιστον, γνωριστήκαμε... Λυπάμαι...

Οικολ.: Πού γνωριστήκαμε...;

Πολ.: Όχι... να... για τις συνθήκες...

Οικολ.: Α... τις συνθήκες...

(κοιτάζει γύρω) ...Ε... δεν είναι κι άσχημα... Βιότοπος από τους λίγους... (σαν μόλις θυμάται)

Αριστ.: (στο κοινό) Αυτός... βιότοπο δώσ' του... κι όπου να' ναι...

(Τα φώτα δυναμώνουν αργά.)

Οικολ.: Κάτι λέγαμε πιο πριν και γι' αυτό...

Ειρήνη: Πράγματι, κάτι λέγαμε – και χαίρομαι που σ' αρέσει... Όπως καταλαβαίνεις... θα μείνεις αρκετό καιρό εδώ...

Οικολ.: Πολύ θα μ' άρεσε να μείνω – όμως είναι κι η Τζανίν... θα με περιμένει...

(ξαφνικά συνειδητοποιεί – αναστατώνεται) Θεέ μου... η Τζα- νίν...! Κι η μάνα μου... θα τρελαθεί η μάνα μου... Κι η Τζανίν περιμένει το μωρό... Πρέπει κάτι να κάνω... Πρέπει οπωσδήπο- τε κάτι να κάνω.... (πηγαινοέρχεται – γονατίζει ικετευτικά) Τι μπορώ να κάνω...;;;;;;

(Αλλαγή φωτισμού – ο προβολέας απομονώνει την Ειρήνη και τον Αριστοφάνη.)

Ειρήνη: Τι να του πεις τώρα; Ηρέμησε και τίποτα δε γίνεται; Και πώς ν' ακούσει...;; Ακυρώνεται ολόκληρο το σχέδιο της εν- σάρκωσης – κι αυτό θα τους επηρεάσει όλους...

Αριστ.: Ε βέβαια... Θα θυμώσουν, θα πικραθούν... Αυτός θα γεμίσει μίσος για τον κυρ βουλευτή και για τον κόσμο, θα τρέχει τις νύχτες πίσω από τον μπάτσο, θα τρέχει και για την Τζανίν… τα ξέρεις…! Κανείς τους δε θα βρίσκει ησυχία – κι άντε μετά να ξαναβρούνε τον δρόμο, να ξεφύγουνε από τον «φαύλο κύ- κλο»…

Ειρήνη: (σκεφτική) Όμως… είναι παράξενο που φτάσανε εδώ μαζί αυτοί οι τρεις – κι απ´ ό,τι είδα κανείς δεν έχει σπάσει ορι- στικά τη χορδή σύνδεσης με το σώμα του… Είναι μάλιστα στο ίδιο Νοσοκομείο – ο βουλευτής, βέβαια, πρώτη θέση… Αυτό μπορεί να είναι σημάδι, Αριστοφάνη – μπορεί να έχει φτάσει η στιγμή που περιμένουμε τόσον καιρό… Πρέπει να πάω στον Παράδεισο, να δω τι γίνεται…

Αριστ.: Λες πώς ήρθε η στιγμή για να μιλήσεις;

Ειρήνη: Εκείνοι θα μιλήσουν! Αν γυρίσουν πίσω για χάρη μου, - κι αν θυμούνται όσα έζησαν εδώ... Θα μπορούν να μιλήσουν για 'μας… Αν συμφωνήσουν…

Αριστ.: Ναι... ρώτα τους κιόλας...

Ειρήνη: Φυσικά και θα τους ρωτήσω…! Θα δεσμευτούν…! Πρέπει να ξέρουν…

(Ανάβουν τα φώτα – στρέφονται προς τους άλλους.)

Ειρήνη: *Λοιπόν, αγαπητοί, έχω μια λύση να σας προτείνω… Οι χορδές που σας συνδέουν με τα φυσικά σας σώματα δεν έχουν αδρανήσει ακόμα – κι έτσι μπορούμε να ζητήσουμε μια «ειδική ρύθμιση» από τις Αιώνιες Αρχές... Αυτό... σημαίνει πως υπάρχει μια πιθανότητα να γυρίσετε – όμως με συγκεκριμένη αποστολή: να εργάζεστε για 'μένα…*

(Οι τρεις κοιτάζονται μεταξύ τους διστακτικά.)

Αριστ.: *Ένας – ένας, παιδιά... μη σπρώχνεστε...*

Πολ.: Σαν τι να κάνουμε, δηλαδή…;

Αριστ.: (στο κοινό) … Να οι διαπραγματεύσεις…!

Καλ.: Εγώ… μάλλον, θα προτιμήσω να μείνω εδώ…

Αριστ.: (στο κοινό) Ορίστε και οι… «προτιμήσεις»…!

Οικολ.: Πρέπει πάση θυσία να γυρίσω στην Τζανίν… Ποιος Παράδεισος – δεν είναι αλλού Παράδεισος… Περιμένει και το μωρό…

Ειρήνη: Φυσικά θα ξαναδείτε τους δικούς σας – αφού θα επι- στρέψετε ως οι ίδιοι άνθρωποι που ήσασταν – όμως… θα γυρί- σετε κυρίως μ' αυτόν τον σκοπό: να μιλήσετε για την εμπειρία που είχατε εδώ… Και σ' όλη την υπόλοιπη ζωή σας θα φροντίζε- τε να επικρατεί ειρήνη παντού - όπου περνάει από το χέρι σας… Αν συμφωνείτε – και δε νομίζω πως έχετε καλύτερη επιλογή… Σκεφθείτε το…

Οικολ.: Αστειεύεσαι; Τι να σκεφτώ: Έτσι κι αλλιώς αυτό δεν έκανα; Ούτε να το συζητάς – αμέσως επιστρέφω…! Δώσε και τη φωτογραφία σου να την κρεμάσω εγώ παντού…!

Ειρήνη: Δεν είναι τόσο απλό, φίλε μου… Να δουλέψεις για 'μένα δε σημαίνει μονάχα να ζωγραφίζεις περιστέρια και να κρεμάς δεξιά κι αριστερά τις «φωτογραφίες» μου… Σημαίνει πως… κατ' αρχάς θα πρέπει να συμφιλιωθείς με τον μπάτσο που σε χτύπησε – κι αυτό συνήθως… είναι δύσκολη δουλειά…! Γι' αυτό και σε ρωτάω… Μπορείς να δεσμευτείς σε κάτι τέτοιο;

(Ο Οικολόγος απομακρύνεται προς την οθόνη σκεφτικός – η εικόνα μετακινείται αργά δείχνοντας τη σκηνή που τον χτυπάει ο αστυφύλακας / αλλάζει απότομα και πέφτει εικόνα που είναι ο ίδιος και μια κοπέλα αγκαλιά – αποφασιστικά γυρίζει το κεφάλι του, τα φώτα ανάβουν αργά – προς την Ειρήνη, όμως σαν να μονολογεί.)

Οικολ.: Μωρέ, και τον μπάτσο να συγχωρέσω κι ό,τι θες συγ- χωράω αν είναι να γυρίσω στην Τζανίν... Και για 'σένα να δου-λέψω – κι ό,τι θέλεις να κάνω.. Ό,τι μου πεις...

Ειρήνη: Δεν είναι πάντα εύκολο- αυτό να το θυμάσαι… (προς τους άλλους) Λοιπόν…;;;

Καλ.: Δεν ξέρω… δεν ξέρω καν αν θέλω...

(χαμηλώνουν τα φώτα, προχωράει προς την οθόνη) Να 'χα του-λάχιστον κι εγώ την... «Τζανίν»...

(η εικόνα αλλάζει / βλέπουμε τον Καλλιτέχνη να κοιτάζει την πλάτη μιας γυναίκας που απομακρύνεται / σιγοτραγουδάει πι- κρά) ... Έφυγες και πήγες μακριά… Να δοκιμάσω λες…;; Και τι... όλα να συγχωρέσω...;; Εκείνη....;;; τον εαυτό μου…;; Και λοιπόν…; Μπορεί να γυρίσει…;

Ειρήνη: Ίσως… Θα έχεις πάντως τις προϋποθέσεις…

Πολ.: Κι εγώ συμφωνώ... Πολύ έξυπνη η κίνηση αυτή εκ μέ- ρους σας, κυρία... Στρατηγική...!

Ειρήνη: Να την θυμάσai όταν διαπραγματεύεσαι για 'μένα... Γιατί... από 'δω και στο εξής... αντελήφθης – ελπίζω... Εσύ θα 'χεις την πιο πολλή δουλειά... Κι αυτή η δουλειά... δε γίνεται στις Δεξιώσεις...

Πολ.: Ε... ναι... βέβαια... Με τη βοήθειά σας, ελπίζω...

Ειρήνη: Όσο γι' αυτήν... όσο μπορείς να λάβεις – εγώ κάνω ό,τι μπορώ... Χρόνια τώρα...

Αριστ.: Ουου… αιώνες... κι όλοι κάνουν τον κουφό... Έρχονται εδώ απροετοίμαστοι – και θέλουν και Παράδεισο…

Ειρήνη: Μια και το 'πες... ώρα να πηγαίνω κατά εκεί... Για να γυρίσετε, χρειάζεται κι η άδεια... Άνωθεν... (φεύγει)

Οικολ.: (ανήσυχος) Θ' αργήσει λες..;

Αριστ.: Ε... μέχρι να κανονίσει την άδεια επιστροφής... Βλέ-πεις παντού υπάρχει μια γραφειοκρατία – όπως κάτω έτσι κι επάνω... Στα μέρη μας, πάντως, γίνεται πιο γρήγορα και πιο ευχάριστα..! Ας πηγαίνω τώρα κι εγώ – σε λίγο θα φανεί το Χε- ρουβείμ... Θα φέρει το εισιτήριο και θα σας συνοδεύσει ως την άκρη του δάσους...

Καλή επιστροφή και μην ανησυχείτε... θα τα λέμε – κι ας γυρί- ζετε στον... «άλλον κόσμο»...

... Άντε και (με διπλό νόημα)... καλή επάνοδο.

(Φεύγει – χαμηλώνουν τα φώτα – δυναμώνουν τα πουλιά – μου- σική – μπαίνει το Χερουβείμ αφήνει στο τραπέζι μια περγαμηνή – ο Καλλιτέχνης την ανοίγει – ακούγεται η φωνή της Ειρήνης.)

Καλή στροφή, καλή επιστροφή

Μη χάσεις – μην ξεχάσεις

Κάθε στιγμή μεταίχμιο

κι ανάμνηση θα φτιάξεις

(Αυλαία –μουσική)

Τέλος της δεύτερης πράξης.

Πράξη 3η

(Το ίδιο σκηνικό – ακούγονται τα πουλιά και μια γυναικεία φωνή κάπως θλιμμένη που πλησιάζει – ο Αριστοφάνης εμφανί- ζεται – ακούει.)

Φωνή: Θάλασσα... θάλασσα τους θαλασσινούς...

Αριστ.: Να και κάποιος που έρχεται τραγουδώντας...

(στο κοινό) Ακόμα νομίζει πως πάει εκδρομή... Σίγουρα τρο- χαίο... Είδηση δε θα έχει πάρει – και πάλι τα ίδια θα λέω...

(Εμφανίζεται η γυναίκα / σταματάει απότομα / πλησιάζει διστα- κτικά.)

Αριστ.: Έλα... καλώς τηνέ... μη φοβάσαι... έλα, κάτσε... δε δα- γκώνω…

μπααα... (στο κοινό) Τόσο άγριος δείχνω; Εδώ κι αιώνες δεν έχω δει έναν καθρέφτη...

Γυν.: Καλημέρα... Μπορείτε να μου πείτε πού βρίσκομαι;

Αριστ.: (με συμπάθεια) Χάθηκες, ε;

Γυν.: (αμήχανα) Μάλλον...

Αριστ.: Κάθισε... να σου παραγγείλω ένα τσαγάκι…;

Γυν.: (κάθεται)... Ευχαριστώ... Ευχαρίστως..

Αριστ.: Μπράβο, μπράβο.

(Κάνει νόημα εμφανίζεται το Χερουβείμ κι αφήνει δυο φλιτζά- νια.)

Γυν.: Λοιπόν...;

Αριστ.: Λοιπόν, θα σου εξηγήσω... Αλήθεια, θυμάσαι καθόλου πού ήσουν; Πώς βρέθηκες στο δάσος;

Γυν.: Πού ήμουν...;; σε μια βάρκα, νομίζω – αραγμένη σε μια παραλία... Δε θυμάμαι πώς βρέθηκα στο δάσος - είχαμε πάει σε μια ψαροταβέρνα... Ξαφνικά ζαλίστηκα – ίσως ήπια πολύ... Τσακωθήκαμε... Είπα να πάω μια βόλτα - και κάθισα σε μια βαρκούλα λίγο πιο κάτω... (βάζει τα κλάματα)

Αριστ.: (στο κοινό) Να τα... αυτά δεν μπορώ... Δεν έχω και τι να πω...

(στη γυναίκα) Έλα, έλα, ό,τι και να 'ναι θα βρούμε μια λύση... Ησύχασε...

(στο κοινό) Γυναίκες...!

Γυν.: Με συγχωρείτε... Έχω κι εγώ τα δικά μου...

Αριστ.: Μμμμ - το βλέπω...! Αισθηματικά – ε...;

(η Γυναίκα γνέφει καταφατικά) Ε... όλοι τα ξέρουμε αυτά... Δεν είναι και για θάνατο – που λέει ο λόγος...

(ανήσυχα) Τσακωθήκατε είπες...; Μη μου πεις πως αυτοκτόνη- σες;;;

Γυν.: Ορίστε;

Αριστ.: Εδώ είμαστεεεε...

(στο κοινό) Το μυρίστηκα αμέσως...

Γυν.: Ποιο πράγμα;

Αριστ.: Τίποτα... λέω... Και δε μου λες... μετά τη βάρκα; Θυμά- σαι τίποτα;

Γυν.: Ξέρετε ήμουν με κάποιον...

Αριστ.: Κατάλαβα - με το «πρόσωπο» και τα τσούγκρισες... (στο κοινό) Ααχαχούχα δηλαδή...

(στη γυναίκα) Αυτοκτόνησες, τελικά;

Γυν.: (αφηρημένα)… Όχι... όχι, δε νομίζω...

Αριστ.: Μη μου πεις ότι σε σκότωσε; Α... μπα... δε θα έφθανες ως εδώ...

Γυν.: Μα τι λέτε;

Αριστ.: Μωρέ... ξέρω εγώ τι λέω... Έχω δει εγώ... Τέλος πάντων – κοίτα τώρα να θυμηθείς τα συμβάντα σου...

Γυν.: Τι να θυμηθώ; Ανησύχησε για 'μένα, λέει... Τίποτα δεν πήγαινε καλά έτσι κι αλλιώς... Έφυγε...

Αριστ.: Στο καλό... Και μετά;

Γυν.: Μετά... δε θυμάμαι... ένιωθα τόσο άσχημα… μου φαίνε- ται με πήρε ο ύπνος… Ύστερα ξύπνησα εδώ… στο δάσος... Κι ήταν όλα τόσο ειρηνικά...! Πρώτη φορά αισθάνομαι τόσο ήσυ- χα... Είχε και πουλιά – τα είδα...! Στη βάρκα μουρμούριζα κι εκείνο το «θαλασσινό» (λέει σιγανά το σκοπό) Μμμμμμμ... Τι είναι εδώ…; Κι εσείς…; Ποιος είστε…;

Αριστ.: Θα σου πω - και δε θα το πιστέψεις – όμως βρίσκεσαι στις παρυφές του Παραδείσου... Εμείς εδώ το λέμε Βασίλειο της Ειρήνης... Ο κόσμος κάτω δίνει διάφορα ονόματα... «Έναν τόπο χλοερό»... αν έχεις ακούσει;

(Εμφανίζεται από τη σπηλιά φουριόζα η Ειρήνη.)

Ειρήνη: Αριστοφάνη… έχω νέα…!

(στη Γυναίκα) Καλώς τηνέ – κάτσε να πάρεις μιαν ανάσα και μην ανησυχείς… Έτσι κι αλλιώς περαστική είσαι απ' τα μέρη μας….

Γυν.: Δε σας καταλαβαίνω…

Ειρήνη: Δεν πειράζει, θα σου εξηγήσω αργότερα… Ξεκουρά- σου και θα τα πούμε – έχω μια κουβεντούλα πρώτα με τον παπ- πού από 'δω…

Αριστ.: Εεε… και να τονέ πετύχω αυτόνε που μου το κόλλησε το παρατσούκλι…

Ειρήνη: Έλα που θίχτηκες - κι έχω σπουδαία νέα…!

(προχωρούν στο κέντρο της σκηνής – προβολέας)… Στον Παρά- δεισο που πήγα για εκείνους τους τρεις – για την άδεια – έτυχα πάνω σε συμβούλιο…

Αριστ.: Πάλι;

Ειρήνη: Πάλι – κι ήταν έτοιμοι να μας ειδοποιήσουν… Τα πράγματα στη Γη έχουν αγριέψει επικίνδυνα – ακόμα κι οι σπη- λιές μας κινδυνεύουν… Η αναταραχή κοντεύει να φτάσει ως τον κυρίως Παράδεισο - κι εμείς, πρέπει να προλάβουμε…!

Αριστ.: Σιγά μην προλάβεις…

Ειρήνη: Δεν αστειεύομαι, Αριστοφάνη – κι είναι όπως το υπο- ψιάστηκα… Έχει φτάσει η στιγμή της επιλογής… Στο εξής, όσοι φθάνουν θα επιστρέφουν αμέσως – αν είναι δυνατόν στο ίδιο σώμα και με Μνήμη ξεκάθαρη…! Να μπορούν να μιλήσουν για εμάς…

Αριστ.: Εννοείς πως θα δεσμεύονται…;

Ειρήνη: Ακριβώς…! Δεν επιτρέπεται πια να περιμένουν – ούτε να πηγαινοέρχονται στον ελαιώνα για αιώνες και καιρούς… Το συμβούλιο το είπε καθαρά: ή δέχονται να ξεκαθαρίσουν με το παρελθόν ή φεύγουν από τη διαδρομή της Άγνοιας - και δε θα μπορούν να επιστρέψουν… Η Γαία βρίσκεται σε βαρύτατη θλί- ψη – δε δέχεται άλλον πόνο…

Ως εδώ το πηγαινέλα… Οι πόρτες του χωραφιού θα κλείσουν…!

Αριστ.: Λες πως θα πιάσει; Μακάρι…

Ειρήνη: Αν συγκεντρωθούν εγκαίρως οι πρώτοι εκατό ειρηνευ- τές θα μπορέσουν να σταματήσουν τα παιχνίδια του Φόβου και του Πολέμου… Κι εμείς πρέπει να προσφέρουμε κάθε δυνατή βοήθεια – από τον Παράδεισο θα μας στείλουν όσα Χερουβείμ χρειαστούμε…

Αριστ.: Χμμμ… αυτοί οι δυο δε θα παραιτηθούν τόσο εύκο- λα…

Ειρήνη: Αν φτάσουμε εγκαίρως στον εκατοστό ειρηνευτή δεν θα 'χουν άλλη επιλογή – θ' αναγκαστούν να παραιτηθούν… Θα τα καταφέρουμε – μην ξεχνάς πως όσοι γυρίζουν πίσω θα θυ- μούνται και θα μιλούν συνειδητά για τον δικό μας κόσμο… Οι καιροί στη Γη είναι δύσκολοι – αλλά τα νέα μαθαίνονται γρή- γορα…!

Αριστ.: Ε… δεν είναι και νέο πως όλοι πεθαίνουν κάποτε…! Πασίγνωστο είναι…!

Ειρήνη: Σύμφωνοι – αλλά το ξέρεις πως ο Φόβος σκοτεινιάζει τον νου τους – κι ελάχιστοι αναγνωρίζουν πως η «αιώνια μνή- μη» είναι η δική τους μνήμη… Όλ' αυτά που θα έπρεπε να θυ- μούνται – για να σταματήσουν να τα επαναλαμβάνουν. Έφτα-σε, λοιπόν, η στιγμή να το καταλάβουν. Και να διαλέξουν…!

Αριστ.: Ας ανασκουμπωθούμε το λοιπόν – μπας και γλιτώσου- με κι εμείς από το θυρωρείο... Με την κοπελιά από 'δω τι θα γίνει...; Είναι μπερδεμένη πολύ... τα χάλια της...

Ειρήνη: Ναι... την είδα... Από τους πρώτους που θα στείλουμε – μετά τους τρεις που φύγανε ήδη... Αν βέβαια το θελήσει – που το ελπίζω... Ο έρωτας είναι πάντα πολύ καλό κίνητρο...

(ανάβουν τα φώτα – γυρίζει προς τη Γυναίκα) Λοιπόοοον....

Γυν.: Λοιπόν;

Ειρήνη: Πώς αισθάνεσαι;

Γυν.: Εε... κάπως άβολα... Δεν ξέρω και πώς βρέθηκα εδώ....

Ειρήνη: (κάθεται κοντά της και της πιάνει το χέρι αποφασιστι- κά) Ας μη χασομεράμε – γυναίκες είμαστε, θα συνεννοηθούμε... Λοιπόν, αυτήν τη στιγμή το φυσικό σου σώμα είναι λιπόθυμο πάνω στην αραγμένη βάρκα – κι έφτασες ως εδώ με το «άλλο» σου το σώμα – αυτό που «ονειρεύεται»... Ας το πούμε «αιθερι- κό»... Έχεις πιει το καταπέτασμα κι έχεις κλάψει ό,τι έχεις πιει... Θέλεις να πεθάνεις και νομίζεις πως έτσι θα γλιτώσεις από τα συναισθήματά σου γι΄ αυτόν τον νεαρό... Αλλά αυτό δε γίνεται – όπου και να πας θα τα κουβαλάς και θα ΄ ναι και χειρότερα... Δεν είναι πως δεν το ξέρεις – απλά δεν το θυμάσαι κι ας το έχεις ξανακάνει... Ευτυχώς είσαι πολύ νέα ακόμη και δεν τα καταφέρ- νεις...

Λοιπόν, προτείνω: Να γυρίσεις πίσω. Να δουλέψεις για ΄μένα – που σημαίνει να βρεις επιτέλους την άκρη και με τον συγκε- κριμένο «νεαρό». Και... να πεθάνεις ήσυχα και ειρηνικά όταν θα ΄χεις πια γεράσει... Πώς σου φαίνεται;

Γυν.: (έκπληκτη) ...Εσύ...;; Ποια είσαι;;;

Ειρήνη: Η Ειρήνη.

Γυν.: Ποια Ειρήνη;;

Ειρήνη: Της καρδιάς σου...

Γυν.: Ε;

Αριστ.: Σαν μαζεμένα να τα 'πες...

Ειρήνη: Δεν έχουμε χρόνο για χάσιμο... Το ξέρεις...!

(στη Γυναίκα) Λοιπόν...;;

Γυν.: Δεν καταλαβαίνω... Εγώ... πρέπει να έφυγα από τη βάρ- κα... Τσακώθηκα και με τον Γιάννη... Χωρίσαμε... οριστικά...

Ειρήνη: Αυτά δεν έχουν γίνει ακόμη... Τα «βλέπεις» – και τα προκαλείς ακριβώς γιατί τα φοβάσαι... Όμως... έφθασες ως εδώ... κι αυτό σημαίνει πως μπορεί και να τ' αλλάξεις...

Γυν.: Δηλαδή;

Ειρήνη: Δεν ξέρω τι θα κάνεις με τον φίλο σου – είναι δικός σου λογαριασμός και μάλιστα πολύ παλιός... Όμως αν θέλεις να επιστρέψεις και να «τακτοποιήσεις» το ζήτημα... χρειάζεται να συνεργαστείς μαζί μου... Αλλιώς...

Γυν.: Αλλιώς...;

Ειρήνη: Αλλιώς... το φυσικό σου σώμα θα μείνει εκεί που είναι – θα σε βρουν αργότερα πεθαμένη από ανακοπή. Το αιθερικό θα μείνει εδώ – για την ακρίβεια σ' ένα άλλο ξέφωτο, αρκετά πιο κάτω – στης Άγνοιας... Δεν είναι και πολύ άσχημα εκεί – μόνο λίγο σκοτεινά...

Γυν.: Ούτε να τ' ακούσω...

Ειρήνη: Ωραία. Λοιπόν;

Γυν.: Τι πρέπει να κάνω;

Ειρήνη: Απλώς να δεσμευτείς πως γυρνώντας στη Γη θα ψάξεις οπωσδήποτε να με βρεις... Θα γυρίσεις αποφασισμένη να βρεις Ειρήνη στην Καρδιά σου. Να θυμηθείς και να συγ - χωρέσεις, δηλαδή...

Γυν.: Τι να θυμηθώ...; Ποιον να συγχωρέσω...;

Ειρήνη: Όλους και όλα. Τον φίλο σου, τις συνθήκες, το παρελ- θόν... Τα παρελθόντα – τα πολλά παρελθόντα... Και προπά- ντων: τον εαυτό σου...

Γυν.: Τα «παρελθόντα»...;;; Να συγχωρέσω...; Δεν έχω κανέ- ναν να συγχωρέσω – οι παπάδες συγχωράνε...

Ειρήνη: Καλά... αυτό άσε να το βρεις στην πορεία... θα 'χεις όλον τον χρόνο μπροστά σου έτσι κι αλλιώς... Απλά, σκέψου το...

Αριστ.: Ναι...

(στο κοινό) Σκέψου το κιόλας...

Γυν.: Εδώ που τα λέμε... τι να σκεφτώ ; Στην ουσία δεν έχω άλλη επιλογή... Όμως, δεν ξέρω... τι πρέπει να θυμηθώ...;

Ειρήνη: Όσο γι' αυτό... Όταν γυρίσεις πίσω θα θυμάσαι τη συ- νάντηση που είχες εδώ, μαζί μου – τα υπόλοιπα άσε να 'ρθουν με τη σειρά και την ώρα τους. Αρκεί να με θυμάσαι και να μ' αναζητάς – εγώ είμαι πάντα κοντά στην καρδιά σου... Χρειάζε- ται να μάθεις να την ακούς... Τότε... θα ξέρεις πολύ καλά τι να κάνεις – η καρδιά πάντα ξέρει να συγχωρεί...

Γυν.: Κι ύστερα... θα με κάνει πια ό,τι θέλει... Όλοι θα κάνουν ό,τι θέλουν...

Ειρήνη: Ποιος είπε πως θ' αφήνεις τους άλλους να σε κάνουν ό,τι θέλουν;

Γυν.: Μα... είπες να συγχωρώ...

Ειρήνη: … Ε... αυτό είναι άλλο…!

Γυν: Πώς άλλο;

Ειρήνη: Μα… «συγγνώμη» δε σημαίνει να κάνεις ό,τι σου λένε οι άλλοι… Δεν είναι «μπάτε σκύλοι αλέστε»…

Γυν.: Εγώ… όλο συγγνώμη ζητάω… Και το αποτέλεσμα είναι να κάνω ό,τι μου ζητάνε... Εκτός κι αν προλάβω να φύγω…

Αριστ.: Μωρέ τι είσαι 'συ… Λυσιστράτη σκέτη…!!

Γυν.: Τι λέει ;;

Ειρήνη: Ξέρει πέντε χωρατά παραπάνω και μας κάνει τον έξυ- πνο – αυτό λέει... Κοίταξε... εμείς εδώ συνήθως δεν επεμβαί- νουμε – εσύ θ' αποφασίσεις ποια στάση θα κρατάς στη ζωή σου. Όμως σε βλέπω πολύ μπερδεμένη – κι έχω εντολή να προσφέρω κάθε δυνατή βοήθεια. Αν συμφωνήσεις θα έρθει μαζί σου ένα Χερουβείμ επιπλέον... Θα το χρειαστείς…

Γυν.: Χερουβείμ...;; Τι θα το κάνω το Χερουβείμ; Καλά – καλά δεν ξέρω τι είναι...

Ειρήνη: Είναι βέβαια άγγελος – και δεν είναι καθόλου λίγο να έχεις μαζί σου έναν παραπάνω… Θα σου απαντά στις απορίες και θα σου θυμίζει πως είσαι στην υπηρεσία μου – και δεν μπο- ρείς να χάνεις τον καιρό σου με τα τερτίπια του κάθε νεαρού… Θα σου δείξει και τον τρόπο για να περιγράψεις την εμπειρία που έχεις τώρα, εδώ. Να μιλήσεις σε όλους για όσα είδες κι άκουσες εδώ...

Γυν.: Σε όλους…;; ποιους «όλους»…;;;

Ειρήνη: Πρώτα απ' όλα σε όλους όσους γνωρίζεις – κι ύστε- ρα σε όσους περισσότερους μπορείς… Αυτή θα είναι η δουλειά σου από 'δω και πέρα - κι αυτή η δουλειά δε γίνεται αν δεν έχεις Ειρήνη μέσα σου…

Γυν.: (αμήχανα)… Ναι… βέβαια… οπωσδήποτε…

Ειρήνη: Ωραία… Όποτε είσαι έτοιμη … Καλή επιστροφή…

(ακούγεται θόρυβος από τα δέντρα – μπαίνουν η Γιαγιά κι η Κοπέλα πιασμένες απ' το χέρι)

Ίσως μάλιστα να επιστρέψεις και με παρέα…

(στον Αριστοφάνη) Πάω να δω τι συνέβη – έχε τον νου σου στην υποδοχή…

Αριστ.: (στο κοινό) Οπωσδήποτε…

Γιαγιά: Κάτι άσχημο μας συνέβη να δεις – από προχθές το είδα εγώ το όνειρο… Δεν είναι συνηθισμένο τούτο το δάσος – παρά- ξενα μιλούνε τα πουλιά… Άκου…

Αριστ.: Ορίστε… Παρακαλώ… Περάστε…

Γιαγιά: Πού βρισκόμαστε; Τι είν' εδώ…;

Αριστ.: Τα χωράφια της Ειρήνης… Εγγονούλα σας… ε; Πώς φτάσατε στα μέρη μας…;

Γιαγιά: Δε θυμάμαι και καλά – στο αυτοκίνητο ήμασταν… Δεν ξέρω πώς βγήκαμε… πάντως… είμαστε, τουλάχιστον, μαζί…

Αριστ.: Ναι… Τουλάχιστον…

Γιαγιά: Τι είναι εδώ είπες…; Τίνος τα «χωράφια»;

Αριστ.: Της Ειρήνης... Αν ήταν σε αυτοκίνητο... μάλλον τρακά-ρατε και... (κάνει με το χέρι την κίνηση του τέλους)...

Γιαγιά: (έντρομη)... Πεθάναμε;;;

Αριστ.: Περίπου – αν και τώρα τελευταία όλο μισοπεθαμένοι μάς έρχονται κι όλο πίσω τους στέλνουμε - γι' αυτό δε στο λέω και στα σίγουρα – μην απογοητεύεσαι... Κάτσε να 'ρθει η κυρά – Ειρήνη και βλέπουμε...

Γιαγιά: Ποια Ειρήνη;

Αριστ.: Η γνωστή... «Ειρήνη υμίν»; Αυτή!

Γιαγιά: (σταυροκοπιέται) ... Χρυσοβαλάντου...! Παναγιά μου...!

Κοπ.: Ωραία είν' εδώ...

(αφήνει τη γιαγιά – προχωράει) Ωραία δέντρα...

(Εμφανίζεται η Ειρήνη – είναι ντυμένη ανάλογα – συντηρητικά σαν τη γιαγιά – αλλά και μ' ένα πολύχρωμο φουλάρι σαν της κοπέλας.)

Ειρήνη: Καλώς τες... Γνωριστήκατε;

Γιαγιά: (σκύβει να της φιλήσει το χέρι)... Προσκυνώ, κυρά μου...

Ειρήνη: Καλά – καλά... άσ' τα αυτά τώρα... Δε χρειάζονται...

Γιαγιά: Παράδεισος εδώ – εγώ πάντα πίστευα πως υπάρχει κι ας λέγανε... Όμως για το παιδί; Καλά εγώ, έρχομαι μετά χα- ράς - ώρα μου είναι κι από αρρώστια πιο καλά το αυτοκίνητο... Μα το παιδί; Μικρή κοπέλα – η μάνα της θα πάει από καημό... Κρίμα... Τη βοήθειά σου... στείλε την πίσω... Με τη χάρη σου...

Ειρήνη: Κι οι δυο μπορείτε να γυρίσετε... Αν πραγματικά το θέλετε...

Κοπ.: Εμένα μ' αρέσει εδώ – κι ούτε που μ' ενδιαφέρει να μάθω πού είμαι... Μυρίζει τόσο όμορφα το δάσος...! Κι είναι πανέμορ- φα τα πουλιά...

Γιαγιά: Βλέπεις τα πουλιά;

Κοπ.: Γιατί...; εσύ δεν τα βλέπεις;

Γιαγιά: Όχι... ίσως κάτι σαν σκιές... Τέλος πάντων... δεν είναι λόγος αυτός για να μείνεις εδώ...

Κοπ.: Και βέβαια είναι! Τόσην ώρα σ' ακούω και δε μιλάω – όμως εμένα... μ' αρέσει εδώ... Στη Γη ποτέ δεν είδα τέτοιο δά- σος... Και τα πουλιά... μόνο κάτι ταλαίπωρα σπουργίτια – ενώ τούτα εδώ είναι γεμάτα χρώματα... Και θα 'χει σίγουρα κι άλλα ζώα – μου φάνηκε πως είδα και το κουτάβι μου πίσω από κάτι δέντρα να κοιτάζει... και... τέλος πάντων, δεν το κουνάω...! Κι άμα γυρίσεις... Χαιρετίσματα σε όλους... Εγώ προτιμώ εδώ...!

Αριστ.: Ορίστε η νέα γενιά...! Με «άποψη»…

Ειρήνη: Με κολακεύεις... δε λέω... Όμως πώς θα σου φαινόταν να σου ζητήσω να γυρίσεις πίσω για... χάρη μου...;

Κοπ.: Τι θα πει αυτό;

Ειρήνη: Θα πει να κοιτάξεις πολύ καλά τούτο το δάσος, και να το πάρεις μαζί σου... Εικόνα και μνήμη στον νου σου... Γυρ- νώντας στη Γη θα θυμάσαι πως δουλειά σου είναι να φροντί- ζεις όλα τα δάση… Ακόμα και να φτιάξεις καινούργια… Και... κάποια στιγμή... θα ξανάρθεις βέβαια εδώ... Όμως αργότερα... πολύ αργότερα...

Κοπ.: Σιγά μη φτιάξω εγώ καινούργια δάση – πού να τα φτιάξω; Και ποια δάση να «φροντίσω» – δεν έχεις ιδέα τι γίνεται στη Γη, μου φαίνεται… Έχεις έρθει καμιά βόλτα στα κάτω Πατήσια;

Ειρήνη: Έχω – δυστυχώς… Πριν εξήντα μόλις γήινα χρόνια ήταν γεμάτα δέντρα και ρυάκια τα Πατήσια – αλλά αυτό εσύ δεν το ξέρεις κι εγώ… Αρρωσταίνω κάθε φορά που το θυμάμαι… Αυτήν την καταστροφή σού ζητάω να διορθώσεις….

Κοπ.: Εγώ…; Πώς;; Να γκρεμίσω τις πολυκατοικίες; Ή να ρί- χνω βόμβες και γκαζάκια στις βιτρίνες και τ' αυτοκίνητα; Γιατί αλλιώς… δε βλέπω πού θα φυτέψουμε τόσα δέντρα…

Ειρήνη: Αυτό που χρειάζεσαι είναι κουράγιο… Θα χρειαστείς κουράγιο για να μιλήσεις για 'μένα… Για όλα όσα βλέπεις σή- μερα εδώ, για τα πουλιά και το δάσος και την εμπειρία σου… Στους γονείς, το σχολείο, τους συμμαθητές, τους φίλους σου… Ακόμα κι αν στην αρχή δε θα σε πιστεύουν… Μεγαλώνοντας θα μάθεις να κάνεις μια δουλειά που να σου θυμίζει τούτην εδώ την εμπειρία… Να σχεδιάζεις τόπους ειρηνικούς, γεμάτους δέντρα, πουλιά και ζωάκια… Και βέβαια… θ' αναζητάς την ειρήνη μέσα σου, στην καρδιά σου… Τώρα που γνωριστήκαμε, μπορείς πά- ντα να με θυμάσαι και να ζητάς τη βοήθειά μου… Κι όταν θα έρθει ο καιρός να γυρίσεις εδώ… θα 'χουν αλλάξει πολύ τα… «κάτω Πατήσια» σου… Σε διαβεβαιώ…

Κοπ.: Πολύ εξωπραγματικά τα λες… Δε μου φαίνεται καθόλου – πώς να το πω…; ρεαλιστικό…;

Ειρήνη: Ναι… εκ πρώτης όψεως δε δείχνει… Όμως δε θα 'σαι μόνη σου – πολλά παιδιά της εποχής σου θα έχουν την ίδια εμπειρία και θα γυρίσουνπίσω με τον ίδιο σκοπό… Ετοιμάζετε τον δρόμο για τον εκατοστό ειρηνευτή… Τα πράγματα στη Γη θ' αλλάξουν καθοριστικά…

Κοπ.: Όσο και ν' αλλάξουν – εμένα, πάλι, απίθανο μου φαίνεται να γίνουν έτσι τα Πατήσια… (δείχνει το δάσος)

Ειρήνη: Το πρώτο που χρειάζεται είναι να μάθεις να ονειρεύε- σαι... Να φαντάζεσαι...! Φαντάσου τον κόσμο σου στη Γη τό- σον όμορφο, όσο τούτο το δάσος...

Κοπ.: Μα... αφού είμαι ήδη σε τούτο το δάσος...! Εμένα... σας το είπα... μ' αρέσει εδώ...!

Ειρήνη: Εδώ δε γίνεται να μείνεις για πολύ... Ή στον Παράδει- σο θα πας – κι είναι νωρίς ακόμη – ή πίσω στο σώμα σου – με δέσμευση και συγκεκριμένη αποστολή... Ή... στα χωράφια της Άγνοιας – και δε νομίζω πως θα σου αρέσει εκεί... Πάντως, μπο- ρείς να διαλέξεις...

Γιαγιά: Έλα τώρα, κοριτσάκι μου – μη δυσκολεύεις τα πράγμα- τα... Στο κάτω – κάτω, αυτό που σου ζητάει είναι χρήσιμο και καλό κι ευχάριστο... Μην κάνεις σαν μωρό...

Κοπ.: Εσύ...; Εσύ θα γυρίσεις;

Γιαγιά: Εεε... δεν είμαστε το ίδιο... εγώ είμαι γριά γυναίκα – τι δέντρα να φυτέψω, δεν προλαβαίνω... Δεν αξίζει και τον κόπο τόσο πηγαινέλα...

Ειρήνη: Από 'σένα εξαρτάται – αν θέλεις το φυσικό σου σώμα αντέχει ακόμα... εδώ δεν μπορείς να μείνεις ούτε εσύ... Ή για τον Παράδεισο θα πας – κι αυτό χρειάζεται μια κάποια διαδικα- σία – ή για τα χωράφια της Άγνοιας... Είτε πίσω στη Γη – και στην υπηρεσία μου. Αν το προτιμάς μπορείς να επιστρέψεις σε καινούργιο σώμα και συνθήκες διαφορετικές. Σε κάθε περίπτω- ση θα πρέπει να συμφωνήσεις πως θα εργάζεσαι για 'μένα – έχω σαφέστατες οδηγίες από τους εκπροσώπους στον Παράδεισο... Οι καιροί στη Γη είναι δύσκολοι...

Γιαγιά: (σκύβει της φιλά το χέρι - σταυροκοπιέται) Στους ορι- σμούς σου... Θα κάνω ό,τι μου πεις...

Ειρήνη: (κατ᾽ ιδίαν) Αυτήν τη συνήθεια με τα προσκυνήματα... ποτέ δεν τη συνήθισα… (τη σηκώνει) Πρώτα πρέπει να θυμη- θείς... και να συγ - χωρέσεις...

Γιαγιά: Τι να θυμηθώ; Τι να συγχωρέσω;

Ειρήνη: Όλα όσα έζησες... Και όλους όσους σε πίκραναν...

Γιαγιά: (πικρά) Όλους;

(απομακρύνεται αργά – χαμηλώνουν τα φώτα – ... πλησιάζει στην οθόνη – βλέπουμε σκόρπιες σκηνές από πολεμικά ντοκι- μαντέρ – τη γιαγιά κοπελίτσα – αγκαλιά μ᾽ έναν νεαρό – ενδι- άμεσα πέφτει η γνωστή εικόνα του στρατιώτη που αποχαιρετά από το τρένο – εικόνα γάμου και διάφορες οικογενειακές σκη- νές – παιδιά κλπ. – ενδιάμεσα εξακολουθεί να πέφτει η σκηνή με τον στρατιώτη – μέχρι που έχουμε εικόνα με την εγγόνα της – τράνταγμα / το τρακάρισμα – καθώς βλέπει το βίντεο μονο- λογεί)

Όλους; Ποιους όλους - κανένας δεν έφταιγε... Τι να συγχωρέ- σω…; Τον... πόλεμο…; Ο Γιάννης… Ο Γιάννης δε γύρισε από το μέτωπο... Και η ζωή μου πήγε στράφι... Σαν να μην την έζη- σα... Καλός ο άντρας μου δε λέω... νοικοκύρης... κιμπάρης... Όμως η καρδιά μου... η καρδιά μου έμεινε... εκεί... στο βου- νό… (κλαίει)… Καλά τα παιδιά... μεγάλωσαν... καλά είμαστε, δόξα τω Θεώ, δε λέω... δεν παραπονιέμαι… Όμως εμένα μόνον ο Γιάννης μ᾽ ένοιαζε... Ξέρω που είναι αμαρτία – γι᾽ αυτό δε ρίχτηκα στο τρένο ᾽κείνο το πρωί που έμαθα πως σκοτώθηκε... Στην Καισαριανή... μου το ᾽πε ο αδερφός του... Ούτε πώς έγινε δε θα μάθαινα... αλλά να, η τύχη βλέπεις... Λίγο πριν τον πάρου- νε για την εκτέλεση πρόλαβε κι έστειλε ᾽κείνο το σημείωμα...

(βγάζει από τον κόρφο της ένα χαρτί – ακούγεται από μαγνητό- φωνο ανδρική φωνή)

Φωνή: Αγαπητή μου, Μαρία... Ξέρω πως θα σε πικράνω – όμως τον Γιάννη μας, να μην τον περιμένεις... Σκοτώθηκε – πριν λί- γους μήνες στο βουνό – κι ίσως να τονέ γράψουνε και με λάθος όνομα – λόγω ιδεολογίας, καταλαβαίνεις... Πάντως... να ξέρεις: έφυγε με τ' όνομά σου στα λόγια του... Να μας θυμάσαι... Σε φιλώ... και καλή λευτεριά...

Γιαγιά: Τι άλλο να χωρέσει μέσα σε πέντε σειρές κολλυβογράμ-ματα...; Τη ζωή μου πήρε τούτο το σημείωμα... Κουρέλι έγινε πια... Και πού να ξέρω εγώ που ήτανε το δίκιο και που τ' άδι- κο...;;; Τι να συγχωρέσω, κυρά μου; Τον Πόλεμο;

(Η Ειρήνη πλησιάζει αργά – μπαίνει στο φως του προβολέα.)

Ειρήνη: ... Ναι, γιαγιά... τον Πόλεμο... Και καν' το για χάρη μου... Για χάρη του Γιάννη... Για χάρη όλων των γυναικών... Ακόμα και για χάρη όλων των ανθρώπων...

Γιαγιά: Ό,τι και να κάνω... ο Γιάννης πίσω δε θα 'ρθει, μαζί δεν πρόκειται να ζήσουμε και... άσ' τα... δε θέλω πια – ούτε και μπορώ να τα σκέφτομαι...

(ξαφνικά αλλάζει ύφος – σαν πρώτη φορά να συνειδητοποιεί πού βρίσκεται) Όμως... για πες μου... Αυτοί που σκοτώνονται στον πόλεμο... Αυτοί... δεν έρχονται εδώ;

Ειρήνη: (με πονηρό χαμόγελο) ... Εξαρτάται... Συνήθως αρ- γούν... Βλέπεις ψάχνουν να βρουν ποιος είχε το «δίκιο» και ποιος το «άδικο»... Κάποια στιγμή, βέβαια, φτάνουνε κι εδώ...Όλοι φτάνουν κάποτε...

Γιαγιά: Και... γίνεται να μάθω πού βρίσκεται τώρα; Ίσως... Ακόμα και τον πόλεμο να συγχωρούσα αν ήταν να τον ξανα- βρώ...

Ειρήνη: Μμμ… καταλαβαίνω… Όμως τα πράγματα είναι εντε- λώς αντίθετα – πρώτα χρειάζεται η «συγγνώμη» δίχως «αντάλ- λαγμα» και προσδοκία καμιά… Για 'σένα την ίδια, για όλα όσα ήθελες – και δεν τα έζησες… Κι ύστερα… θα δούμε… Αν γίνε- ται, θα ψάξουμε και για τον Γιάννη σου...

(Η Γιαγιά κοιτάζει την οθόνη που γυρίζει αργά και στέκεται στη σκηνή του αποχαιρετισμού μπαίνει σιγά μουσική «Η μέρα εκεί- νη δεν θ αργήσει».)

Γιαγιά: Λες…;;; Λες αλήθεια…;;

Ειρήνη: Δεν είναι σίγουρο πως θα τον ξαναβρείς... Μην παρε- ξηγούμαι – είπα «μπορεί»...

Γιαγιά: Είπες πως μόνο έτσι μπορεί... Είπες πως θα ψάξουμε...

Ειρήνη: Αυτό ναι... στο υπόσχομαι...

(Η Γιαγιά γυρίζει προς την οθόνη – πέφτει εικόνα πολέμου – σταυροκοπιέται – αποστρέφει το πρόσωπό της – μονολογεί.)

Γιαγιά: Ποιος να την αντέξει τόση συμφορά… Και ποια είμ' εγώ για να τη συγχωρέσω κιόλας…;; Ααααχ… και τι άλλο να κάνω….;;; Τι μπορώ να κάνω…; Έναν καινούργιο πόλεμο…;; Κι άλλη, κι άλλη, κι άλλη συμφορά…;;; Τίποτα πια…!! Απο- λύτως τίποτα…! Σπολλάτη κι ο πόλεμος, λοιπόν… Συγχωρεμέ- νος – από 'μένα, τουλάχιστον… Κι ούτε το δίκιο ψάχνω – ούτε τ'άδικο… Μόνο που… (σταυροκοπιέται – γυρίζει προς την Ει- ρήνη) ... Επί Γης Ειρήνη, είπε…! Κι ας γίνει το θέλημα Του…

Ειρήνη: Αυτό είναι..! Μόνο λίγη πίστη χρειάζεται – κι έρχεται ο καιρός για να γίνει και το… «θέλημά Του»… Έλα τώρα… πάμε, να δούμε και για τον Γιάννη σου...

(αλλαγή εικόνας – ο προβολέας φωτίζει την άκρη της σκηνής - η πόρτα της σπηλιάς ανοίγει και βλέπουμε το εσωτερικό – φωτί- ζεται το παράθυρο – μπροστά του είναι ένα μικρό τραπέζι και πάνω του μόνο ένα μεγάλο βιβλίο – μπαίνουν μαζί στη σπηλιά – η Ειρήνη ανοίγει το βιβλίο – το ξεφυλλίζει)

Εδώ είμαστε... Πότε είπες πως σκοτώθηκε...;;

Γιαγιά: ... Δεν ξέρω βέβαια ακριβώς, κάπου στις αρχές του '44 πρέπει...

Ειρήνη: (ξεφυλλίζει) ...'44...'44... Γιάννης... Γιάννης... Συγκεντρώσου, σε παρακαλώ – κράτα στον νου σου την εικόνα του – δεν έχουμε και πλήρη στοιχεία...

Γιαγιά: Εύκολο το 'χεις; Μετά από τόσα χρόνια... (νοσταλγικά) Μόνο τα μάτια του θυμάμαι... σαν φλόγες ήτανε... Και τ΄ άγγιγ- μά του...

Ειρήνη: Ε... τα πιο σημαντικά θυμάσαι... Θα έχει άλλο σώμα – κι άλλο πρόσωπο... Ίσως ακόμα και διαφορετικό φύλο... Όμως τα μάτια του θα είναι τα ίδια... Εκτός κι αν είναι στον Παράδει- σο, οπότε θα αισθανθεί που τον ψάχνουμε και θα 'ρθει... Αν έχει γυρίσει στη Γη μάλλον δε θα μοιάζει και πολύ με τον Γιάννη που γνώριζες... Μόνο τα μάτια του...

Γιαγιά: (ανήσυχα) Μην είναι πουθενά αλλού...; Ενδιάμεσα...; Δεν υπάρχουν «ενδιάμεσα»....;

Ειρήνη: Φυσικά - όμως θα πάρει χρόνο αν είναι να ψάξουμε όλα τα πεδία... Είπα ν' αρχίσω απ' τα πιο βολικά... Εσύ, κράτα στον νου σου τα μάτια του...

Γιαγιά: Αυτό είν' εύκολο... (κατ' ιδίαν) ... μια ζωή αυτό κάνω...

Ειρήνη: Ωραία... λοιπόν... Για κοίτα... κοίταξε αυτό...

Γιαγιά: Μα... αυτό είναι παιδί... πεντάχρονο...

Ειρήνη: Πολύ σωστά... Αν είναι αυτός – όπως νομίζω – τότε υπήρχε σοβαρός λόγος που τράκαρες... Σας δίνεται η ευκαιρία να συναντηθείτε ξανά. Απ' ό,τι βλέπω, ο ίδιος το ζήτησε – όπως ζήτησε και να είναι στην υπηρεσία μου... Πέρασε προ ετών από 'δω, κι έκατσε καμπόσο στα χωράφια μου – δεν έχει πολύ καιρό που γύρισε στη Γη... Είναι από τους δικούς μου - διόλου ασυ- νήθιστο για 'κείνους που πεθαίνουν στον πόλεμο... Γίνονται οι πιο πιστοί μου «ειρηνευτές»... Για κοίτα τον καλά – να σιγου- ρευτούμε...

(Η γιαγιά κοιτάζει – κολλά στο παράθυρο – μπαίνει αργά η μου- σική «Η μέρα εκείνη δεν θ' αργήσει» – σκύβει να της φιλήσει το χέρι – η Ειρήνη την εμποδίζει.)

Γιαγιά: Το 'πες και το 'κανες! Σ' ευχαριστώ...

Ειρήνη: Λοιπόν... τον βρήκαμε – και μάλιστα σε πολύ καλή ηλικία...! Μόνο που αν είναι να τον ξαναβρείς... πρέπει να πε- θάνεις...

Γιαγιά: Ορίστε;

Ειρήνη: ... Ε.. δε θα γυρίσεις βέβαια στο ίδιο σώμα - δε φαντά- ζομαι να θέλεις να είσαι σαν την γιαγιά του όταν θα τον ξανα- δείς... Εκείνος έχει ήδη ξαναγεννηθεί...

Γιαγιά: ... Α... εννοείς απ' το τρακάρισμα; Μα... αυτό δεν έχει γίνει...;

Ειρήνη: Όχι ακόμα – από την απόφασή σου εξαρτάται...

Γιαγιά: Το μόνο που θέλω είναι να τον συναντήσω – όσο γίνε- ται πιο γρήγορα...! Και πράγματι... να μην είμαι σαν τη γιαγιά του... Όμως... όλα τα υπόλοιπα...; Θα τα θυμάμαι...;;

Ειρήνη: Θα το φροντίσουμε κι αυτό... Ξέρεις... αυτοί που μπαί- νουν στη σπηλιά μου δεν είναι πολλοί... Κι όσοι μπαίνουν γί- νονται – πώς να στο πω... «αξιωματούχοι» μου κατά κάποιον τρόπο...

(βγάζει ένα άσπρο φτερό και το ακουμπάει στο στέρνο της για- γιάς) Στο καινούργιο σου σώμα θα 'χεις ένα σημάδι... ακριβώς εδώ. Για να θυμάσαι την επίσκεψή σου εδώ...

Το ίδιο σημάδι έχει κι ο Γιάννης σου – αυτό θα σας βοηθήσει να αναγνωρίσετε ο ένας τον άλλο – και να θυμάστε! Όσο θα εργάζεσθε για 'μένα θα είστε μαζί... Για τις υπόλοιπες λεπτο- μέρειες θα πρέπει να περάσεις από τον θάλαμο των Αρχείων – είναι απαραίτητη διαδικασία γι' αυτούς που κατεβαίνουν σε καινούργιο σώμα... Μην ανησυχείς – στην περίπτωσή σου δε θα κρατήσει πολύ...

Γιαγιά: Βεβαίως, να κάνουμε ό,τι χρειάζεται... Από πού θα πάω...;;;

Ειρήνη: Μαζί θα πάμε... Δε θα χαιρετήσεις πρώτα την εγγόνα σου;

(Τα φώτα ανάβουν στο αρχικό σκηνικό – ο Αριστοφάνης, η Γυ- ναίκα και η Κοπέλα κάθονται όπως ήταν – η Γιαγιά και η Ειρή- νη πλησιάζουν.)

Αριστ.: Τι νέα...; Τονέ βρήκαμε...;

Γιαγιά: (αγκαλιάζει τη μικρή) ... Εγώ, παιδί μου... δε θα γυρίσω μαζί σου...

Θα γυρίσω, βέβαια, στη Γη – όμως θα είμαι αλλιώτικη... Δεν ξέρω αν θα σε ξαναβρώ...

Κοπ.: Δηλαδή με παρατάς...! Και δε σκέφτεσαι πώς θα τα βγά- λω πέρα...! Κανείς δε με καταλαβαίνει όπως εσύ...

Γιαγιά: Ου ου... μια χαρά θα τα πας... Σε λίγους μήνες θα μ' έχεις ξεχάσει – θα 'χεις μάθει να τα βολεύεις μια χαρά θέλω να πω... Άλλωστε λίγο –πολύ στην ώρα μου φεύγω, πόσο θα ζούσα ακόμη;

(συνωμοτικά) ... Ξέρεις... βρήκα τον Γιάννη μου...! Κι αυτήν τη φορά θα μπορέσουμε να ζήσουμε μαζί...! Δεν ξέρω ακόμα τις λεπτομέρειες – ίσως κι εμείς να ξανασυναντηθούμε... Αφού τί- ποτα δεν τελειώνει πραγματικά... εσύ... να κοιτάς τα μωρά που θα έρχονται στην οικογένεια στα μάτια – κι αν είναι θα μ' ανα- γνωρίσεις... Κοίτα να ζήσεις καλά τώρα που θα γυρίσεις πίσω... Είναι σπουδαίο να μπορείς να θυμάσαι τον «άλλον» κόσμο... Θα καταλαβαίνεις καλύτερα και τον κόσμο σου...

(Αγκαλιάζονται – η γιαγιά πλησιάζει την Ειρήνη – φεύγουν γνέφοντας. Η Γυναίκα που όλη αυτή την ώρα παρακολουθεί, σηκώνεται – σαν να ξυπνάει και τις χαιρετάει γνέφοντας ανήσυχα.)

Γυν.: Δεν πρέπει να γυρίσω κι εγώ τώρα; Λες να μην προλάβω; Ξεχάστηκα...

Αριστ.: Μπα... δεν υπάρχει θέμα χρόνου εδώ – είναι τόσο σχετικός... Αισθάνεσαι καλά...; Έτοιμη...;

Γυν.: Νομίζω... δεν ξέρω... νομίζω...

Αριστ.: Φοβάσαι...; τον νεαρό, ε...;

Γυν.: Δεν ξέρω... Και εκείνον φοβάμαι – και τον εαυτό μου δεν τον εμπιστεύομαι... Κι αν είναι μακριά του... όλα τα φοβάμαι...

Αριστ.: Αχ... αυτά έχει ο έρωτας... Όμως είδες τη γερόντισσα... κι αν έχει αξία... τώρα ξέρεις πως θα τον ξαναβρείς... Ακόμα κι αιώνες αν είναι να περάσουν...

Γυν.: Ναι – το σκέφτηκα κι εγώ αυτό... Αν δεν το είχα δει... ίσως και να μην άντεχα να γυρίσω...

Αριστ.: Για όλα φροντίζει, όπως βλέπεις, ο Πανάγαθος... Στο μεταίχμιο βρέθηκες – κι επιστρέφεις... και μάλιστα μ' ένα Χερουβείμ επιπλέον...

Γυν.: Μου φαίνεται πως πράγματι θα το χρειαστώ...

(στην κοπέλα) ... Θα 'ρθεις μαζί μου..; Ώσπου να φτάσουμε δε θα ήταν άσχημα να 'μαστε παρέα...

Κοπ.: Εγώ... θέλω να είμαστε παρέα και μετά... Όταν θα φτάσουμε στη Γη... Θα με καταλαβαίνεις καλύτερα... και θα βοη- θάμε η μία την άλλη...

Γυν.: Δεν ξέρω αν γίνεται... Πού να σε βρω...; Πώς...;

Αριστ.: Ε – τι δουλειά κάνει, κορίτσι μου, το Χερουβείμ...;

Γυν.: Αλήθεια...; Θα μας βοηθήσει να συναντηθούμε και στη Γη...;

Αριστ.: Και βέβαια – κάτι τέτοια είναι εύκολες δουλειές για έναν άγγελο... Αρκεί να το θέλετε και οι δυο...

Κοπ.: Εγώ θα το 'θελα πολύ... θα είμαστε φίλες...! Και... δε θα μου λείπει πια η γιαγιά μου...

Γυν.: Κι εγώ θα το 'θελα... Θα είναι όμορφα να έχουμε η μία την άλλη...

(πιάνει το χέρι της μικρής) Και τώρα...; Πώς θα γυρίσουμε...;

(Εμφανίζεται το Χερουβείμ κρατώντας την περγαμηνή.)

Αριστ.: Πάνω στην ώρα – κατέφθασε και η άδεια της επιστρο- φής... Το Χερουβείμ θα φροντίσει για όλα – όπως βλέπεις ξέρει πολύ καλά τι να κάνει... Άντε, να πηγαίνω κι εγώ... Καλή επι- στροφή – και... καλή αντάμωση...

(Φεύγει ο Αριστοφάνης – το χερουβείμ δίνει στη Γυναίκα την περγαμηνή – ακούγεται η φωνή της Ειρήνης)

Καλή στροφή. Καλή επιστροφή
Μη χάσεις – μην ξεχάσεις
Μεταίχμιο κάθε στιγμή
κι όμορφη να τη φτιάξεις

(Τα Φώτα χαμηλώνουν αργά, φεύγουν πιασμένες απ' το χέρι – ακολουθεί το Χερουβείμ – δυναμώνουν τα πουλιά – ακούγεται μακρινό το «Θαλασσάκι». Αυλαία.)

Τέλος της τρίτης πράξης.

Πράξη 4η - Τέλος

(Το ίδιο σκηνικό – ο Αριστοφάνης κάθεται στο τραπέζι με τσάι – μονολογεί.)

Αριστ.: (προς το κοινό) Ισθμός της Κορίνθου έγινε το θυρωρείο μας... Κόσμος πάει κι έρχεται σαν Σαββατοκύριακο... Έκλεισε ο λαιμός μου... μάλλιασε η γλώσσα μου να εξηγώ... Κι όλο τα ίδια και τα ίδια - δεν επιτρέπεται κι ένα μαγνητόφωνο... (διφο- ρούμενα) Πτώμα είμαι... Τόσους αιώνες ποτέ δεν είχαμε τόσους πολλούς να γυρίζουν πίσω... σαν τουρίστες της Ακροπόλεως...

(Μπαίνει από τη σπηλιά η Ειρήνη.)

Ειρήνη: Τι μουρμουρίζεις;

Αριστ.: Τίποτα... κάτι λογάριαζα...

Ειρήνη: (μ' ενθουσιασμό) Σήμερα – είναι σπουδαία μέρα, φίλε μου... Ετοιμάσου...!

Αριστ.: (στο κοινό) Ωωωωχχχ...

(στην Ειρήνη) ... Κι αυτό θα πει...;;

Ειρήνη: Θα πει πως... αν πάνε όλα καλά, σήμερα θα έρθει ο εκατοστός «ειρηνευτής» μου...

Αριστ.: Κιόλας;; Μωρέ, μπράβο...

Ειρήνη: Καλέ μου Αριστοφάνη... είμαι σίγουρη... Όλα θα πάνε καλά... Ο μικρός είναι κιόλας στον δρόμο...!

(Από τους θάμνους ακούγεται μια λαχανιασμένη φωνή – φαίνε- ται η Μητέρα - πλησιάζει ψάχνοντας με αγωνία.)

Μητ: Πού είσαι;;;; Θεέ μου... πού είσαι...;

Ειρήνη: (ανήσυχα) Πώς βρέθηκες εσύ εδώ;;; Αυτό δεν ήταν να συμβεί...

(στον Αριστοφάνη) Εχε τον νου σου – πάω μέσα να δω τι έγινε... (φεύγει)

Μητ.: (στον Αριστοφάνη) Πού είναι...;; Πού είναι;

Αριστ.: Ποιος...;

Μητ.: Ο γιος μου... λένε πως πέθανε... όμως εγώ ξέρω πως κά- που πήγε... Δε γίνεται να χάθηκε... Πρέπει να τον βρω... Βοή- θησέ με... Όποιος και να 'σαι – βοήθησέ με... να δεις καλό... Πρέπει να τον βρω...

Αριστ.: Αν έχω καταλάβει καλά... θα φανεί όπου να ' ναι... Ψυ- χραιμία... Εδώ που έφτασες θα φύγεις με λυμένο το πρόβλημά σου...

Μητ.: Τι εννοείς;; Πώς...; πώς όπου να 'ναι θα φανεί...; Πού βρίσκομαι; (καχύποπτα) Ποιος είσαι;

Αριστ.: Δεν έχει σημασία τώρα... Κοίτα ποιος έρχεται...

(γνέφει προς τα δέντρα – φαίνεται το Παιδί να πλησιάζει) Αυτός που ψάχνεις – μου φαίνεται πως έφτασε...

(Η μητέρα ορμάει – αγκαλιάζει το παιδί – το τραβάει – το καθί- ζει στις καρέκλες γελώντας και κλαίγοντας.)

Μητ.: Το 'ξερα... το 'ξερα εγώ... δεν μπορούσε να είναι αλ- λιώς... Παιδάκι μου... μωρό μου...

Παιδί: Καλά, ντε... με μούσκεψες... θα... «πουντιάσω»...

(Μπαίνει η Ειρήνη φουριόζα.)

Ειρήνη: Καλώς τους...! καθίστε...

(στον Αριστοφάνη) Πρέπει να σου μιλήσω δυο λεπτά... Ιδιαιτέ- ρως... (Τον πιάνει απ' το μπράτσο – απομακρύνονται – Μητέ- ρα, παιδί ακίνητοι – τα φώτα χαμηλώνουν – ο προβολέας στους δυο.)

Αριστ.: Μα τι γίνεται...; Δεν είναι και οι δυο για πίσω;

Ειρήνη: Δεν είναι τόσο απλό... Το παιδί είναι που μετράει - η μάνα κατά λάθος έφτασε... Από την απελπισία της... Πήρε πολ- λά χάπια και μαζεμένα, της έκανε κι ο γιατρός μία ένεση – δεν το κατάλαβε, βλέπεις – και την έστειλε πριν απ' τον μικρό... Κι ο μικρός αυτός είναι ο εκατοστός μου ειρηνευτής – αυτός θα γείρει τη ζυγαριά... Αν γυρίσει εγκαίρως την κερδίσαμε τη μάχη, Αριστοφάνη – αν όμως καθυστερήσει... μπορεί και να μην προ- λάβουμε. Δεν ξέρω τι θα κάνω με τη μάνα...

Αριστ.: Γιατί να μη γυρίσουν μαζί πίσω;

Ειρήνη: Δυστυχώς δε γίνεται – έσπασε οριστικά τη χορδή με την απελπισία της – όλες οι συνδέσεις έχουν αδρανήσει. Το παι- δί είναι απλώς σε κώμα και πρέπει να γυρίσει το συντομότερο – όμως τώρα που είναι η μάνα του εδώ... φοβάμαι πως δε θα δεχτεί...

Αριστ.: Μην το συζητάς! Ούτε να το σκέφτεσαι ...! Άσ' το σ' εμένα... θα το βολέψω...

(προχωρούν προς το τραπέζι – ανάβουν τα φώτα – απευθύνεται στη μητέρα) Λοιπόν... τα είπατε;

Μητ: ... Ναι, αν και... δεν ξέρω τι να πούμε... Έχω μια θολού- ρα... Ένα βάρος στο κεφάλι...

(στο παιδί) Έλα... έλα εδώ... (τον αγκαλιάζει) Πού βρισκόμαστε;

Αριστ.: Στον Παράδεισο...! Ή τουλάχιστον πολύ κοντά...

Παιδί: Βέβαια...! Παράδεισος – και του φαίνεται...! Απίθανο δάσος...

Μητ.: Ναι... πράγματι... Μήπως κρυώνεις; Τα πολλά δέντρα κατεβάζουν ψύχρα...

Παιδί: Καλά είμαι...

(στον Αριστοφάνη) Είστε καιρό στον Παράδεισο;

Αριστ.: Κοντεύω 2500 χρόνια…

Παιδί: Τόσα πολλά…;

Αριστ.: Ε... ανάλογα… Με τι το συγκρίνεις...

Μητ.: Τι να συγκρίνει…; Μικρό παιδί... Ποιος είστε είπατε;;;

Αριστ.: Αριστοφάνης, μαντάμ – ο γνωστός… Και... λυπάμαι που γνωριζόμαστε υπό «τοιαύτας συνθήκας» – αν κι έχουν δει πολλά τα μάτια μου... Βέβαια... σπανίως οδηγούνται προς τα εδώ ψυχές με τόση αναστάτωση – στις μαμάδες όμως γίνονται συχνά εξαιρέσεις... Βλέπεις στον Παράδεισο τις έχουν περί πολ- λού…

Μητ.: Ε... κάτι κάνουμε κι εμείς...

Αριστ.: Συνήθως απλώς το παρακάνετε – αλλά δεν είναι του παρόντος... Εμείς εδώ που λες... είμαστε δίπλα στον Παράδει- σο... Μια πόρτα που λέει ο Λόγος...

Μητ.: (συνειδητοποιεί απότομα) Θες να... πεις πως... έχω... πε- θάνει...; Κι ο Γιάννης;;; Τι συμβαίνει;

Αριστ.: Λυπάμαι, κυρά μου... Το παιδί σου ήταν άρρωστο... Κάτι συνέβη... Θυμάσαι;

Μητ.: Ναι... άρρωστο... η κοιλιά του ξαφνικά... Περιτονίτιδα, είπανε – κάποιο λάθος έκανε ο γιατρός κι έπεσε σε κώμα... Δεν το άντεξα...

Αριστ.: Έτσι έγινε – κι αυτό είναι που τα περιπλέκει τα πράγματα, γιατί ο μικρός μπορεί να γυρίσει. Μ' εσένα όμως... υπάρχει ένα πρόβλημα...

Μητ.: Να γυρίσει;

Αριστ.: Ναι... να γυρίσει.

Μητ.: Πού;

Αριστ.: Πίσω... στη Γη... Στο φυσικό του σώμα.

Μητ.: Έτσι... άντε; Έτσι... απλά;

Αριστ.: Έτσι...

Μητ.: Και τι είναι ο θάνατος; Κολιάτσου – Παγκράτι;

Αριστ.: (γελάει) Πέσ' το κι έτσι – πολύ έξω δεν πέφτεις... Σε μερικές περιπτώσεις, μπορεί να είναι και απλούστερο... Στη δική σου βέβαια είναι κάπως πολύπλοκο...

(Πλησιάζει η Ειρήνη που τόση ώρα παρακολουθεί από την άκρη της σκηνής.)

Ειρήνη: Να συστηθώ. Ειρήνη. Μαζί σας.

Μητ.: (σταυροκοπιέται) Παναγία μου!!!

Ειρήνη: Ησύχασε – εγώ είμαι μόνο μια από τις κόρες της... Από τις πιο αγαπημένες, βέβαια... Χρειάζεται να μιλήσουμε... Έλα – και μην ανησυχείς για το παιδί... Να... ο Αριστοφάνης θα του δείξει το ξέφωτο...

(ο Αριστοφάνης με το παιδί απομακρύνονται – μισοκρύβονται κάπου κοντά στη σπηλιά – εμφανίζεται το Χερουβείμ με το «τσάι» – κάθονται)

Δύσκολες οι συνθήκες – απ' όποια πλευρά κι αν το δεις...

Μητ.: Κι αν είχα καταλάβει από ποια πλευρά το βλέπω...

Ειρήνη: Αυτήν τη στιγμή κι από τις δύο... Μόλις πριν λίγο πέθανες, ακόμα δεν έχεις αλλάξει επίπεδο κι η καρδιά σου είναι γεμάτη ταραχή... Η απελπισία του «συζύγου» σου στη Γη είναι τεράστια – το ίδιο και η αγωνία του για το παιδί που είναι σε κώμα... Το Νοσοκομείο έχει ξεσηκωθεί – ο γιατρός δεν ξέρει από πού να φύγει από τον φόβο και τις τύψεις του, κι όσο για το παιδί κανείς τους δεν ξέρει αν θα ζήσει – αν θα μπορέσει να γυρίσει πίσω, δηλαδή... Για να μπουν τα πράγματα στη θέση τους, χρειάζομαι τη βοήθειά σου...

Μητ.: Τη βοήθειά μου...;; Τι μπορώ να κάνω εγώ...;;

Ειρήνη: Ο γιος σου είναι πολύ τυχερό πλάσμα – έχει να εκ- πληρώσει μία σημαντική αποστολή... Αν ο ίδιος δεχτεί να το κάνει...

Μητ.: Δεν καταλαβαίνω...

Ειρήνη: Θα γίνει ο εκατοστός «ειρηνευτής» μου – αν βέβαια το θελήσει... Οι ενενήντα εννιά έχουν ήδη φτάσει – μόλις γυρίσει κι ο εκατοστός ο δρόμος για την Ειρήνη στον κόσμο θα είναι ελεύθερος... Ο γιος σου θ' ανοίξει τον δρόμο για την Ειρήνη στη Γη...

Μητ.: Ο δικός μου ο γιος;;;

Ειρήνη: Ο δικός σου...

Μητ.: Και πώς μπορεί να γίνει αυτό...;; Ακόμα κι αν θελήσει... πώς γίνεται εκατό άνθρωποι να σώσουν τη Γη όπως λες... να φέρουν Ειρήνη κι όλ' αυτά...; Τι να σου κάνουν εκατό άνθρωποι – χιλιάδες θέλουνε ειρήνη, όλο γι' αυτό μιλάνε όλοι - και πάλι τίποτα δε γίνεται...

Ειρήνη: Δε φτάνει να την θέλουνε... Χρειάζεται να την έχουν...

Μητ.: Ε, άμα γίνεται πόλεμος πώς να την έχουν...;; Και τι μπο- ρεί να κάνει ο Γιάννης μου γι' αυτό...; Δε σε καταλαβαίνω... Καθόλου δε σε καταλαβαίνω...

Ειρήνη: Ο Γιάννης «σου»... χμ... Στον πρόσφατο Παγκόσμιο πόλεμο, ο Γιάννης «σου» ήταν ένας ερωτευμένος νεαρός στρατιώτης... Σκοτώθηκε στο βουνό - ενώ το μόνο που λαχταρού- σε η καρδιά του ήταν να ζήσει μια ήσυχη ζωή, με τη Μαρία του... Να κάνει παιδιά, να κάνει ταξίδια, να χαρεί τη ζωή και τον έρωτα... Έφτασε εδώ γεμάτος πόνο και πίκρα... Κάθε του σκέψη ήταν πώς να σταματήσει τον πόλεμο... Πώς να τον κα- ταργήσει...! Όταν ήρθε η ώρα να γυρίσει στη Γη – και να γίνει ο Γιάννης «σου», δήλωσε εθελοντής – στην υπηρεσία μου... Αυτή η απόφαση, όμως... χρειαζόταν να επιβεβαιωθεί – και να πού έφτασε η κρίσιμη στιγμή...

Μητ.: Ναι... ίσως... αλλά... τι θα μπορούσε να κάνει...;;

Ειρήνη: Αν έχουν οι άνθρωποι ειρήνη στην καρδιά τους δε θέλουν – και στην πραγματικότητα δεν μπορούν – να κάνουν κανέναν πόλεμο και για κανέναν λόγο... Κάθε μορφή βίας εί- ναι αδιανόητη... Μόλις συμπληρωθούν οι πρώτοι εκατό που θα το καταφέρουν αυτό, θα γίνει σχετικά εύκολο και προσιτό για όλους... Θα πολλαπλασιαστούν με μεγάλη ταχύτητα – αμέτρη- τοι θα γίνουν... Το κρίσιμο πλήθος είναι οι πρώτοι εκατό – κι ο Γιάννης σου είναι αυτός που θα το καθορίσει... Ο εκατοστός...!

Μητ.: Αυτό όμως… θα μπορούσε να είναι οποιοσδήποτε… Δεν ξέρω τι να σου πω... Κι εγώ…; Τι πρέπει να κάνω;

Ειρήνη: Να του ζητήσεις να επιστρέψει στο σώμα του – το συντομότερο – ακόμα κι αν εσύ δεν μπορείς να επιστρέψεις… Ύστερα... αποφασίζεις και για τον εαυτό σου... Μπορείς – αν θέλεις – ακόμα και στον Παράδεισο να πας...

Μητ.: Εγώ... το μόνο που θέλω είναι να ξέρω τι θα του συμ- βεί… Εδώ… τον ίδιο τον Χριστό σταυρώσανε – ο Γιάννης μου θα γλιτώσει…; Θέλω να ξέρω τι θα γίνει…

Ειρήνη: Θα γυρίσει πίσω. Θα συνέλθει από το κώμα έχοντας τη Μνήμη και τη Γνώση της «άλλης διάστασης» – κι αυτήν τη φορά θα θυμάται και την αποστολή του... Μεγαλώνοντας θα βρει τον τρόπο να μιλήσει γι' αυτό σε ολόκληρο τον κόσμο – κι έτσι θα βοηθήσει και πολλούς άλλους... Θα τους δείξει τον δρόμο για να κάνουν ειρήνη με το παρελθόν και με τον εαυτό τους… Φυσικά κάποια στιγμή θα πεθάνει και θα ξαναρθεί εδώ – ως τότε όμως τα χωράφια μου στη Γη θα 'χουν πολλαπλασιαστεί, ο Πόλεμος θα έχει αποκλειστεί, και... όλοι θα είμαστε ευχαριστημένοι...! Κι εσύ, που θα πας στον Παράδεισο, θα τα βλέπεις ολ' αυτά και θα χαίρεσαι... Χάπι-εντ!

Μητ.: (καχύποπτα) Λίγο περίεργα τα λες... Σαν κάτι να μου κρύβεις...

Ειρήνη: Απολύτως τίποτα... Βέβαια, χρειάζεται να διευκρινίσω μερικές λεπτομέρειες, αλλά αυτά μπορούμε να τα πούμε αφού επιστρέψει το παιδί...

Μητ.: Γιατί όχι τώρα;

Ειρήνη: Γιατί θέλω να γυρίσει εγκαίρως – μη σκαλώσουμε στα διαδικαστικά...

Μητ.: Αμ, καλά κατάλαβα πως κάποιον λάκκο έχει η φάβα...

Ειρήνη: Μα... όχι, σε διαβεβαιώ...

Μητ.: Τότε γιατί δε μου τα λες τώρα τα «διαδικαστικά»; Τι φο- βάσαι...;

Ειρήνη: Το πρώτο που φοβάμαι, είναι πως δε θα θελήσεις ν' αποχωριστείς τον γιο σου – ακόμα κι αν σου υποσχεθώ τον Παράδεισο... Η απόφασή σου θα τον επηρεάσει – μπορεί να προτιμήσει να κόψει τη χορδή – και να χάσουμε πολύτιμο χρόνο... Κι αν οι πολεμιστές του Πολέμου γίνουν εκατό πριν από τους δικούς μου ειρηνευτές, τότε... δεν εγγυώμαι τίποτα...! Για κανέ- ναν...

Μητ.: Αν είναι έτσι, να κάνω ό,τι μπορώ – στο κάτω κάτω όλοι έναν παράδεισο ονειρευόμαστε... Όμως πώς μπορώ να πάω...; Όλοι το ξέρουμε πως είναι πολύ δύσκολο – δεν είμαι καν προε- τοιμασμένη...

Ειρήνη: Χρειάζεται μόνο να έχεις Ειρήνη στον νου και στην καρδιά σου. Αυτό σημαίνει να θυμηθείς όλα όσα έζησες. Ανά τους αιώνας... Και να τα συγ - χωρέσεις όλα και όλους – και κυρίως τον εαυτό σου... Ό,τι και αν σου έκαναν οι άλλοι – ό,τι κι αν έκανες εσύ... Αυτά – τίποτε άλλο...

Μητ.: (ειρωνικά) Μόνο αυτά...;; Τίποτε άλλο;

Ειρήνη: Μόνο αυτά...

Μητ.: Να θυμηθώ... ε...; Να... συγχωρέσω, ε...;

(σηκώνεται – προχωρά προς την οθόνη) Όλους, ε... Ανά τους αιώνας κιόλας... Χμμμμ...

(Ανοίγει εικόνα στην οθόνη με διάφορες σκηνές βίας και από διάφορες εποχές – π.χ. φωτιές, και γενικώς βία σε γυναίκες η εν- διάμεσα πέφτει ανάλογη εικόνα με την ίδια – ως μικρό κορίτσι που το χαστουκίζουν ή ως μητέρα που χαστουκίζει το παιδί – κι άλλες γυναίκες σε μοντάζ με ανάλογες συνθήκες – συχνά να μη φαίνεται το πρόσωπο – χαμηλά η μουσική και τα πουλιά υπό- κρουση – φώτα χαμηλά – η Ειρήνη μένει ακίνητη – προβολέας ακολουθεί τη μητέρα – κοιτάζει στην αρχή αμίλητη – κλαίει – συσπάται – μονολογεί.)

Μητ.: Να... συγχωρέσω;;;; Πώς ...; Κι από πού ν' αρχίσω...; Ποιους αιώνες και τι να θυμηθώ...; Χμ... Δικαιοσύνη... Αϊ σι- χτίρ... Θε μου, σχώρα με... Ε...;

(στρέφει – κοιτάζει προς την Ειρήνη) Ειρήνη λέει...! Της καρ- διάς μου, λέει... Πού να βρω εγώ τέτοιο πράγμα... Χμ... Παρά- δεισος...! Τι να τον κάνω...;; τώρα πια...;

(στην οθόνη φαίνεται το παιδί στο κρεβάτι του Νοσοκομείου κι η ίδια πεσμένη σε μια πολυθρόνα) Τίποτα δεν μπορούσα να χαρώ... Να πεθάνω να γλιτώσω... στο βάθος αυτό ήθελα... Ε... τα κατάφερα...

(κατευθύνεται στην Ειρήνη – δυναμώνουν τα φώτα) Μη σου πω ψέματα, κυρά μου... Δεν μπορώ εγώ να τα συγχωρέσω όλ' αυτά... Δεν είναι και δίκαιο να το κάνω... Μόνο να 'ναι καλά ο Γιάννης μου... Όπου κι αν είναι...

Ειρήνη: Το ξέρω πως δεν είναι εύκολο – όμως έλα να το δού- με λίγο διαφορετικά... Κατ' αρχάς μην ξεχνάς πως μιλάμε για συγγνώμη – όχι για δικαιοσύνη... Κι ας αρχίσουμε από εσένα...

Μητ.: Από εμένα;

Ειρήνη: Ναι... από εσένα... Αυτήν τη στιγμή, μόνο εσύ είσαι εδώ, έτσι δεν είναι;

Μητ.: Ε... ναι.. έτσι...

Ειρήνη: Μπορείς, λοιπόν, ν' αρχίσεις από τον εαυτό σου – αυτή η συγγνώμη είναι και η πιο δύσκολη...

Μητ.: Τον εαυτό μου...; Χμ...

(η οθόνη ζουμάρει σε διάφορες σκηνές γέννας ή βίας από δι-άφορες εποχές και πρόσωπα – ενδιάμεσα πέφτουν εναλλάξ οι εικόνες που η ίδια είναι βίαιη με το παιδί ή / και που δέχεται βία ως παιδί)

Τον εαυτό μου...; Ποιον απ' όλους...;;; Λυπάμαι, κυρά μου... Δεν μπορώ... Όλ' ανάποδα γίνανε... Πώς να βρω εγώ Παράδεισο...; Θ' αστειεύεσαι...

Ειρήνη: Να... βλέπεις... Αυτά φοβόμουνα... Και τώρα ; Πώς θα γυρίσει πίσω ο μικρός...; Ακόμα κι αν δεχτεί, θα κουβαλάει τα δικά σου βάρη – πώς θα μπορέσει να εκπληρώσει μία τέτοια αποστολή...; Είναι σημαντικό! Ο εκατοστός μου ειρηνευτής δεν μπορεί να είναι οποιοσδήποτε...! Χρειάζεται πρώτα απ' όλα να είναι παιδί – και κατά δεύτερον... να έχει μια μητέρα που να τον αγαπά πιο πολύ από τον «εαυτό» της... Που να μπορεί να συγ - χωρέσει ακόμα και τον εαυτό της για χάρη του...

Μητ.: Φυσικά τον αγαπώ – αυτό δεν έχει να κάνει... Δε μου λες να συγχωρέσω τον Γιάννη – τι να του συγχωρέσω αυτουνού... Παιδί πράμα...

Ειρήνη: Πράμα... πράγματι...

(η οθόνη γυρίζει στη σκηνή που η μητέρα χαστουκίζει το παιδί – της δείχνει την οθόνη) Τι σου 'χε κάνει τότε; Θυμάσαι; Τον συγ - χώρεσες;

Μητ.: ... Ε... καλά...

Ειρήνη: Τι σ' εμποδίζει, λοιπόν, να συγ - χωρέσεις και... τούτο εδώ το... «πράμα»;

(Στην οθόνη πέφτει αργά εικόνα όπου ένα αντρικό χέρι χαστου- κίζει την ίδια ως κοριτσάκι.)

Μητ.: (αγριεύεται) … Δεν είναι το ίδιο...

Ειρήνη: Δεν είναι…;;

Μητ.: (αγριεμένη) … Όχι…! Δεν είναι...! Κοίτα...!

(στην οθόνη όπου βλέπουμε το χέρι του άντρα να πλησιάζει κάτω από τη φούστα του κοριτσιού – ξανακοιτάει – αγριεμένη)

Κατάλαβες; Γι' αυτό δεν είναι...

Ειρήνη: (θλιμμένα) Φυσικά – καταλαβαίνω ... Όμως τον εαυτό σου; Παιδί «πράμα»; Γιατί να μην τον συγ - χωρέσεις;

Μητ.: Γιατί «αυτός»… θα μείνει ατιμώρητος αν τον συγχωρέ- σω... Προπάντων τον εαυτό μου...!

Ειρήνη: Έτσι λες; Και ποιος θα τον τιμωρήσει; Εσύ...; Τώρα πια... πάει… πέθανες…! Όσο ζούσες, να πω «καλά»... Να πω πως είχες την ελπίδα να τον φτύσεις κάποτε στα μούτρα... Να τον δείρεις – να κάνεις κάτι τέλος πάντων... Αλλά εδώ; Τώρα; Τι σκέφτεσαι να κάνεις;

Μητ.: Η ίδια η κόλαση θα γίνω... Χίλια χρόνια να στοιχειώνω τον ύπνο του – μου 'κλεψε κάθε χαρά… Και πού να το 'λεγα – κανείς δε θα με πίστευε… Υπεράνω πάσης υποψίας ο κύριος... «Εκπαιδευτικός»...! Πουθενά δε θα 'βρισκα το δίκιο... Ακίνητη – σαν άγαλμα στεκόμουν... Φοβόμουν… Κι έτσι έζησα από εκεί και πέρα… Μια πέτρα… Στον διάολο… Στον διάολο να πάει… Θε μου, σχώρα με...!

Ειρήνη: Αυτό είναι…! Αυτό είναι μία καλή λύση…! Αν το εν- νοείς…

Μητ.: Ποιο πράγμα;

Ειρήνη: Είπες: Θεέ - μου «Συ – χώρα» με…

Μητ.: … Ε… καλά… το 'πα…

Ειρήνη: Ε… αυτό φτάνει… Αν το εννοείς…

Μητ.: Τι να εννοώ…;

Ειρήνη: … Να… να ζητάς στ ' αλήθεια από τον Θεό να «χω- ρέσει» – αυτά που δε χωράει ο νους του ανθρώπου… Όλα όσα θυμήθηκες – και δεν μπορείς εσύ να τα «χωρέσεις»…

Μητ.: Εγώ… έτσι το 'πα… από συνήθεια…

Ειρήνη: Ε… δεν είναι κι όλες οι συνήθειες κακές… Άλλωστε τώρα το 'πες – και στα μέρη μας οι λέξεις έχουν «ειδική βαρύτη- τα»… Ειδικά στην περίπτωσή σου… Σ' αφήνω να το σκεφτείς… Ξαναπές το ίσως… να τ ' ακούσεις – και να το νιώσεις που θα συμβαίνει… Εγώ πάω να δω τι κάνουμε με το παιδί – πρέπει να φύγει το συντομότερο…

(Απομακρύνεται προς τον Αριστοφάνη και το Παιδί που κάθο- νται ανάμεσα στα δέντρα –χαμηλώνουν τα φώτα – προβολέας στη μητέρα – χαμηλή υπόκρουση μουσική και τα πουλιά – μο- νολογεί στην οθόνη.)

Μητ.: … Αλήθεια… τώρα πια τι νόημα έχει…

(η οθόνη γυρίζει αργά στην εικόνα που χαστουκίζει το παιδί) Τι να σου κάνω κι εγώ – δεν αντέχανε τα νεύρα μου… Μαλλιά κουβάρια τα 'κανα… Θε μου, σχώρα με… (συνειδητοποιεί τι λέει – αλλάζει έκφραση) Συνήθεια κι αυτή… (επαναλαμβάνει αργά) Θεέ… μου…;;; Σ υ …;; Χ ώ ρ α μ ε…;;

(Ανάβουν αργά τα φώτα – πλησιάζει η Ειρήνη με τον Αριστοφά- νη και το παιδί – χαρούμενοι.)

Ειρήνη: Αετός ο γιόκας σου – συνεννοηθήκαμε μια χαρά... Έβα- λε βέβαια προϋπόθεση να τον επισκέπτεσαι συχνά στα όνειρά του – και να τον βοηθάς… Δεν έχεις αντίρρηση, φαντάζομαι...

Παιδί: Μου τα εξήγησε όλα ο Αριστοφάνης, μάνα – το ξέρω πως είναι σημαντικό να γυρίσω… Η κυρία Ειρήνη είπε πως εκεί που θα 'σαι εσύ, ο χρόνος μετράει αλλιώτικα – ούτε που θα πάρεις είδηση για πότε θα ξανάρθω... Κι εγώ… θα το θυμάμαι το δάσος – στα Όνειρά μου θα έρχομαι εδώ – και θα σε συνα- ντάω… Έτσι… δε θα μου λείπεις τόσο πολύ...

Μητέρα: Εγώ θα σ' έχω στον νου μου συνέχεια... Να το ξέρεις!

Παιδί: Όχι και συνέχεια – πολύ είναι – δε θα μ' αρέσει... Η Ειρήνη είπε πως θα πάτε στον Παράδεισο και θα έχετε αρκετές δουλειές εκεί…! Τώρα περιμένω το σημείωμα – για την άδεια επιστροφής... Μην ανησυχείς – ο Αριστοφάνης υποσχέθηκε να με πάει ως την άκρη του δάσους... Θα έρθουν μαζί μου και δυο Χερουβείμ επιπλέον… Δε θα μ' αφήσουν να χαθώ...

Άριστ.: ... Αστειεύεσαι... Τόσο κόπο κάναμε…

(Η Ειρήνη πλησιάζει το παιδί βγάζοντας απ' το μανίκι της ένα χρωματιστό φτερό – το ακουμπάει στο στήθος του με επισημό- τητα.)

Ειρήνη: Εσύ είσαι ο εκατοστός – και το δικό σου το φτερό εί- ναι πολύχρωμο… Ζωγραφισμένο σαν το ίδιο το ουράνιο τόξο… Όταν γυρίζει, μοιάζει άσπρο – κι είναι μαγικό… Με κάθε στρο- φή αφήνει στον αέρα ένα αόρατο άσπρο πούπουλο – κι αυτό το πούπουλο μπορεί να ξυπνάει τις μνήμες και τις καρδιές των ανθρώπων. Κανόνισε: Όσο πιο πολλά σκορπίσεις τόσο περισσό- τεροι κι αυτοί που θα θυμηθούν και θ' αναγνωρίσουν τον ρόλο τους πάνω σ' αυτό το Ουράνιο Σώμα... Αυτό που εσείς «εκεί» το ονομάζεται Γη, κι εμείς «εδώ» ΠανΓαία... Χρειάζεται να μάθεις ν' αναγνωρίζεις τη φωνή και τους ήχους Της... Και να Την αγαπάς – τίποτ' άλλο... Ας προχωρήσουμε τώρα... Καλή επιστροφή... και καλή αντάμωση...

(Η Μητέρα και η Ειρήνη φεύγουν – τα φώτα χαμηλώνουν – ο προβολέας απομονώνει τον Αριστοφάνη και το Παιδί.)

Παιδί: Γεια... μαμμ... Μμμμμ;;... Και τώρα; Τι κάνουμε ;

Αριστ.: Δε θ ' αργήσουν τα Χερουβείμ... Μόλις φέρουν την περγαμηνή της επιστροφής θα πάμε μαζί ως την άκρη του δάσους – κι από εκεί... μπλουμ... και... πίσω στο Νοσοκομείο ο Γιάννης...! Φυσικά τα Χερουβείμ θα 'ρθουν μαζί σου... Αυτά... τέτοια ταξί- δια δώσε τους και τη σκούφια τους πετάνε...

(Εμφανίζονται τα Χερουβείμ – κρατούν πολύ επιδεικτικά από έναν σκούφο – ο ένας δίνει την περγαμηνή στο παιδί – ακούγεται η φωνή της Ειρήνης.)

Καλή στροφή. Καλή επιστροφή.
Μη χάσεις. Μην ξεχάσεις:
Μεταίχμιο κάθε στιγμή.

Γλυκά να πλησιάσεις...

(Η μουσική δυναμώνει – ακούγονται δυνατά τα πουλιά – τα φώτα χαμηλώνουν και καθώς φεύγουν τα Χερουβείμ πετούν τους σκού- φους στον αέρα. Ανοίγει η οθόνη – εικόνα με το παιδί καθιστό στο κρεβάτι του Νοσοκομείου. Κρατάει μια κάρτα που έχει ζωγρα- φισμένο ένα χρωματιστό φτερό κι έχει μπροστά του ένα ανοιχτό κουτί δώρου – με ένα φλάουτο και μια φυσαρμόνικα.)

Τέλος.

Δεύτερο μέρος
«Εαρινή Ισημερία»

Εισαγωγή

Η «Εαρινή Ισημερία» παρουσιάζει μία ιστορία που, αν και είναι φανταστική, στηρίζεται σε γεγονότα και καταστάσεις πραγμα- τικές. Είναι κυρίως η αφορμή για να δούμε πόσο και πώς, η καθημερινότητα μας επηρεάζεται από τις «άλλες» διαστάσεις, τον «κόσμο του αοράτου» και του «φανταστικού». Η αλληλεπί- δραση αυτή όμως είναι αμφίδρομη - ο «κόσμος του αοράτου» επηρεάζεται εξίσου από τον δικό μας, τον «ορατό» και «πραγ- ματικό». Δημιουργεί και δημιουργείται, ανάλογα με τη δική μας στάση απέναντι στα πράγματα. Ως εκ τούτου, είναι πολλά αυτά που μπορούμε ν' αλλάξουμε και να διορθώσουμε. Χρειάζονται μόνο τα ανάλογα «κλειδιά» ... Αυτά τα «κλειδιά» είναι και η πραγματική υπόθεση του έργου.

Το Σκηνικό

Η ιστορία διαδραματίζεται σε κάποια πόλη της ελληνικής επαρ- χίας. Μέσα από την κατασκευή του φόντου στο σκηνικό, γίνεται φανερή η επιβλητική παρουσία του βουνού δίπλα στην παραθα- λάσσια πόλη. Στο φόντο έχουμε και μία οθόνη που μοιάζει με φεγγάρι ή και έναστρο ουρανό όταν δεν προβάλλονται εικόνες. Η σκηνή είναι χωρισμένη στα δύο. Στην πλευρά του βουνού, ανάμεσα σε βράχους και θάμνους υπάρχουν δύο ανοίγματα σπηλιάς. Ένας επίπεδος βράχος σαν κάθισμα μπροστά στο με- γαλύτερο άνοιγμα κι ένα μικρό παλιό εικονοστάσι που φαίνεται στο εσωτερικό κοντά στην είσοδο. Στην άλλη πλευρά έχουμε ένα απλό σύγχρονο διαμέρισμα σχετικά λιτό και καλόγουστο. Καθιστικό με μεγάλο παράθυρο – απ' όπου φαίνεται φόντο η θάλασσα. Καναπές, τραπεζάκι με τηλέφωνο, δυο καρέκλες και πόρτα εσωτερική. Διάφορα μουσικά όργανα είναι σκόρπια πα- ντού, ένα τύμπανο που χρησιμεύει και σαν τραπεζάκι με περιο- δικά, ένα ζευγάρι μαράκες, μία κιθάρα κάπου κλπ.

ΛΙΝΑ: Γύρω στα 50, σχετικά μοντέρνα και νόστιμη. Εχει πρό- σφατα γυρίσει να μείνει στην πατρίδα του πατέρα της θέλοντας κυρίως ν' απομακρυνθεί από τη μητέρα της - αλλά κι από τον άντρα της. Αρχικά δίνει την αίσθηση ανθρώπου παραιτημένου από τη ζωή, όμως αυτή η έκφραση αλλάζει με τα γεγονότα κατά τη διάρκεια του έργου.

ΔΗΜΗΤΡΗΣ: Ο γιος της Λίνας, 25 χρονών, φοιτητής ψυχο- λογίας. Τύπος ευχάριστος κι ανέμελος, που καλύπτει την ευαι- σθησία του βρίσκοντας καταφύγιο στη μουσική και το χιούμορ. Κάθε φορά που κάτι τον ενοχλεί χτυπάει με δύναμη τις «μαρά- κες» του κι έχει πάντα μαζί του την αγαπημένη του φυσαρμό- νικα.

ΜΑΡΙΛΕΝΑ: Μία νέα γυναίκα 25 -27 χρονών, πολύ όμορφη αλλά που δείχνει κάπως μεγαλύτερη. Δασκάλα της γιόγκα - που έχει έρθει πρόσφατα στον τόπο καταγωγής της και ζει μόνη της σ' ένα μικρό κτήμα στην άκρη της πόλης. Αυτάρκης, δυναμική αλλά «συγκρατημένη» στη συμπεριφορά και τους τρόπους της.

ΠΑΝΟΣ: Παιδικός φίλος, μακρινός συγγενής και νεανικός έρωτας της Λίνας. Φιλόσοφος και μποέμ, γύρω στα 50. Γέννημα θρέμμα της πόλης του, ασχολείται με την ιστορία της, διατηρεί το κεντρικό βιβλιοπωλείο και δεν έχει φύγει ποτέ από τον τόπο του.

ΟΙ ΦΙΓΟΥΡΕΣ:

Ο Στρατιώτης

Ο Κλέφτης

Ο Τούρκος

Ο Χασάπης

Η Μάνα

Η Αδελφή

Η Νύφη

Η Ξένη

Πράξη 1η

Εικόνα 1η

(Το σκηνικό ανοίγει – φωτίζεται στο διαμέρισμα – βλέπουμε την Λίνα να μιλάει αγανακτισμένη στο τηλέφωνο)

ΛΙΝΑ: Σταμάτησέ το επιτέλους - δεν την αντέχω πια αυτήν την κακία... Όσο τον βρίζεις θα τον υποστηρίζω - στο κάτω κάτω εμένα είναι πατέρας μου και τον αγαπάω - δεν έχεις σκοπό να το καταλάβεις ποτέ...;;; Όλη μου τη ζωή κουβαλάω το δικό σου μίσος και μ' αρρωσταίνει - γιατί δεν το βλέπεις...;;;;; Και για τον τόπο μου - όλο τα ίδια και τα ίδια - τι σου φταίει ο τόπος...;; Σ' αρέσει δε σ' αρέσει είναι η ρίζα μου...Το χώμα μου...!

ΦΩΝΗ: Σπουδαίος τόπος να τον χαίρεσαι...! Αγροίκοι όλοι κι άχρηστοι σαν τον πατέρα σου – π' ανάθεμα και τη ρίζα και την ώρα... Τέλος πάντων – αρκετά με σύγχυσες πάλι σήμερα...

ΛΙΝΑ: (κατ 'ιδίαν) Τη σύγχυσα κιόλας...! Θεέ μου - τι αμαρτί- ες πληρώνω...;

(στη γραμμή)... Εντάξει, ρε μάνα - άιντε ... (ειρωνικά) ... Μη... συγχύζεσαι κιόλας...

(κλείνουν απότομα – η Λίνα κάθεται και καλύπτει το πρόσωπο με τα χέρια – μπαίνει ο Δημήτρης - την πλησιάζει.)

ΔΗΜΗΤΡΗΣ: Τι έγινε...; (την αγκαλιάζει) ... Χμ... Κατάλαβα - τι άλλο να έγινε... πάλι με τη γιαγιά θα μιλούσες...

ΛΙΝΑ: Μμμμ… Πάλι!

ΔΗΜΗΤΡΗΣ: Ωραία - και…;

ΛΙΝΑ: Και… τα ίδια…! Ξανά τα ίδια, τα ίδια, τα ίδια! Πάντα και πάλι τα ίδια….. Μα την αλήθεια… δεν εξηγείται αλλιώς… Πραγματικά αμαρτίες πληρώνω...

ΔΗΜΗΤΡΗΣ: Έλα πια, ρε μάνα… Γριά γυναίκα - κολλημένο μυαλό – τι περιμένεις…;; Ν' αλλάξει σ' αυτήν την ηλικία;

ΛΙΝΑ: Ασ' τα, Δημήτρη... την έχω δει και στα νιάτα της κι ήτα- νε και χειρότερα… Από τότε που θυμάμαι τον εαυτό μου...το «κάθαρμα», το «σόι» του, κι ο τόπος ο καταραμένος...

ΔΗΜΗΤΡΗΣ: *Μήπως να πάψεις κάποτε να δίνεις σημασία;*

ΛΙΝΑ: Έχω προσπαθήσει – δε γίνεται και το ξέρεις... Κάθε φορά εκεί θα φέρνει την κουβέντα – βλέπεις… «ίδια μ' εκείνον είμαι κι εγώ»... Πώς να μη δίνω σημασία - πάντα θ' αναρωτιέμαι το γιατί και πάντα η ψυχή μου θα 'χει ανάγκη μιαν εξήγηση…

ΔΗΜΗΤΡΗΣ: *Σαν τι εξήγηση, ρε μάνα - πας και δίνεις ση- μασία στην τρελή...;; Στους τρελούς – είναι πασίγνωστο – λένε ένα «ναι» και ξεμπερδεύουνε... Καμιά φορά τους μαζεύουνε κιόλας...*

ΛΙΝΑ: Δε μου φτάνει εμένα αυτό - ποτέ δε μου έφτασε - κάτι παραπάνω υπάρχει εκεί και το νιώθω… Από παιδί το ένιωθα - κι ας μην ήξερα να τ' ονομάσω… Και να δεις που χθες βράδυ στο ταβερνάκι, για πρώτη φορά μπόρεσα να κουβεντιάσω γι' αυτό… Ήμασταν με τον Πάνο και κάτι φίλους του… Ήταν στην παρέα και μια κοπελιά και πιάσαμε μια συζήτηση σχετικά…

ΔΗΜΗΤΡΗΣ: *Συζήτηση; Για τη γιαγιά; Δε βρήκες τίποτα πιο ενδιαφέρον να κουβεντιάσεις…;*

ΛΙΝΑ: Δεν ήταν ακριβώς για εκείνη - για φιλοσοφία μιλούσαμε - τ' αγαπημένα θέματα του Πάνου... Κάποια στιγμή πιαστήκαμε και με τις θρησκείες...

ΔΗΜΗΤΡΗΣ: Θρησκείες; Τι σχέση έχουν οι θρησκείες;

ΛΙΝΑ: Εκ πρώτης όψεως καμία φυσικά – αν και... *πάντα ευχό- μουν να τη φωτίσει ο Θεός* - δε βλέπω άλλωστε άλλη ελπίδα... Όμως να... αρχίσαμε να λέμε *γι' άλλες ζωές, μετενσάρκωση και τα σχετικά.* Ήρθε η κουβέντα και για τον τόπο – *την ιστορία του και κάπως έτσι* φτάσαμε και στη μάνα μου...Στο παράλογο μίσος της για τούτην την πόλη και τον οικογενειακό πόλεμο μια ζωή ολόκληρη με τον πατέρα μου... Κι αυτή η κοπελιά, αν έχεις όρεξη, μάντεψε τι συμπέρασμα έβγαλε...

ΔΗΜΗΤΡΗΣ: Ότι χρωστάνε οικογενειακώς της Μιχαλούς κι εσύ ψάχνεις να βρεις λεφτά να την πληρώσουνε...

ΛΙΝΑ: Χα... μωρέ... διάνα έπεσες! Ακριβώς αυτό είπε! Με τα ίδια λόγια...!!

ΔΗΜΗΤΡΗΣ: Μήπως ξέρει και πού θα τα 'βρεις; Γιατί... απ' όσο ξέρω εγώ... *όσα και να της δώσεις πάντα κάτι θα χρωστάς...*

ΛΙΝΑ: Γι' αυτό ακριβώς πρέπει να κάνω κάτι - για να πάψω να αισθάνομαι έτσι εγώ...! Κι αυτή η κοπελιά - καλή της ώρα - σαν να μου άνοιξε μία «*πόρτα*» εχθές... Αυτά που είπε μπορεί να εξηγούν πολλά...

ΔΗΜΗΤΡΗΣ: Για... ν' ακούσουμε τι είπε κι αυτή η... «κοπελιά - καλή της ώρα»;

ΛΙΝΑ: Πως η ιστορία τους προϋπήρχε από προηγούμενη ζωή... Ενσάρκωση, μάλλον – όλο το τόνιζε αυτό... Όλο έλεγε πως *άλλο ζωή κι άλλο ενσάρκωση...*

ΔΗΜΗΤΡΗΣ: (ειρωνικά)... Μάλιστα... και... παρακάτω;;

ΛΙΝΑ: Παρακάτω... χμ... Αν κατάλαβα καλά... χρειάζεται ν' αποκαλυφθεί το γεγονός που προκάλεσε όλο αυτό το μίσος... Να βρεθεί η αιτία και να «καθαρίσει» - για να σταματήσει...

ΔΗΜΗΤΡΗΣ: Έλα, ρε μάνα - αν είναι δυνατόν...! Ποια «αι- τία» να ψάξεις...; Πού...και τι να βρεις...;; Η γυναίκα δεν τα πήγε καλά με τον γάμο της, χώρισε - κι έχει μείνει μ' ένα βουνό απωθημένα. Δεν μπόρεσε να τα χωνέψει - τα ρίχνει όλα πάνω σου και ξεμπερδεύει... Είναι τόσο απλό...!!! Το πρόβλημά μας είναι που ασχολείσαι ακόμα μ' ένα παιχνίδι χαμένο από χέρι...

ΛΙΝΑ: Δεν μπορώ να πάψω να ασχολούμαι – δεν είναι παιχνίδι για 'μένα, είναι οι γονείς μου – καταλαβαίνεις...;; Πάντα θα μ' επηρεάζει, δεν έχει σημασία η απόσταση - ούτε η ηλικία... Ακό- μα κι αν είχανε πεθάνει δε θα είχε... Κάθε τόσο μπροστά μου τα λόγια της - σωρός μαζεύονται... δε μ' αφήνει ποτέ σε ησυχία - το 'χεις ζήσει και το ξέρεις... Κι ο πατέρας μου... μην κοιτάς που δε μιλάει... Τον βλέπω εγώ πόσο βάρος, πόση θλίψη έχει... Τη ζωή μου ολόκληρη έχει μαυρίσει - θέλω να τη βρω επιτέλους αυτήν τη «ρίζα» και να την ξεριζώσω... Ακόμα κι από τον ίδιο τον τόπο, αν χρειάζεται...Να «καθαρίσει»...

ΔΗΜΗΤΡΗΣ: Τι να «καθαρίσει»;

ΛΙΝΑ: Αυτό το βάρος που το κουβαλώ στην πλάτη μου...! Ό,τι κι αν είναι, προηγούμενη ζωή – ή τέλος πάντων «ενσάρκω- ση»... Εγώ... σαν έναν πόλεμο στην πλάτη μου το νιώθω πά- ντα... Ένα «πεδίο μάχης» που θέλω να το διαλύσω, να φύγει από πάνω μου. !!! Κι αυτό... μπορεί να μη γίνεται αν δε φύγει πρώτα από πάνω τους...

ΔΗΜΗΤΡΗΣ: Μάλιστα…! Και… πώς σκοπεύεις να το κάνεις αυτό;

ΛΙΝΑ: Δεν ξέρω ακόμη – η Μαριλένα είπε πως υπάρχουν τρό- ποι… Δεν προλάβαμε να πούμε πολλά – κι απ' όσα είπαμε κα- τάλαβα τα μισά… Έκανε πάντως κάτι παράξενες ερωτήσεις…

ΔΗΜΗΤΡΗΣ: Δηλαδή;

ΛΙΝΑ: Να… Για τον *πάππου* και τον *προπάππου*… Αν πέθανε στον πόλεμο, αν είχε αδέρφια… αν σκοτώθηκαν – αν ξέρω πού και πώς… Δεν έχω ιδέα τι σχέση έχουν μεταξύ τους αυτά – αλλά είναι φυσικό να υπάρχει… Είπε και κάτι παράξενο…

ΔΗΜΗΤΡΗΣ: *(πιάνει τις μαράκες / ειρωνικά)* … Μη μου πεις…; είπε και κάτι «παράξενο»…;;; Για ν' ακούσω…

ΛΙΝΑ: Να… είπε να κοιτάξω να πάω καμιά βόλτα στο βουνό - είναι λέει κάτι μεγάλες σπηλιές εκεί που κάποτε κρύβονταν οι αντάρτες, από την Τουρκοκρατία ακόμη… Να πάω είπε - να «γνωρίσω» και την περιοχή αφού αποφάσισα να μείνω εδώ. Και… «ίσως ο ίδιος ο τόπος να μου δείξει τι πρέπει να κάνω»…

ΔΗΜΗΤΡΗΣ: *(χτυπάει με δύναμη τις μαράκες)*… Ωραία! Φτάσαμε ως την άκρη της Ελλάδας με την τρέλα της γιαγιάς – να πάρουμε τώρα και τα όρη τ' άγρια βουνά…! Λαμπρά…!

ΛΙΝΑ: Ε…καλά… μία βόλτα στο βουνό θα πάμε, δεν είναι και τόσο τρομερό… Πάω και μόνη μου – ίσως είναι πιο σωστό…

ΔΗΜΗΤΡΗΣ: Μα είναι δυνατόν να πάρεις τα βουνά να κυ- νηγάς φαντάσματα; Ολόκληρο μαγαζί παράτησες για να 'ρθεις εδώ να ηρεμήσεις! Να βρεις τις παρέες σου, να ευχαριστηθείς και λίγο τη ζωή σου… Να 'χεις τουλάχιστον την ησυχία σου…!

ΛΙΝΑ: Προσπαθώ μα δε γίνεται - και το βλέπεις… Και μόνο που ξέρει πως είμ' εδώ «καλημέρα» λέμε και στραβή της φαίνε- ται… Ούτε καφέ δεν πρόλαβα να φτιάξω…

ΔΗΜΗΤΡΗΣ: Πες την καλημέρα - κι ας πέσει και χάμω - αλλά σταμάτα επιτέλους να «τσιμπάς» παρακάτω, ψαράκι μου…

ΛΙΝΑ: Όμως…αν είναι όπως τα λέει η Μαριλένα, υπάρχει εξή- γηση - και μπορεί να υπάρχει και λύση…! Καταλαβαίνεις…;

ΔΗΜΗΤΡΗΣ: Όχι…! Κι αναρωτιέμαι ΑΝ καταλαβαίνεις εσύ – και ΤΙ καταλαβαίνεις… Εγώ… αυτούς του γρίφους, ούτε μπο- ρώ – ούτε και θέλω να τους καταλάβω… Και…πάω να φτιάξω τον καφέ…!!!

(Φεύγει – τα φώτα χαμηλώνουν – μουσική – τέλος της εικόνας)

Εικόνα 2η

(Ξημερώματα της επόμενης μέρας. Ανάβει προβολέας στην οθό- νη που μοιάζει με φεγγάρι - και με χαμηλό φωτισμό φαίνονται οι σπηλιές. Ακούγεται ήχος αυτοκινήτου που πλησιάζει και σβή- νει τη μηχανή. Η Λίνα μπαίνει διστακτικά κοιτώντας ερευνητικά γύρω. Ελαφρύς ήχος αέρα και χαμηλή ανάλογη μουσική. Πλη- σιάζει την είσοδο της σπηλιάς, μπαίνει και στέκεται στο εικονο- στάσι.. Βγάζει το καντήλι - μαυρισμένο και παλιό - το ακουμπά στον βράχο, ψάχνει σπίρτα στο τσαντάκι της, το ανάβει και το ξαναβάζει στη θέση του. Το εσωτερικό της σπηλιάς φωτίζεται ελαφρά, ο ήχος του αέρα δυναμώνει… Η Λίνα απομακρύνεται μερικά βήματα, κάθεται στον βράχο, ανάβει ένα τσιγάρο, μετά απο λίγο το πετάει και σηκώνεται αργά και διστακτικά. Ανοίγει τα χέρια της, κοιτάζει ψηλά και με παντομίμα αγγίζει τα βράχια, τους θάμνους , την είσοδο της σπηλιάς – η μουσική γίνεται πιο αργή, ανάλογα με τις κινήσεις. Κάθεται στην άκρη του βράχου, ξαπλώνει και μαζεύεται σαν έμβρυο. Τα φώτα σβήνουν αργά, η μουσική δυναμώνει - κλείνει η εικόνα..)

Εικόνα 3η

(Λίγο αργότερα το πρωί της ίδιας μέρας. Φωτίζεται το διαμέρι- σμα – ο Δημήτρης μιλάει ανήσυχος στο τηλέφωνο)

ΔΗΜΗΤΡΗΣ: Σου είπα έφυγε πριν ξυπνήσω – άφησ' εδώ το κινητό και δεν έχω ιδέα πόση ώρα λείπει... Αναστατωμένη ήταν από χθες - πιάστηκε με κάτι συζητήσεις - φιλοσοφίες, μετενσάρ- κωση και τα τοιαύτα και της φαίνεται πως θα συνεφέρει τη ζωή της ολόκληρη... Τι να της κάνω – της είπα, αν ήθελε, να πάμε μαζί στο βουνό...

ΦΩΝΗ: Και τώρα; Πώς ήμαστε σίγουροι πως είναι καλά...;

ΔΗΜΗΤΡΗΣ: Καλά θα 'ναι, ρε μπαμπά – μία βόλτα στο βουνό θα πήγε... Δεν είναι και μακριά...

ΦΩΝΗ: Τέλος πάντων – όταν γυρίσει πάρε με...

(Μπαίνει η Λίνα – εμφανώς εξουθενωμένη.)

ΔΗΜΗΤΡΗΣ: Έλα... μόλις μπήκε... Τα χάλια της έχει... να... παρ' την...

(Της δίνει το τηλέφωνο και πιάνει ένα περιοδικό)

ΦΩΝΗ: Πού τρέχεις πρωί πρωί, βρε παιδάκι μου...; Ανησυχή- σαμε...

ΛΙΝΑ: Συγγνώμη... έφυγα νωρίς...

ΦΩΝΗ: Και δεν πήρες ούτε το κινητό μαζί σου...Τι τρέχει, Λίνα...;

ΛΙΝΑ: Τι να λέμε τώρα στο τηλέφωνο... Άσ' τα... Όταν βρεθού- με από κοντά... Όποτε...

ΦΩΝΗ: Κατάλαβα – θυμώνεις που δεν ήρθα... Όμως το ξέρεις – έχω πολλή δουλειά...

ΛΙΝΑ: Το ξέρω – μην ανησυχείς και δε θυμώνω πια... Άλλα κι άλλα έχω εδώ – τι να σου εξηγώ τώρα - είμαι και κουρασμένη... Δεν είναι και συγκεκριμένο άλλωστε...

ΦΩΝΗ: Θέλω να φροντίσεις να είσαι καλά... Να προσέχεις τον εαυτό σου και να περνάς καλά...

ΛΙΝΑ: Καλά είμαι, μην ανησυχείς... Έχω και βουνό και θάλασ-σα και καλή παρέα... Μια χαρά ειμαι...

ΦΩΝΗ: Ωραία. ! Κάνε καμιά απλωτή και για 'μένα - που με τρώει το υπουργείο...

ΛΙΝΑ: Θα το φροντίσω... Πώς τα πάτε εκεί...;

ΦΩΝΗ: Πώς να τα πάμε – η γνωστή ένταση... Κόσμος πάει κι έρχεται και συνεννόηση καμία... Θα τον αναδομήσουνε κι αυτόν τον υπουργό μάλλον - αλλά το υπουργείο... χμ... δεν προ- βλέπεται να ησυχάσει...

ΛΙΝΑ: Ε... δεν το λες και πρωτότυπο αυτό...

ΦΩΝΗ: Θα κοιτάξω να 'ρθω – θέλω να σας δω, θέλω και να μιλήσουμε... Μη νομίζεις πως δεν καταλαβαίνω... Ίσως τα κα-ταφέρω την άλλη εβδομάδα...

ΛΙΝΑ: Δεν πειράζει... όποτε μπορέσεις... Σ' αφήνω τώρα...

ΦΩΝΗ: Να κρατάς οπωσδήποτε το κινητό να μην ανησυχού- με... Και να προσέχεις... Να μην τρέχεις μόνη σου...

ΛΙΝΑ: Καλά... θα δω... άντε τώρα... σε φιλώ...

ΦΩΝΗ: Κι εγώ...

(Κλείνουν / ο Δημήτρης αφήνει το περιοδικό)

ΔΗΜΗΤΡΗΣ: Λοιπόν;

ΛΙΝΑ: Όχι τώρα, παιδί μου – δεν μπορώ ούτε να μιλήσω, θα πάω για ύπνο και θα τα πούμε μετά. Μόνο κάνε μου τη χάρη να τηλεφωνήσεις λίγο αργότερα στον Πάνο - είναι νωρίς να πάρω τώρα. Ζήτησέ του το τηλέφωνο αυτής της κοπέλας - της Μαριλένας... Είναι ανάγκη να της μιλήσω...

(Η Λίνα φεύγει - ο Δημήτρης κάθεται και διαβάζει. Τα φώτα χαμηλώνουν και δυναμώνουν ξανά - ανοίγει το σημειωματάριο και παίρνει τηλέφωνο. Ήχοι τηλεφώνου και η φωνή του Πάνου)

ΦΩΝΗ: Λέγετε...

ΔΗΜΗΤΡΗΣ: Καλημέρα, κύριε Πάνο...! Ο Δημήτρης είμαι...

ΦΩΝΗ: Ωωω... καλώς τονέ - το έμαθα πως ήρθες... Πότε θα σε δούμε να μας πεις και τα νέα της πρωτεύουσας...;

ΔΗΜΗΤΡΗΣ: Ε... καλά... χάλια μαύρα τα νέα της πρωτεύουσας - αλλα φυσικά θα τα πούμε κι από κοντά... Ξέρεις η μητέρα μου...

ΦΩΝΗ: Είναι καλά;

ΔΗΜΗΤΡΗΣ: Ναι, ναι... καλά είναι - λίγο κουρασμένη μόνο και ξάπλωσε... Δεν ήθελε να σε ξυπνήσει κι είπε να πάρω εγώ... Θέλει λέει να της αφήσεις ένα τηλέφωνο, τον αριθμό...

ΦΩΝΗ: Δεν κατάλαβα;

ΔΗΜΗΤΡΗΣ: Να... θέλει να βρει αυτήν την κοπέλα - τη Μαριλένα... Έχεις το τηλέφωνό της...;;

ΦΩΝΗ: Χα χα... ώστε θέλει να βρει τη Μαριλένα...; Ωραία – χα χα...! Γράψε: 6721200202... και... κοίτα... κράτα το κι εσύ, μπορεί να σου χρειαστεί... Χα χα χα...

ΔΗΜΗΤΡΗΣ: Δεν καταλαβαίνω...

ΦΩΝΗ: Δεν ξέρεις τι κούκλα είναι η Μαριλένα – γι' αυτό δεν καταλαβαίνεις... Λοιπόν, γράψε, είπαμε... 6721200202...

ΔΗΜΗΤΡΗΣ: 6721200202... οκ... Ευχαριστώ – ευχαριστώ πολύ... Θα τα πούμε σύντομα... Χαιρετώ...!

ΦΩΝΗ: Στο καλό... Και κοίτα να 'ρθείς καμιά βόλτα κι απ' το βιβλιοπωλείο - να σε δούμε... Κερνάω εξαιρετικό καφέ...

ΔΗΜΗΤΡΗΣ: Ναι βέβαια... μία απ' αυτές τις μέρες θα περάσω οπωσδήποτε... Ευχαριστώ...

(Κλείνουν / ο Δημήτρης κοιτάζει το χαρτί / μονολογεί) Κού- κλα...; Χμ... Για μεγάλους μπελάδες μού φαίνεται εμένα αυτή η «κούκλα»...!

(Τα φώτα σβήνουν – τέλος της εικόνας.)

Εικόνα 4η

(Αργότερα την ίδια μέρα. Φωτίζεται το σκηνικό στα βουνά. Ο Δημήτρης μπαίνει, πλησιάζει τις σπηλιές – το καντήλι είναι αναμμένο – στέκεται λίγο στην είσοδο - βγαίνει και κάθεται σ' έναν βράχο. Από την είσοδο της δεύτερης σπηλιάς εμφανίζεται η Μαριλένα – στέκεται επιφυλακτικά – παύση αμηχανίας)

ΜΑΡΙΛΕΝΑ: Καλημέρα...!

ΔΗΜΗΤΡΗΣ: Χαίρετε....! Μέσα στη σπηλιά ήσουν εσύ...;

ΜΑΡΙΛΕΝΑ: Μμμ… ναι… Όσο μπορώ να μπω, δηλαδή - χρειάζεται εξοπλισμό για να πας ως την άκρη…

ΔΗΜΗΤΡΗΣ: Πάει πολύ βαθιά..; Η σπηλιά… θέλω να πω… είναι μεγάλη;

ΜΑΡΙΛΕΝΑ: Δεν έχω προχωρήσει πολύ – πιο μέσα το πέρα- σμα μικραίνει… Ούτε λόγος να δοκιμάσω μόνη μου…

ΔΗΜΗΤΡΗΣ: (φλερτάροντας) Ευχαρίστως και σ' ακολουθώ, αν θέλεις… Είμαι καινούργιος στα μέρη – και οι εξερευνήσεις… Ειδικότης μου. !

(τον παρατηρεί για λίγο και απλώνει αποφασιστικά το χέρι της)

ΜΑΡΙΛΕΝΑ: Μαριλένα Καποδίστρια… Μένω εδώ και τρία χρόνια στην περιοχή…

ΔΗΜΗΤΡΗΣ: Μη μου πεις! Χα Χα. ! Εσύ είσαι η Μαριλένα;; Απίθανο…! Δημήτρης Γιαννόπουλος – την κουβέντα σου είχα το πρωί…

ΜΑΡΙΛΕΝΑ: Τη δικιά μου; Από πού κι ως πού; Δε νομίζω να σ' έχω ξαναδεί…

(κατ' ιδίαν – ειρωνικά)… Επί της παρούσης, τουλάχιστον…

ΔΗΜΗΤΡΗΣ: Χα χα … Όχι δε νομίζω – αν και… μου φαίνεσαι γνώριμη… Πάντως εγώ, σε ξέρω – κι ας μη «σε ξέρω»…

ΜΑΡΙΛΕΝΑ: Και… είχες και την «κουβέντα» μου…! Πώς κι έτσι…;

ΔΗΜΗΤΡΗΣ: Γνώρισες προσφάτως την Λίνα… τη φίλη του Πάνου… Είναι μητέρα μου… Συναντηθήκατε προχθές το βράδυ, νομίζω… Την επηρέασες πολύ μ' αυτά που της είπες – και τα κουβεντιάζαμε… Έτσι… εγώ σε ξέρω…

ΜΑΡΙΛΕΝΑ: Χμμμ... μάλιστα..! Και... δια του λόγου το αλη- θές... να 'μαστε κιόλας εδώ...! Ωραία...! Πραγματικά... πολύ ωραία!

ΔΗΜΗΤΡΗΣ: Ναι – είδες…; Σύμπτωση...!

ΜΑΡΙΛΕΝΑ: Μα… δε βλέπω και τίποτ' άλλο εγώ στη ζωή μου... Ίσως και να μην υπάρχει τίποτ' άλλο…!

ΔΗΜΗΤΡΗΣ: Σωστά… αν το καλοσκεφτείς τα πάντα είναι μια σύμπτωση… Πάντως αυτή... είναι και μια… κούκλα σύμπτω- ση...

ΜΑΡΙΛΕΝΑ: (αμήχανα)... Ναι... Ευχαριστώ... Τι έλεγε, λοι- πόν, η Λίνα…;

ΔΗΜΗΤΡΗΣ: Ε... για τη συζήτηση – μετενσαρκώσεις και τα τοιαύτα... Όλο τέτοια ακούμε τελευταία. Φιλοσοφίες της μό-δας – με φρου φρου κι αρώματα πολλά… Πρέπει να σου πω πως είμαι πολύ επιφυλακτικός εγώ μ' αυτές τις ιστορίες. Τόσα προ-βλήματα στον κόσμο μας – τι νόημα έχει να ψάχνεις τις «προη- γούμενες ζωές»...; Εδώ. δε βολεύονται οι τωρινές…!

ΜΑΡΙΛΕΝΑ: Οι ενσαρκώσεις, μπορούν να σου δείξουν την αιτία… Κι αν δεν αλλάξεις την αιτία δε διορθώνεται το αποτέ- λεσμα...

ΔΗΜΗΤΡΗΣ: Δεν ξέρω… Βλέπω τον τρόπο που τα κουβε- ντιάζουν στο πανεπιστήμιο και καθόλου δε μ' αρέσει - όσοι ασχολούνται μ' αυτά είναι απλώς φευγάτοι... Πολύ φευγάτοι... Εδώ ο κόσμος χάνεται – και... άιντε τώρα να μην πω «τι» χτε- νίζουνε...

ΜΑΡΙΛΕΝΑ: Σε καταλαβαίνω… Όμως ο κάθε χώρος έχει κάθε καρυδιάς καρύδι - θα βρεις ζούφια, θα βρεις και γερά… Πάντα έτσι είναι – και παντού… Δεν κρίνουμε την ιδέα από τους εκ- προσώπους της...

ΔΗΜΗΤΡΗΣ: Τι να σου πω - εγώ είμαι άνθρωπος πρακτικός... Βλέπω ετούτη τη ζωή – τι να την κάνω την προηγούμενη; Σήμε- ρα, τώρα τι κάνουμε...;; Εξαφανίζονται τα δάση, βρωμοκοπάνε τα νερά, πολέμους κάθε τόσο... Άσε την πείνα και τη μόλυνση... Ένα παγκόσμιο τρελοκομείο - ποιες «άλλες» ζωές να ψάξω...;; Δικαιολογίες – που δεν τα βγάζουμε πέρα με την τωρινή...

ΜΑΡΙΛΕΝΑ: Ποιος την προκαλεί όμως όλη αυτήν την κατα-στροφή;; Εμείς δεν είμαστε υπεύθυνοι...; Αιώνες τώρα – εμείς οι ίδιοι τα προκαλούμε...

ΔΗΜΗΤΡΗΣ: Εμείς...; Εσύ κι εγώ σαν να λέμε...;;;

ΜΑΡΙΛΕΝΑ: Ναι - ναι... ακόμα κι εσύ κι εγώ... Όλοι «εμείς»... Οι ίδιοι...

ΔΗΜΗΤΡΗΣ: Να μου κάνεις τη χάρη - κι εγώ δεν προκαλώ καμία καταστροφή! Κι αν μπορούσα ούτε σκουπίδια δε θα 'βγα- ζα – αλλά... τι να σου κάνω... Δε γίνεται να φάω και τη συσκευ- ασία...

ΜΑΡΙΛΕΝΑ: Πολύ προσωπικά το πήρες – καλό είν' αυτό και μ' αρέσει... Άλλωστε συμφωνώ...! Γι' αυτό μένω έξω από την πόλη, έχω κοτέτσι και λαχανόκηπο – και... εκτός από τις «προη-γούμενες ενσαρκώσεις» ασχολούμαι και με τα σκουπίδια μου... Δε... «χτενίζομαι» μόνο...

ΔΗΜΗΤΡΗΣ: Με συγχωρείς – δεν ήθελα να σε προσβάλλω, δεν το εννοούσα έτσι – ούτε γι' αστείο... Άλλωστε... κι αχτέ- νιστη κούκλα είσαι...

ΜΑΡΙΛΕΝΑ: Merci... δεν το πήρα προσωπικά... Απλά συμφω- νώ με όσα είπες, αλλά με τρόπο εντελώς αντίθετο...

ΔΗΜΗΤΡΗΣ: Δεν το καταλαβαίνω – αλλά δεν πειράζει... Τέ-λος πάντων... η μάνα μου έψαχνε το τηλέφωνό σου το πρωί... Απ' ό,τι κατάλαβα ήρθε στο βουνό τα χαράματα – έχει ξεχάσει και τα τσιγάρα της πάνω στον βράχο. Σαν κεραυνόπληκτη γύ- ρισε… Είναι κουρασμένη τα τελευταία χρόνια - αυτή η ιστορία με τους γονείς της, την έχει ταλαιπωρήσει πολύ... Κι όσο γερ- νάνε…

ΜΑΡΙΛΕΝΑ: Ναι… το συζητήσαμε... Διαρκής βία – άλλοτε φανερή κι άλλοτε υπόγεια… Σ' αυτές τις περιπτώσεις η «με- τενσάρκωση» είναι πολύ καλή θεραπεία… Δεν είναι μόνο φι- λοσοφία, ξέρεις - είναι τρόπος για να κάνουμε ειρήνη με τον εαυτό μας και με τους άλλους… Να βάλουμε ένα τέλος στους «φαύλους κύκλους»… φίλε μου...

ΔΗΜΗΤΡΗΣ: Δημήτρης, είπαμε...

ΜΑΡΙΛΕΝΑ: Καλά – με συγχωρείς – Δημήτρη... Του παππού σου τ' όνομα είναι αυτό;

ΔΗΜΗΤΡΗΣ: Μμμμ... Του προπάππου...

ΜΑΡΙΛΕΝΑ: Ωραία - καλό αυτό...

ΔΗΜΗΤΡΗΣ: Έχει καμιά σημασία;

ΜΑΡΙΛΕΝΑ: Στην περίπτωσή σου, μάλλον – η Λίνα σίγουρα θα χρειαστεί τη βοήθειά σου... Εε... θα βοηθήσει κι ο παππούς...

ΔΗΜΗΤΡΗΣ: Ε.... έχει πεθάνει εδώ και πολλά χρόνια αυτός ο παππούς...

ΜΑΡΙΛΕΝΑ: (πονηρά)… Και βέβαια έχει πεθάνει – ακριβώς γι' αυτό θα βοηθήσει... Κι από εκεί που είναι θα βοηθήσει και καλά…!

ΔΗΜΗΤΡΗΣ: Α... μάλιστα – εννοείς από τον... άλλον κόσμο τη «βοήθεια»... Χμ... Δεν ξέρω – το είπα και στη μάνα μου - εγώ δεν έχω σκοπό να κυνηγάω φαντάσματα… Βλέπω το θέμα πρα- κτικά - χρειάζεται την ησυχία της και το πρόβλημα της γιαγιάς μου δε γίνεται να το λύσει καμία μετενσάρκωση…Μιλάμε για βαριά διαταραχή – πες το και ψύχωση – και δεν πρόκειται να διορθωθεί σ' αυτήν την ηλικία…

ΜΑΡΙΛΕΝΑ: Βαριά δια – ταραχή»… χμ… Ψύχωση…! Αλή- θεια… τι ακριβώς σημαίνει αυτό – έχεις σκεφτεί ποτέ;

ΔΗΜΗΤΡΗΣ: Ε… όσο να 'ναι – ψυχολογία σπουδάζω… Κι αφού ρωτάς σημαίνει πως θα την έστελνα σε κλινική…! Κατευ- θείαν…!

ΜΑΡΙΛΕΝΑ: Και θα… έλυνες το πρόβλημά σου;

ΔΗΜΗΤΡΗΣ: Το πρόβλημα της μάνας μου, πάντως, θα το έλυ- να… Θα ησύχαζε λίγο το κεφάλι της…

ΜΑΡΙΛΕΝΑ: Επιφανειακά, βέβαια – αυτό το καταλαβαίνει και η καθαρή ψυχολογία σου, νομίζω…

ΔΗΜΗΤΡΗΣ: Ε… καλά… φυσικά… Όμως δεν υπάρχει κάτι άλλο να κάνεις… Δεν υπάρχει γιατρειά σ' αυτές τις περιπτώ- σεις…

ΜΑΡΙΛΕΝΑ: Δεν το δέχομαι αυτό - είναι μόνο η εύκολη λύση… Το πιο βολικό, ίσα να κουκουλώνουμε τα συμπτώμα- τα… Πες με εγωίστρια αλλά δεν παραιτούμαι και δε μ' αρέσει να τα κουκουλώνω… Άλλωστε… κάτι χρειάστηκε να γιατρέψω κι εγώ, γι' αυτό ασχολήθηκα με το θέμα… Κι ανακάλυψα πως η θεραπεία υπάρχει – για όλους και για όλα… Μόνο που χρειάζε-ται να ψάξεις, να δώσεις χρόνο και να φτάσεις στην αιτία… Δεν αρκεί μία «διάγνωση» επιφανείας – τρία χάπια την ημέρα, ηλε- κτροσόκ στα δύσκολα και περιορισμός στη φωλιά του κούκου… Δεν είναι «γιατρειά» αυτό…

ΔΗΜΗΤΡΗΣ: Ίσως… Αλλά σε κάποιες περιπτώσεις δεν έχεις άλλη…

ΜΑΡΙΛΕΝΑ: Να ψάξεις να βρεις …! Εγώ τουλάχιστον αυτό αποφάσισα να κάνω - γιατί… ξέρεις… οι «ενσαρκώσεις»… εκτός από «προηγούμενες»… είναι και «επόμενες»...

ΔΗΜΗΤΡΗΣ: Μάλιστα... Γι' αυτό έρχεσαι σαν τους λύκους στις σπηλιές;

ΜΑΡΙΛΕΝΑ: Σωστά το είπες – σαν τους λύκους... Δε φαντάζε- σαι πόσο διαφορετικά μπορεί να βλέπει τα πράγματα ένας «λύ- κος»...

ΔΗΜΗΤΡΗΣ: Πράγματι... σ' αυτήν τη ζωή είπα να γίνω άν- θρωπος – και για την επόμενη δε μ' ενδιαφέρει, όπως δε μ' ενδι- αφέρει για την προηγούμενη… Τέλος πάντων – χαρά στο κου- ράγιο σου δε λέω, αλλά… Τι κάνεις στις σπηλιές; Τι το ιδιαίτερο έχουν; Μη μου πεις πως βγαίνουν και λυκάνθρωποι...

ΜΑΡΙΛΕΝΑ: Χα χα... Όχι βέβαια – εδώ… με το ζόρι να ξε- πέσει καμιά αλεπού... Από άγρια ζώα… δεν έχουν μείνει και πολλά...

ΔΗΜΗΤΡΗΣ: Ε... αυτό! Δεν είναι κρίμα αυτό;

ΜΑΡΙΛΕΝΑ: Και βέβαια είναι… αλλά είναι τόσο πολλά τα «κρίματα» εδώ… Γεμάτη από μάχες η περιοχή - αντάρτικα, βε- ντέτες… Από την Τουρκοκρατία κι ακόμα παλιότερα... Τούτα τα βουνά είναι φορτωμένα με φαντάσματα αιώνων... Γεμάτες οι σπηλιές από τις ιστορίες τους...

ΔΗΜΗΤΡΗΣ: Τις... «ιστορίες» τους...;;; Σαν τι ιστορίες;

ΜΑΡΙΛΕΝΑ: Πολλές - πάρα πολλές… το νιώθεις, αν παρα- τηρήσεις λίγο. Αν μάλιστα υπάρχει κάποια σχέση με 'σένα και τους «προγόνους» σου οι εικόνες «έρχονται» εύκολα στον νου σου… Αυτός ο τόπος είναι μαγικός- μαθαίνεις πολλά αν δοκι- μάσεις να «μιλήσεις» με τα βράχια… Γι' αυτό έρχομαι εδώ, γι' αυτό είπα και στη Λίνα να'ρθει... Εδώ... μπορεί να βρίσκεται κι η απάντηση που ψάχνει....

ΔΗΜΗΤΡΗΣ: Δεν ξέρω. δεν εχω σκεφτεί ποτέ μου να μιλή-σω με τα βράχια...

(φλερτάρει)... Αλλά... αν είναι ο τόπος μαγικός τότε κι εσύ θα είσαι μάγισσα... Πίνουν οι μάγισσες καφέ; Ξέρω ένα μαγικό καφενείο στο κέντρο...

ΜΑΡΙΛΕΝΑ: Το απόλυτο ελιξίριο. Πάμε!!

(Φεύγουν – τα φώτα σβήνουν – μουσική γέφυρα.)

Τέλος της 1ης πράξης

Πράξη 2η

Εικόνα 1η

(Απόγευμα της ίδιας μέρας. Φωτίζεται το διαμέρισμα – η Λίνα με ρόμπα και καφέ μιλά στο τηλέφωνο.)

ΛΙΝΑ: Δεν έχω όρεξη για ταβέρνες και κιθάρες σήμερα, Πάνο μου... Αν είναι να 'ρθει κι η Μαριλένα, βέβαια... Θέλω να τη δω... Τηλεφώνησα πριν λίγο μα δεν απάντησε...

ΦΩΝΗ: Μάλιστα... Δε σου φτάνω εγώ τώρα – θέλουμε και τη Μαριλένα... τέλος πάντων...θα το καταπιώ κι αυτό... Να πεις και στον Δημήτρη να πάμε όλοι μαζί... Ούτε κι εγώ την έχω βρει ακόμα - αλλά συνήθως έρχεται...

(Ταυτόχρονα μπαίνουν η Μαριλένα κι ο Δημήτρης)

ΛΙΝΑ: (έκπληκτη) Ε...; Έρχεται; Πραγματικά! Χα χα! Έρχε- ται..! Για την ακρίβεια μόλις ήρθε – και μάλιστα μαζί με τον Δη- μήτρη! Θεέ μου – ό,τι χρειαζόμουν...! Πάνο μου, σ' αφήνω - θα δούμε για το βράδυ... Θα σε πάρω εγώ... Άντε... Γεια...

ΦΩΝΗ: Μη μου πεις... Δεν έχασε χρόνο ο μπαγάσας... χα χα... Γεια... (Κλείνουν)

ΛΙΝΑ: Ε... Αυτό... είναι αληθινή έκπληξη!

ΜΑΡΙΛΕΝΑ: Καλησπέρα...!

ΔΗΜΗΤΡΗΣ: Ξυπνητούρια... Είσαι καλύτερα;

ΛΙΝΑ: Τώρα που σας είδα είμαι μια χαρά...!. Πώς έγινε αυτό...; Πώς βρεθήκατε...;

ΜΑΡΙΛΕΝΑ: Σου το είπα - είναι μαγικές οι σπηλιές... Δεν ήταν σχήμα λόγου...

ΔΗΜΗΤΡΗΣ: Άσε που έχουνε και μάγισσες...

ΜΑΡΙΛΕΝΑ: Ο γιόκας σου ανησύχησε – κι αποφάσισε να πάει στο βουνό, να «εποπτεύσει» την περιοχή... Εντελώς τυχαία ήμουν εκεί – και... τα υπόλοιπα... τα βλέπεις... Στις μικρές τις πόλεις συναντιόμαστε εύκολα… Κυκλοφορούν και τα «νέα»…

ΛΙΝΑ: Αυτό είναι γεγονός - ένα ακόμα πρόβλημα για τη μάνα μου κι αυτό... Τέλος πάντων... Θα πιείτε καφεδάκι;

ΔΗΜΗΤΡΗΣ: Θα πιούμε... Απ' τα χεράκια σου... (τη σπρώχνει προς την πόρτα) Άντε να τον φτιάξεις και... κοίτα να σιγο- βράσει...

(Η Λίνα βγαίνει – η Μαριλένα περιεργάζεται τον χώρο)

ΜΑΡΙΛΕΝΑ: Παίζεις μουσική;

ΔΗΜΗΤΡΗΣ: Ό,τι θέλεις παίζω... Συνέχεια παίζω εγώ... Με όλα...

ΜΑΡΙΛΕΝΑ: Κάποιο... συγκεκριμένο όργανο;

ΔΗΜΗΤΡΗΣ: (διφορούμενα)… Όλα τα όργανα τα ξέρω... Κι όσα δεν ξέρω τα μαθαίνω...

ΜΑΡΙΛΕΝΑ: Όλα όσα δεν… «ξέρεις»...;

ΔΗΜΗΤΡΗΣ: Αν έχουν ενδιαφέρον...

ΜΑΡΙΛΕΝΑ: (αμήχανα – τραβιέται)… Πες μου για τη μητέρα σου... Φαίνεστε πολύ δέμένοι… Κι ο πατέρας σου;

ΔΗΜΗΤΡΗΣ: Ο πατέρας μου στην Αθήνα – και σαν καλό μο-
ναχοπαίδι είμαι πολύ δεμένος και με τους δυο... Συζητούσαμε πάντα
– και τα πάντα - κι έχει παίξει ρόλο αυτό. Να φανταστείς στο σχολείο
οι συμμαθητές μου μιλούσαν για τους γονείς τους κι εγώ... νόμιζα
πως οι δικοί μου ήταν εξωγήινοι...

ΜΑΡΙΛΕΝΑ: Χα χα χα χα... Τίποτα μην αποκλείεις... Άλλω-
στε τι μπορεί να σημαίνει «εξωγήινοι»... Δεν έχεις αναρωτηθεί
ποτέ...;;

ΔΗΜΗΤΡΗΣ: Είπαμε, κούκλα μου – να με μπλέξεις με το υπερπέραν
και τις προηγούμενες ζωές – εντάξει... Αλλά μην μπερδέψουμε και
τους εξωγήινους – και μάλιστα με τη μάνα μου!

ΜΑΡΙΛΕΝΑ: Είναι φανερό πως έχει ταλαιπωρηθεί, πάντως... Τότε
δε χώριζαν με τόση ευκολία τα ζευγάρια - κι αυτό από μόνο του ήταν
μεγάλο πρόβλημα για τα παιδιά...

ΔΗΜΗΤΡΗΣ: Το θέμα για τη μάνα μου δεν είναι τόσο στον
χωρισμό - από μόνη της το λέει πως πριν χωρίσουν ήταν χειρό-
τερα... Το πρόβλημα είναι το μίσος και το απόλυτο παράλογο της
γιαγιάς μου - σου το είπα... Δεν πιάνει μόνο τον παππού μου
- πιάνει κι όλο του το σόι, βρίζει ακόμα κι ανθρώπους που δεν
τους ξέρει... Κι είναι τοσο αφύσικη η μανία της με τον τόπο...
Τρελαίνεται - κι όλο γι' αυτό μιλάει, λες και το κάνει επίτηδες για
να μπαίνει σε κρίσεις υστερίας... Μερικές φορές γίνεται και πολύ
επιθετική... Σου το είπα: μια καλή κλινική τής χρειάζεται... Όμως η
μάνα μου ούτε να το ακούσει - κι ας τραβάει τα πάθη της μ' αυτήν
την ιστορία...

ΜΑΡΙΛΕΝΑ: Χμ... Για να το διάλεξε ο λόγος θα είναι σημα-
ντικός... Πάντα υπάρχει κάποιος λόγος πίσω απ' αυτές τις κατα-
στάσεις – είναι εξακριβωμένο αυτό...

ΔΗΜΗΤΡΗΣ: Και πώς το... «εξακριβώνεις»; Εσύ...; πώς το... «εξακρίβωσες»;

ΜΑΡΙΛΕΝΑ: Συνήθως συμβαίνει κάτι δυσάρεστο - που σε σπρώχνει ν' αναρωτηθείς και σου δείχνει. Αφορμή για να ψά- ξεις την αιτία...

ΔΗΜΗΤΡΗΣ: Κι εσένα; Σου συνέβη κάτι... δυσάρεστο;;

ΜΑΡΙΛΕΝΑ: Πολύ!

ΔΗΜΗΤΡΗΣ: Δηλαδή... σαν τι...;;

ΜΑΡΙΛΕΝΑ: Ένας ξαφνικός κι άδικος θάνατος... **ΔΗΜΗΤΡΗΣ:** Έχασες κάποιον δικό σου; **ΜΑΡΙΛΕΝΑ:** Όχι μόνο...

ΔΗΜΗΤΡΗΣ: Καταλαβαίνω... δεν πειράζει – δε χρειάζεται να μου πεις αν δε θέλεις...

ΜΑΡΙΛΕΝΑ: Ίσως... κάποια άλλη στιγμή...

(μπαίνει η Λίνα με καφέδες) ... Ώστε... πήγες κιόλας στο βου- νό... Ο Δημήτρης μού έλεγε πως γύρισες σαν «κεραυνόπλη- κτη»... Συνέβη κάτι...;

ΛΙΝΑ: Τι να συνέβη...; Τίποτα στην πραγματικότητα... Καθό- μουν, παρατηρούσα... σκεφτόμουν αυτά που κουβεντιάζαμε... Θυμήθηκα πως έχω περάσει τόσα καλοκαίρια εδώ και ποτέ δεν είχα πάει στο βουνό - ούτε για βόλτα... Και ξαφνικά ένα τρέ- μουλο... σαν κάτι να με κούναγε μπρος – πίσω... Πώς να το πε- ριγράψω...;; Ένα ρίγος, που κράτησε ώρα... και στ' αυτιά μου ένα βουητό... ένα σφύριγμα... σαν αέρας - όμως δε φυσούσε... Κάθισα στον βράχο – κλείνανε τα μάτια μου – αδύνατον να τα κρατήσω ανοιχτά... Ξάπλωσα λίγο και με πήρε ένας ύπνος παράξενος... τόσο παράξενος... Κι είδα όνειρο τη μάνα μου - μέσα σ' εκείνη τη σπηλιά και σε κακό χάλι... Να ζητάει βοήθεια και να χάνεται ανάμεσα σε πρόσωπα αγριεμένα και φωνές...

Τις άκουγα...! Άνθρωποι κουρελήδες, βρώμικοι... πληγωμένοι... Κι ύστερα... ο πατέρας μου - να κλαίει πεσμένος σ' έναν βράχο και να χάνεται κι αυτός... Όταν ξύπνησα - είχαν δεν είχανε περάσει δέκα λεπτά... κι ήμουν σαν να γυρίζω από άλλον κόσμο... Απε- ρίγραπτο πόσο ζωντανός εφιάλτης, εμετός μού ήρθε... Ακόμα είναι χάλια το στομάχι μου... Κι εγώ... να είμαι 'κει και να μην είμαι... Ακίνητη σαν άγαλμα... να μην μπορώ να κάνω τίποτα... Καταλαβαίνεις...; Εσύ... σίγουρα με καταλαβαίνεις...

ΜΑΡΙΛΕΝΑ: (αμήχανα)... Ναι... βέβαια... σε καταλαβαίνω... Κοίτα... αυτό που είδες... μπορεί να δείχνει μια πιθανότητα... Όμως αυτά τα πράγματα χρειάζονται χρόνο - και ξεκούραση... Πολλή ξεκούραση...

ΛΙΝΑ: Όσο γι' αυτό... Αισθάνομαι πραγματικά πολύ κουρα- σμένη... Τι μπορεί να σημαίνει όμως...; Τώρα είναι που δε θα ησυχάσω αν δεν το βρω... ένιωσα τόση λύπη για τη μάνα μου...!

ΔΗΜΗΤΡΗΣ: Αμ δε θα γίνουμε τα χάλια μας μ' αυτήν την ιστορία..! Πρώτα θα ησυχάσεις... Να ξεκουραστείς, να σε βλέ- πω καλά... Μετά, τράβα να βρεις ό,τι θέλεις... Και μη διανοηθείς να ξαναπάς μονάχη σου εκεί πάνω! Καπίτο;

ΜΑΡΙΛΕΝΑ: (τον κοιτάζει «περίεργα») Μιλάς ιταλικά;

ΔΗΜΗΤΡΗΣ: Ορίστε;

ΜΑΡΙΛΕΝΑ: Λέω... μιλάς ιταλικά;

ΔΗΜΗΤΡΗΣ: Γενικά όχι – αλλά... τι σχέση έχει τώρα αυτό...;

ΜΑΡΙΛΕΝΑ: Χμμ... μπορεί και να έχει...

ΛΙΝΑ: Φυσικά και δε θα ξαναπάω μόνη μου... Γι' αυτό ήθελα να σου μιλήσω, Μαριλένα – εγώ δεν ξέρω τι πρέπει να κάνω... Όμως εσύ ξέρεις - και μπορείς να μου πεις... Θα έρθεις;

ΜΑΡΙΛΕΝΑ: Εγώ... έτσι κι αλλιώς πηγαίνω συχνά – έχω τους δικούς μου λόγους... Πιο σημαντικό είναι να έρθει ο Δημήτρης... Ό,τι κι αν χρειάζεται να κάνεις... μάλλον είναι και δική του δου- λειά...

ΔΗΜΗΤΡΗΣ: ... Δε σ' εννόησα...;

ΜΑΡΙΛΕΝΑ: Δεν πειράζει – θα μ' εννοήσεις όταν έρθει η ώρα... Δεν πρόκειται να πάμε τώρα στο βουνό...

ΔΗΜΗΤΡΗΣ: Αυτό που αναρωτιέμαι δεν είναι το πότε θα πάμε – αλλά το τι δουλειά έχουμε εκεί... Δεν το λες για να πάμε εκδρομούλα...

ΜΑΡΙΛΕΝΑ: Ένας τέτοιος «ύπνος» - ένας τέτοιος «εφιάλτης»! - είναι σοβαρή πληροφορία, ακόμα κι η «κλασσική» ψυχολο- γία» σου θα συμφωνούσε... Στη γιόγκα δίνουμε μεγάλη σημα- σία στα όνειρα - το ίδιο έκανε κι ο Ιπποκράτης, όπως ξέρεις... Βοηθούν να δεις διαφορετικά τον άνθρωπο... Και κατ' επέκτα- σιν τον πλανήτη.

ΔΗΜΗΤΡΗΣ: Δεν το χωράει ο νους μου...! Ο πλανήτης κι ο Ιπποκράτης κάνουν γιόγκα – κι επηρεάζουν τα όνειρα της μάνας μου...!

ΜΑΡΙΛΕΝΑ: Χα χα... Άσε που έχουν και μεγάλη σχέση και με τα προβλήματα της γιαγιάς σου...! Πού να φανταστείς τέτοιο πράγμα...!

ΔΗΜΗΤΡΗΣ: Θα 'πρεπε;

ΜΑΡΙΛΕΝΑ: Σκέψου το λίγο - το ξέρεις πως κάθε τι έχει πολ- λά επίπεδα... Δεν είναι μόνο θεωρία - στο ίδιο σου το σώμα μπορείς να το νιώσεις... Ενα ζωντανό Ουράνιο σώμα δεν είναι και η Γη...; Δεν έχει επίσης πολλά επίπεδα...;; Μπορεί να μην τα «βλέπεις» - αλλά ζεις και αναπνέεις μέσα σ'αυτά, όλοι το ξέρουμε αυτό. «Ατμόσφαιρα, βαρύτητα... ηλεκτρομαγνητικά πεδία»... Έχεις ακούσει και για τα «Ηλύσια πεδία» - και κάπου εκεί... τα πάντα συνδέονται... Οι άνθρωποι, οι μνήμες, οι ιστο- ρίες... Δεν είναι δύσκολο να καταλάβεις τη σχέση που έχουν...

ΔΗΜΗΤΡΗΣ: Την ίδια που έχουν οι ελέφαντες με τα τριαντά-φυλλα κι η αστροφυσική με τη μυθολογία...

ΜΑΡΙΛΕΝΑ: Έλα τώρα – στην ουσία είναι πολύ απλό - και μάλιστα μόνον έτσι μπορεί να είναι... Αρκεί να παρατηρήσεις λίγο..! Είσαι ένα ηλεκτρομαγνητικό πεδίο – που ζει και κινείται μέσα στο ηλεκτρομαγνητικό πεδίο της Γης - μαζί με τα πεδία όλων των υπολοίπων ανθρώπων... Αλλά και των ζώων, των δέ- ντρων, των βράχων... Δεν είναι άγνωστο αυτό – η αστροφυσική το λέει με τον τρόπο της - κι η μυθολογία με τον δικό της... Όλοι το ξέρουμε πως έτσι είναι...

ΔΗΜΗΤΡΗΣ: Ας πούμε ναι... εντάξει... έτσι είναι...

ΜΑΡΙΛΕΝΑ: Απ' όλα αυτά, όμως, εσύ βλέπεις μόνο τα φυσικά σώματα... Τα ηλεκτρομαγνητικά πεδία δεν τα «βλέπεις» - όπως δε βλέπεις και τις Δρυάδες στα δέντρα ή τις Νεράιδες στα νερά και στα ποτάμια... Όπως επίσης... δε βλέπεις όσα εκπέμπουν οι κεραίες και οι πυλώνες... οι σκέψεις σου ή τα όνειρά σου... Σω- στά;

ΔΗΜΗΤΡΗΣ: Ναι... Λοιπόν...;

ΜΑΡΙΛΕΝΑ: Ξέρεις όμως πως υπάρχουν...!

ΔΗΜΗΤΡΗΣ: Δεν ξέρω πώς μπλέξανε τώρα οι νεράιδες με τις κεραίες και τα όνειρά μου... αλλά εγώ... βλάκας...! Εξακολουθώ να μη βλέπω τη σχέση...

ΛΙΝΑ: Εγώ όμως βλέπω... Δεν ήσουν στην κουβέντα μας προ- χθές – γι' αυτό... Οι μεγάλοι καβγάδες τους άρχισαν όταν ήρθα- με να περάσουμε το πρώτο Καλοκαίρι εδώ... Τεσσάρων – πέντε χρονών ήμουν αλλά το θυμάμαι...! Πολύ καλά, μάλιστα...

(έντονα προς τη Μαριλένα) Μπορεί η μάνα μου να έζησε σ' αυτήν την πόλη κάποαν άλλη εποχή...; Να συνέβη κάτι σαν αυτό που δείχνει ο εφιάλτης – κι είναι ακόμα κάπως... σαν φάντασμα εκεί...; Αυτό μου λες...;

ΜΑΡΙΛΕΝΑ: Λίγο πολύ ναι... Οι έντονες καταστάσεις δημιουργούν κι αυτές ένα «πεδίο» - που καταγράφεται σαν σημάδι στο αιθερικό πεδίο της Γης... Ένας βίαιος θάνατος, μια μάχη, μια μεγάλη καταστροφή αφήνουν και τ' ανάλογα σημάδια... Μπορεί να είναι αόρατα, είναι όμως πραγματικά και σε κάποιες περιπτώσεις ανεξίτηλα... Επηρεάζουν τους τόπους και τους ανθρώπους - κι αναπαράγονται συνεχώς... Και δυστυχώς... αναπαράγουν!

ΔΗΜΗΤΡΗΣ: Τι αναπαράγουν;

ΜΑΡΙΛΕΝΑ: Τον ίδιο πόνο – και πολύ συχνά παρόμοια περιστατικά. Τόσες ιστορίες φαντασμάτων υπάρχουν – δε λέω κάτι καινούργιο...

ΔΗΜΗΤΡΗΣ: Το λες όμως σαν να πρόκειται για κάτι υπαρ- κτό...! Η γιαγιά μου... δεν είναι φάντασμα, ξέρεις... Ψυχοπαθής είναι, παράλογη είναι – αλλά φάντασμα δεν είναι...!

ΜΑΡΙΛΕΝΑ: Είναι όμως πολύ πιθανόν να κουβαλάει ένα «φάντασμα» - και γι' αυτό να είναι «ψυχοπαθής»... Αναπαράγει το γεγονός – ακριβώς για να μπορέσει κάποτε να λυτρώσει την Ψυχή της από αυτό... Όταν ήρθε στον τόπο του «εγκλήματος», συντονίστηκε με τα γεγονότα που είναι καταγεγραμμένα εδώ - ακριβώς γι' αυτόν τον λόγο ήρθε άλλωστε. Το «φάντασμα» αφυ- πνίστηκε και την τρελαίνει και δε θα ησυχάσει αν δεν απελευθε- ρωθεί. Κι αυτό... δε γίνεται ούτε με χάπια ούτε με εγκλεισμό...

ΔΗΜΗΤΡΗΣ: Δε θα μου πεις τώρα να πάω τη γιαγιά για ξορκισμό αντί στην κλινική... Δε θα τ' αντέξω - κι άλλωστε... στην εκκλησία πάει συχνά... Θα την είχανε πάρει είδηση...

ΜΑΡΙΛΕΝΑ: Οχι - δε θα σου πω αυτό... Η αλήθεια βρίσκεται πάντα κάπου στη μέση, γι' αυτό θα σου πω τη δική μου ιστο- ρία... Ίσως βοηθήσει να με καταλάβεις. Ο πατέρας μου γεννήθη- κε και μεγάλωσε εδώ. Όταν τέλειωσε το γυμνάσιο, έφυγε - πήγε στον Πειραιά κι έγινε ναυτικός... Από τότε ταξίδευε πολύ, μία φορά τον χρόνο τον βλέπαμε κι αυτό για κάνα μήνα... Ήμουν στα δεκαπέντε όταν αποφάσισε να πάρει μια μεγάλη άδεια, τρεις ολόκληρους μήνες, να μείνει λίγο παραπάνω για 'μένα και την αδελφή μου - που μεγαλώναμε...Τα σχεδίαζαν και μ' έναν παιδικό φίλο του - ο κυρ Νίκος, συντοπίτης κι εξάδελφος μακρινός. Είχε δυο γιους συνομήλικους μ' εμάς - κι ήθελαν να περάσουμε το Καλοκαίρι εδώ,για... «να γνωρίσουν τα παιδιά τις ρίζες τους». Δεν είχαν περάσει δυο μέρες που ήρθαμε κι ο κυρ Νίκος επέμεινε για μια βόλτα στα βουνά... στις σπηλιές – για εξερεύνηση... Έλεγε πως το είχε απωθημένο ν' ανέβει ως εδώ - όταν ήταν μικρός δεν είχε τρόπο, δεν είχε αυτοκίνητο - κι οι γονείς του ούτε να τ' ακούσουν έτσι που ήτανε ο δρόμος... Μό- λις πλησιάσαμε - κι εντελώς ξαφνικά - κάτι είπαν μεταξύ τους κι άρχισαν τον καβγά... Πρώτη φορά συνέβαινε κάτι τέτοιο, αυ- τοί δεν είχαν τσακωθεί ποτέ, ήτανε φίλοι αδερφικοί, μαζί είχαν μεγαλώσει... Τους είδαμε να σπρώχνονται και να βρίζονται - στην αρχή το πήραμε γι' αστείο... Ο πατέρας μου τον έσπρωξε κι εκείνος... παραπάτησε... Έπεσε... χτύπησε σ' έναν βράχο κι έμεινε εκεί... Ακαριαία....

ΔΗΜΗΤΡΗΣ: Σκοτώθηκε...;;

ΛΙΝΑ: Σκοτώθηκε…!!

ΜΑΡΙΛΕΝΑ: Πράγματι… Σκοτώθηκε… Φαντάζεστε τι σήμαινε αυτό για τον πατέρα μου. ; Κανένας δεν τον κατηγόρησε – ήταν σαφώς ατύχημα… Ο ίδιος όμως… θεώρησε πως είχε σκοτώσει τον αδελφικό του φίλο… Δεν μπόρεσε να συνέλθει από τότε κι ύστερα… Δυο μήνες μετά μπήκε στο ψυχιατρείο – και σ' έναν χρόνο πέθανε… Δεν άντεξε η καρδιά του - είχε γίνει και σαν το ζόμπι από τα φάρμακα… Πέθανε από ανακοπή… την ίδια μέρα και την ίδια ώρα έναν χρόνο μετά που είχε συμβεί το ατύχημα… Καταλαβαίνεις τώρα;

ΔΗΜΗΤΡΗΣ: Καταλαβαίνω… χμμ… Κι εσύ… για να το ξεπεράσεις, κυνηγάς φαντάσματα…

ΜΑΡΙΛΕΝΑ: Φαντάζεσαι πώς ήταν για όλους μας αυτό…;; Η μάνα μου ζει με χάπια όλ' αυτά τα χρόνια - με χίλια ζόρια τής κρατάω ένα μέτρο - κι η αδελφή μου έχει κλειστεί στον εαυ- τό της… Ακόμα αποφεύγει τον κόσμο και τους ανθρώπους. Η οικογένεια του κυρ Νίκου έχει διαλυθεί - η γυναίκα του μπαι- νοβγαίνει στις κλινικές και τα παιδιά του είναι με χίλια προ- βλήματα… Ο μικρός έμπλεξε με ναρκωτικά - ούτε το λύκειο δεν κατάφερε να τελειώσει - κι ο μεγάλος… από δεκάξι χρονών τρέχει να τα βγάλει πέρα στη θέση του πατέρα του - να κρατήσει το μαγαζί τους για να μην πεινάσουν… Κι όσο για 'μένα… μόνο εγώ ξέρω τι πέρασα για να βρω μια ισορροπία… Είναι δυο – τρία χρόνια που κατάλαβα τι συμβαίνει και τι μπορώ να κάνω… Και χρειάζεται ακόμα αρκετή δουλειά…

ΛΙΝΑ: Τι κάνεις; Τι μπορείς να κάνεις;

ΜΑΡΙΛΕΝΑ: Κατ' αρχάς να «σβήσω» το αποτύπωμα του ατυ- χήματος από την περιοχή… Όμως αυτό φέρνει στην επιφάνεια τ' αποτυπώματα που υπήρχαν ήδη – αυτά που προκάλεσαν τον τσακωμό και το ατύχημα... Ίσως ακούγεται απλό αλλά δεν εί- ναι, έχω δει πολλούς εφιάλτες στη σπηλιά όλ' αυτά τα χρόνια, Λίνα... Και τα συναισθήματα που απελευθερώνονται από αυτές τις καταγραφές είναι πολύ βαριά - δεν είναι συζυγικοί τσακω- μοί... Τα νεύρα τεντώνονται - ειδικά στην αρχή... Υπάρχει πό- νος κι ένα μεγάλο μέρος του διυλίζεται από το φυσικό σώμα - γι' αυτό χρειάζεται ένας άνθρωπος γι' αυτήν τη δουλειά... Κι όποιος αναλαμβάνει να κάνει κάτι τέτοιο χρειάζεται χρόνο, ησυχία, προετοιμασία και πολλή ξεκούραση. Το καλό είναι πως αυτόματα, επηρεάζονται όλοι. Ξαλαφρώνουν οι Ψυχές... όπου κι αν βρίσκονται... Τρεις μήνες μετά που ξεκίνησα αυτήν την «κάθαρση», ο μικρός του κυρ Νίκου μπήκε σε πρόγραμμα απε- ξάρτησης... Τώρα πια... ακόμα κι εδώ έρχεται πότε πότε και βο- ηθάει - κι έχει καταλάβει πολλά... Η αδελφή μου, τότε σχεδόν δεν έβγαινε από το σπίτι... Πέρσι γράφτηκε σε μια σχολή για λογιστικά και πριν λίγους μήνες άρχισε κιόλας να δουλεύει... Εντελώς «συμπτωματικά», συμβαίνουν πολύ πρακτικά αποτε- λέσματα... Κι αυτό...είναι μεγάλη ανταμοιβή....

ΛΙΝΑ: Λες... λες πως... είχαν ξαναζήσει εδώ...;; Είχαν σκοτωθεί στη σπηλιά – κι όταν βρέθηκαν εκεί, έκαναν το ίδιο χωρίς να το καταλάβουν;; Κι αν... αν... ζήσουν πάλι... μετά εκατό χρόνια, ας πούμε... μπορεί να ξανασυμβεί...;;

ΜΑΡΙΛΕΝΑ: Ναι.... αυτό λέω... Αν όμως διαλυθεί το αποτύ- πωμα θα είναι διαφορετικά - κι όλοι όσοι έχουν επηρεαστεί από τα γεγονότα θα ησυχάσουν από το βάσανο... Και... κυρίως: Θα πάψουν να επαναλαμβάνονται τα ίδια και τα ίδια... Ξέρεις... συμβαίνουν συχνά παράξενα «ατυχήματα» σ' αυτήν την περι- οχή...

ΔΗΜΗΤΡΗΣ: Αμ ...αν ήταν έτσι... αν είναι έτσι... δεν έχουμε τόπο να σταθούμε οι Ζωντανοί, βρε Μαριλένα... Ο κόσμος όλος θα 'ναι γεμάτος φαντάσματα...

ΜΑΡΙΛΕΝΑ: Κατά κάποιον τρόπο είναι...! Αν όχι ακριβώς «φαντάσματα», είναι σίγουρα γεμάτος από οδυνηρά αποτυπώματα... που αναπαραγονται και πληθαίνουν... Οταν μεταφέρεις το «αποτύπωμα» στο ψυχιατρείο δημιουργείς απλώς ένα ακόμα αποτύπωμα... Κοίτα πόσο βασανίζεται ο κόσμος από εφιάλτες, μανίες και ψυχικά προβλήματα... Φαντάσου τι υπάρχει σ' έναν τόπο σαν το «Άουσβιτς», ας πούμε...; Πόσο θα βασανίζονται οι Ψυχές που κουβαλούν μια τέτοια εμπειρία...; Μπορεί... να είσαι εσύ... Εσύ ο «ίδιος»... Μπορεί – ακόμα χειρότερα - να είναι το παιδί σου...! Φαντάζεσαι να μπορούσες να τ' αλλάξεις αυτό...; Δεν αφορά μόνο κάποιους πεθαμένους - μας αφορά όλους... Όλους μας...! Και πάνω απ' όλα αφορά την ίδια τη Γη - πάνω στο δικό Της ζωντανό «ουράνιο σώμα» συμβαίνουν όλ' αυτά... Ποιος σου είπε πως δεν αισθάνεται...;;; Πως δεν έχει τον δικό Της τρόπο να «θυμάται»...;; Ακόμα και που εμείς οι δυο συνα- ντηθήκαμε - όπως συναντηθήκαμε... πιθανότατα οφείλεται σε αποτύπωμα προηγούμενης ενσάρκωσης...

ΔΗΜΗΤΡΗΣ: (παιχνιδιάρικα) ... Εμείς...;;; Αποκλείεται να μην περάσαμε καλά εμείς οι δυο - αυτό είναι σίγουρο...!!

ΜΑΡΙΛΕΝΑ: Εγώ πάλι... να δεις που δε θα ορκιζόμουν...

ΛΙΝΑ: (σαν να μονολογεί) ... Αυτό το όνειρο που είδα ... μπο- ρεί πράγματι να συνέβη...;; Έζησε κάποτε η μάνα μου εδώ – κι άφησε αποτυπώματα της ζωής της...; Βρέθηκε μέσα εκεί – και γι' αυτό τον μισεί τόσο πολύ αυτόν τον τόπο...; Και τον πατέρα μου...;;; Πώς έγινε και τον παντρεύτηκε...;; Εδώ που τα λέμε... αυτό πάντα μου φαινόταν ακατανόητο... Σαν να παντρευτήκαν μόνο και μόνο για να βγάλουν εμένα - και να με ταλαιπωρούν...

ΜΑΡΙΛΕΝΑ: Παντρεύτηκαν ακριβώς για να το λύσουν και μάλλον χρειαζόταν κάποιος να τους βοηθήσει... Κάποιος που να επηρεάζεται με «δεσμούς αίματος» κι έναν σοβαρό λόγο για ν' ασχοληθεί - να ψάξει «τη ρίζα του κακού»... Ή... ίσως και του «καλού»... Αυτό... ποτέ δεν μπορείς να το ξέρεις... Όχι πριν το τέλος, τουλάχιστον...

ΔΗΜΗΤΡΗΣ: (πειρακτικά) Α... ρε μάνα... Τελικά... αμαρτίες πληρώνεις...!!

ΛΙΝΑ: Λες...;;; Λες να την είχα σκοτώσει εγώ σε καμιά προηγούμενη ζωή...; Πάντα ήξερα πως κάτι έπρεπε να κάνω - όμως δεν ένιωσα ποτέ να φταίω... Δεν ξέρω...

ΜΑΡΙΛΕΝΑ: Δεν είναι απαραίτητο να «ξέρεις» - κι αν είναι θα θυμηθείς... Όταν πιάσεις την άκρη της κλωστής, το Νήμα και το Νόημα ξετυλίγεται από μόνο του...

ΔΗΜΗΤΡΗΣ: Μήπως... να κάναμε έναν αγιασμό...; Δε φτά- νει...;

ΜΑΡΙΛΕΝΑ: Θα μπορούσαμε - άλλωστε... γενικά ο «αγια- σμός» αυτόν τον σκοπό έχει... Όμως φοβάμαι πως δε φτάνει... Αν είναι ν' απελευθερώσεις τους δικούς σου προγόνους – κάπου εκεί και τον ίδιο σου τον εαυτό ίσως - πρέπει να καταλάβεις τι συμβαίνει... Κι αυτό δεν μπορεί να το κάνει κανένας άλλος - ούτε παπάς, ούτε γκουρού... Για 'σένα έχει νόημα...!

ΔΗΜΗΤΡΗΣ: Είναι πολύ κακό που εγώ δε θέλω να το ξέρω αυτό το νόημα...;; Ο *παπάς–παπάς κι ο ζευγάς- ζευγάς, λέει ο παππούς μου, και δίκιο έχει...!* Ένας καλός αγιασμός - και φτά- νει - και πολύ μου φαίνεται...!

ΛΙΝΑ: Η μάνα μου... έκανε τόσο συχνά αγιασμούς... Πάντα αναρωτιόμουν το γιατί... Δε βαριέσαι - ποτέ δεν άγιασε εκείνο το μίσος της για τον πατέρα μου...! Μάλλον έχεις δίκιο...

ΜΑΡΙΛΕΝΑ: (σηκώνεται) ... Εγώ θα πηγαίνω τώρα - έχω ξυπνήσει από νωρίς... Με κουράζει κιόλας όταν μιλάω για τη δική μου ιστορία... Αν θέλεις, από αύριο, Λίνα μου, μπορούμε να πάμε παρέα στη σπηλιά...

(Παίρνει το σακίδιο της, κατευθύνεται στην πόρτα, ο Δημήτρης την ακολουθεί - η Λίνα σηκώνεται)

ΛΙΝΑ: Και βέβαια θέλω – αστειεύεσαι...; Στο καλό να πας, κο- ρίτσι μου – και σ' ευχαριστώ για όλα...

(Βγαίνουν / η Λίνα παίρνει το τηλέφωνο / ήχοι / φωνή μητέρας)

ΦΩΝΗ: Λέγετε;

ΛΙΝΑ: Έλα, μαμά... Καλησπέρα...!

ΦΩΝΗ: Μπα...! Πώς και με θυμήθηκες τέτοιαν ώρα...;

ΛΙΝΑ: ... Έτσι πήρα... Να σου πω ένα γεια...

ΦΩΝΗ: Ναι... ε...; Πώς το 'παθες..; Είσαι καλά;

ΛΙΝΑ: Ναι... Μια χαρά, απλά σε σκεφτόμουν και πήρα να δω τι κάνεις...

ΦΩΝΗ: Τι να κάνω, κουρασμένη είμαι... Όλη μέρα στον κήπο και κανείς δε φιλοτιμήθηκε να 'ρθει να βοηθήσει... Κι ο κηπου- ρός... μόνο να τα παίρνει ξέρει...

ΛΙΝΑ: Ήθελα λίγο να μιλήσουμε...

ΦΩΝΗ: Τι να πούμε...;

ΛΙΝΑ: Να έτσι... γενικά... Τη θάλασσα κοιτούσα και σκεφτό- μουν τό άχτι που έχεις τόσα χρόνια για τούτη την πόλη... Κι όμως έχει τόσο όμορφη θάλασσα... Αν ερχόσουν να μείνεις για λίγο μπορεί ν' άλλαζες γνώμη... Είναι απλώς μια όμορφη πόλη...

ΦΩΝΗ: (έξαλλη)... Να με συγχύσεις πάλι πήρες - τα ξέρω εγώ αυτά… Τα ίδια του πατέρα σου - όσο μεγαλώνεις και πιο ίδια...

(Κλείνει απότομα / μουσική γέφυρα / τα φώτα σβήνουν)

Εικόνα 2η

(Επόμενη μέρα - νωρίς το πρωί.. Ανοίγει χαμηλός γαλάζιος φω- τισμός στις σπηλιές. Βλέπουμε τρεις άντρες να κάθονται στον βράχο – ο ένας σαν λοχαγός του '40, ο άλλος με φουστανέλα κι ο τρίτος Τούρκος με «φέσι». Τα πρόσωπα πολύ χλωμά - και τα ρούχα σκισμένα / σκονισμένα)

ΣΤΡΑΤΙΩΤΗΣ: Κίνηση στα μέρη μας, τελευταία - ως κι ο εγ- γονός μου ήρθε... Είδες παιδί...; Ομορφάντρας…! Ε… το 'χουμ' εμείς αυτό... Ομορφόσογο…

ΤΟΥΡΚΟΣ: Τα σάλια σου τρέχουνε, γεροτράγο… Καμάρωνε πάντως, δεν έχεις κι άδικο - λεβέντης είναι ο μικρός… Κι η Μα- ριλένα μου όμως , ε...; Ωραίο χαρμάνι...! Τουρκόσπορος – όλα στον αέρα τα πιάνει... Κι είναι και κούκλα…

ΚΛΕΦΤΗΣ: (συλλογισμένα) Την Λίνα όμως την τρομάξαμε πολύ την καημένη... Η Μαριλένα... ήταν προετοιμασμένη απ' την αρχή - αλλά τούτη εδώ η κακομοίρα… Τη λυπήθηκα, σου λέω…

ΤΟΥΡΚΟΣ: Την τρόμαξες πρώτα καλά καλά – διαμαρτύρεσαι κι από πάνω...

ΚΛΕΦΤΗΣ: Δε θα 'παιρνε χαμπάρι αλλιώς - θα 'φευγε και θα νόμιζε πως η Μαριλένα λέει ανοησίες... Δεν είναι εύκολο - το ξέρεις…

ΤΟΥΡΚΟΣ: Το ξέρω – αλλά να μην γκρινιάζεις και να λες καλά που πέτυχε…! Αλαφιάστηκε χα χα χα...! Τρέχοντας έφυγε...!

ΚΛΕΦΤΗΣ: Εντάξει... το λέω κι αυτό... «καλά που πέτυχε»...

ΣΤΡΑΤΙΩΤΗΣ: Πολλά λέτε – κι είναι φτώχεια... Συναντήθη- καν τα παιδιά, η Λίνα ήρθε κι υποψιάστηκε... Όλα πάνε σύμ- φωνα με το σχέδιο...! Όπου να 'ναι θα 'ρθουν όλοι μαζί – να μπορέσουμε να προχωρήσουμε κι εμείς... Ήρθε ο καιρός να τε- λειώνουμε... Να λευτερωθούμε...!

ΚΛΕΦΤΗΣ: Αυτήν την έρημη τη Λευτεριά... Ανάθεμά με – κι αν ήξερα πως θα τον έσερνα και στον άλλο κόσμο τον πόλεμο... αν ήξερα... Βλακείες... Τι θα 'κανα...;; Πάλι τα ίδια θα 'κανα...!

(στον Τούρκο) ... Εκτός... αν έπαυες να κάνεις τα ίδια κι εσύ... (γυρνάει στον ουρανό)... Εκτός... αν σταματούσαν όλοι...! Κοί- τα τους... Ακόμα πολεμάνε...! Ακόμα σκοτώνονται...! Όλοι...!

(Καθώς μιλάει εμφανίζεται στην οθόνη ένα θολό συνονθύλευμα εικόνων μάχης)

ΤΟΥΡΚΟΣ: Ε... Αν μπορούσα...αν ήξερα.... αν θυμόμουν... και βέβαια θα σταματούσα... Δεν υπάρχει κανένας λόγος - μόνο απληστία και παράλογος θυμός... Τίποτα απ' αυτά δεν αξίζει...!

(σηκώνεται αργά – ακούγεται ένας νοσταλγικός αμανές)

Κι αυτή η μουσική... πόσα μου θυμίζει...! Συνέχεια έρχεται σαν αεράκι στ' αυτιά μου... Αν ξαναζούσα δε θα έκανα τίποτ' άλλο... Μόνο ν' ακούω μουσική...

ΣΤΡΑΤΙΩΤΗΣ: Δεν έχεις άδικο...

(η μουσική αλλάζει σε τραγούδι του'40 - σε χαμηλό τόνο) Κι εμένα... εκείνα τα τραγούδια... πώς μ' αρέσανε..!

ΚΛΕΦΤΗΣ: Σςςς... Έρχονται...

(Κρύβονται – τα φώτα δυναμώνουν – μπαίνουν ο Δημήτρης, η Λίνα κι η Μαριλένα)

ΔΗΜΗΤΡΗΣ: Ωραία... Φτάσαμε στ' ανεμοδαρμένα ύψη...

ΜΑΡΙΛΕΝΑ: Μμμμ... ναι... έχει πολύ δυνατούς ανέμους εδώ...

(στη Λίνα) ... Πώς αισθάνεσαι;

ΛΙΝΑ: Δεν ξέρω... Κάτι σαν δύσπνοια... Θλίψη...; Ε... φοβάμαι κιόλας... Αγριεύομαι... θυμάμαι και τ' όνειρο...

ΔΗΜΗΤΡΗΣ: Ε... βέβαια αγριεύεσαι - γι' αυτό ήρθαμε... Ν' αγριευτούμε και να το ευχαριστηθούμε...

Λοιπόν... (στη Μαριλένα)... λοχαγέ μου... Παρακάτω...;

ΜΑΡΙΛΕΝΑ: Εγώ... θα πάω λίγο μέσα, στη σπηλιά...

(στη Λίνα) Θα έρθεις μαζί μου...;

ΛΙΝΑ: (διστακτικά) Μόνες μας...; Οι δυο μας...;

ΜΑΡΙΛΕΝΑ: Οι δυο μας... Ο Δημήτρης ας μείνει εδώ – να 'χει και τον νου του μην έρθει κανείς... Έλα... έχει και δροσούλα μέσα...

(Την παίρνει απ' το χέρι – προχωρούν στη σπηλιά. Ο Δημήτρης σηκώνεται - αρχίζει ένα σιγανό σφύριγμα - μπαίνει αργά προβολέας με μπλε φως και στο κέντρο του εμφανίζεται ο στρατιώτης που μένει ακίνητος.

Ο Δημήτρης γυρίζει προς το μέρος του – στέκεται / μονολογεί.)

ΔΗΜΗΤΡΗΣ: Ε... βέβαια... γιατί παραξενεύομαι...;; Τι γύ- ρευα - τι βρήκα... Φαντάσματα ψάχνεις... φαντάσματα βλέπεις...

(Ακούγεται με echo η φωνή του στρατιώτη από μαγνητόφωνο.)

ΦΩΝΗ ΣΤΡΑΤΙΩΤΗ: Καλώς το μου... καλώς το μου...!

ΔΗΜΗΤΡΗΣ: Μάλιστα... το φάντασμα του βουνού και του λόγγου...

ΦΩΝΗ ΣΤΡΑΤΙΩΤΗ: Λεβέντης είσαι, γιόκα μου... Παλικάρι σωστό...

(με καμάρι)... Το σόι μας...

ΔΗΜΗΤΡΗΣ: (κοιτάζει ακίνητος – πιάνει το μάγουλό του)... Μου μοιάζει αυτό...;; Τ' είν' αυτό που βλέπω...; Πού έμπλεξα, Θεέ μου...;

ΦΩΝΗ ΣΤΡΑΤΙΩΤΗ: Καιρός ήτανε να'ρθεις... και μην τα παρατήσεις τώρα, γιόκα μου... Πουθενά δεν... «έμπλεξες, Θεέ μου»... Να τα ξεμπλέξουμε λέμε... Γι' αυτό ήρθες...

ΔΗΜΗΤΡΗΣ: Πώς γίνεται ν' ακούω αυτό που ακούω...; Ποιος μιλάει...;

ΦΩΝΗ ΣΤΡΑΤΙΩΤΗ: ... Αυτοπροσώπως εγώ... (ειρωνικά) ... Δε με γνώρισες...;

ΔΗΜΗΤΡΗΣ: Δε θα μπω σ' αυτό το παιχνίδι εγώ... Δεν κου-βεντιάζω με τον αέρα – ούτε θ' αρχίσω να βλέπω σκοτάδια μες στο μεσημέρι... Καπίτο;

(σφυράει - βγάζει τη φυσαρμόνικα κι αρχίζει να παίζει) Ο στρα- τιώτης χαμογελάει - σηκώνει το χέρι σαν να τον χαιρετά κι εξαφανίζεται μαζί με το μπλε φως του προβολέα. Ο Δημήτρης πηγαίνει εκεί που στεκόταν ο στρατιώτης. Από τη σπηλιά εμφα- νίζονται η Λίνα κι η Μαριλένα.)

ΛΙΝΑ: Χριστέ μου - τι είναι αυτό εκεί μέσα...;; Τι μπορεί να συνέβη εδώ...;;; Χριστέ μου...!!!

ΜΑΡΙΛΕΝΑ: Πολλά… και το ένιωσες…

(στον Δημήτρη) Τι έχεις εσύ;

ΛΙΝΑ: (τον παρατηρεί) Αλήθεια - τι έχεις...; Είσαι χλωμός…

ΔΗΜΗΤΡΗΣ: Φαντάσματα μού τσαμπουνάτε - φαντάσματα άρχισα να βλέπω... Τι άλλο να έχω εδώ πάνω που με φέρατε…;

ΜΑΡΙΛΕΝΑ: Είδες κάτι…; Αλήθεια;

ΔΗΜΗΤΡΗΣ: (ενοχλημένος)... Είδα... «κάτι»… Κάτι... Τι «κάτι» - κι ανάθεμα κι αν ξέρω κι εγώ τι είδα…!!! Το σόι μου…

ΜΑΡΙΛΕΝΑ: Έλα… μίλα καθαρά…

ΔΗΜΗΤΡΗΣ: Τι καθαρά να μιλήσω - σου το είπα ήδη - και πολύ καθαρά: Να κάνουμε έναν αγιασμό και να πάμε να φύγου- με…! Δεν είναι για εμάς αυτά…

ΛΙΝΑ: Τι συνέβη…;

ΔΗΜΗΤΡΗΣ: Μακάρι να ήξερα, ρε μάνα…

ΛΙΝΑ: Όμως… κάτι συνέβη…

ΔΗΜΗΤΡΗΣ: Μπορεί... Μπορεί και όχι…

ΛΙΝΑ: Θα πεις επιτέλους;

ΔΗΜΗΤΡΗΣ: Δεν ξέρω τι να σου πω...! Συνέβη και δε συνέ- βη... Τον είδα και δεν τον είδα... τον άκουσα και δεν τον άκου- σα...

ΛΙΝΑ: ... Ποιον...;;;

ΔΗΜΗΤΡΗΣ: Δεν ξέρω...!!!

ΜΑΡΙΛΕΝΑ: Πώς ήταν αυτό που είδες...;

ΔΗΜΗΤΡΗΣ: Μια σκιά... Καταμεσήμερο και σκοτείνιασε... Μια ανθρώπινη σκιά και κάτι αλλόκοτες κουβέντες στο κεφάλι μου... σαν ηχώ... Σφύριξα κι έφυγε και χάθηκε και δεν ξέρω ούτε τι είδα – ούτε αν το είδα...

ΜΑΡΙΛΕΝΑ: Είναι νωρίς ακόμα... όταν μείνεις λίγο ήσυχα και το θυμηθείς θα το καταλάβεις καλύτερα... Και πάντως... σε προειδοποίησα...

ΔΗΜΗΤΡΗΣ: Ω, ναι...παράπονο δεν έχω...ούτε λόγος...! Με προειδοποίησες...

ΜΑΡΙΛΕΝΑ: Είπαμε... οι πρόγονοί σου...

ΔΗΜΗΤΡΗΣ: Οι πρόγονοί μου είναι μια χαρά εκεί που είναι - και δεν καταλαβαίνω γιατί να ταράξω τον «ύπνο» τους...

ΜΑΡΙΛΕΝΑ: Γιατί προφανώς δεν «κοιμούνται», Δημήτρη... Αντίθετα, ζητάνε να βοηθήσεις ν' αναπαυθούν - για να λυτρω- θούν κι οι ζωντανοί... Γι'αυτό παρουσιάστηκε κι αυτός που εί- δες... Πώς ήταν;

ΔΗΜΗΤΡΗΣ: Μια σκοτεινιά – πώς να ήταν...; Και μέσα εκεί ένας κουρελής με δίκοχο... Το 'βλεπα - δεν το 'βλεπα - και να δεις που μου έμοιαζε κιόλας... Τίποτα ξεκάθαρο δεν είδα - ούτε και κάτι ξεκάθαρο άκουσα...

ΜΑΡΙΛΕΝΑ: Όμως... κάτι «άκουσες»...;;;

ΔΗΜΗΤΡΗΣ: Εντάξει... ένας αντίλαλος έλεγε κάτι για... «το σόι μας» ...

ΜΑΡΙΛΕΝΑ: Φως φανάρι...!

ΔΗΜΗΤΡΗΣ: Άσε με, βρε Μαριλένα... Ποιο φως και ποιο φα- νάρι - μια μαύρη σκοτεινιά ήταν... Και στο τέλος - τέλος τι να κάνω...;

Ωραία, πες πως είναι έτσι – πες πως το πιστεύω... Τι μπορώ να του κάνω του πρόγονου...; Να γυρίσω πίσω το ρο- λόι δε γίνεται – στον πόλεμο πέθανε...! Δεν μπορεί ν' αλλάξει αυτό...!

ΜΑΡΙΛΕΝΑ: (με πάθος) ... Γίνεται όμως να βρουν ειρήνη οι Ψυχές - για να σταματήσει να επαναλαμβάνεται...! Δε βλέπεις πως κανείς δε βρίσκει ησυχία...;; Κάθε τόσο μια φασαρία - κι ένας «πόλεμος» που φέρνει κι άλλον... κι άλλον... Μικρό ή με- γάλο... με χίλιους τρόπους - και χίλιες μορφές... Από τη γιαγιά σου ως την Μέση Ανατολή... Κατάλαβε το!

ΔΗΜΗΤΡΗΣ: Ωραία και που το κατάλαβα τι έγινε...; Πώς να τον βρω εγώ για να τη σταματήσω τη φασαρία...; Πώς το βλέ- πεις όλο αυτό...;

ΜΑΡΙΛΕΝΑ: Δεν το «βλέπεις», είπαμε... Θέλεις μήπως να θυ- μηθούμε πως το είδα εγώ...;

ΔΗΜΗΤΡΗΣ: Με συγχωρείς, δεν ήθελα να σε πειράξω... δεν το σκέφτηκα έτσι... Αλλά επιτέλους... τι μου ζητάς να κάνω;

ΜΑΡΙΛΕΝΑ: Εγώ προσωπικά τίποτα...

ΛΙΝΑ: Καλά σου λέει... Δε φτάνει που ασχολείται μαζί μας η κοπέλα, διαμαρτύρεσαι κιόλας...!

ΜΑΡΙΛΕΝΑ: Δεν «ασχολούμαι μαζί σας», Λίνα - απλώς έτυχε να είμαι σε θέση να σου εξηγήσω ένα - δυο πράγματα... Μην έχεις υποχρέωση - το θέμα μάς αφορά όλους... Πόσο μάλλον εμάς που βρεθήκαμε και στον ίδιο τόπο...

ΛΙΝΑ: Πάντως... δεν ξέρω τι θα 'κανα εκεί μέσα εγώ, χωρίς εσένα...! Πω πω...! Βουίζει το κεφάλι μου...Πρώτη φορά ένιω- σα τέτοια πράγματα - και με τόση ένταση...

ΔΗΜΗΤΡΗΣ: Όπως…;;

ΛΙΝΑ: Πώς να σ' το περιγράψω…; Ένας θυμός απίστευτος σαν κύμα μέσα μου δυνατό… Βία – αυτό αισθάνθηκα…! Τρομακτική βία… Κάποια στιγμή μέχρι να τη χτυπήσω ήθελα - και καλά που με είχε προειδοποιήσει καθώς μπαίναμε…

ΔΗΜΗΤΡΗΣ: Δηλαδή;

ΛΙΝΑ: Πως μπορεί να ένιωθα παράξενα – και να φροντίσω να συγκρατηθώ… Να μη μιλήσω καθόλου, να παρατηρώ τις σκέ- ψεις μου και να 'χω μια προσευχή να λέω από μέσα μου… Ε… έλεγα κι εγώ το «κύριε ελέησον»… και συγκρατήθηκα… Και να δεις που έρχονταν και κάτι παράξενες λέξεις στο μυαλό μου, που δεν ήταν ελληνικές… Μερικές τις κατάλαβα – ιταλικές, μάλλον - αλλά τις άλλες δεν τις έπιανα… Ααα… λες να ήταν τούρκικα…;;

ΜΑΡΙΛΕΝΑ: Δεν είναι παράξενο – και Τούρκοι κι Ενετοί και ποιος ξέρει και πόσοι άλλοι έχουν περάσει από τούτα τα μέρη… Πολλές οι φυλές που την έχουν ταλαιπωρήσει τη Γη μας…

ΔΗΜΗΤΡΗΣ: (αγανακτισμένος) …Κατάλαβα – εντάξει… Λοιπόν… Τα είδαμε τα φαντάσματα – και τ' ακούσαμε… Και Τούρκοι κι Ενετοί και το σόι μας… Τι άλλο μένει να κάνουμε…; Πρακτικά… για να τελειώνουμε…

ΜΑΡΙΛΕΝΑ: Πρώτον μια προσευχή…;;

ΔΗΜΗΤΡΗΣ: Να φωνάξουμε έναν παπά γι' αυτό - εγώ δεν ξέρω… Δεν κάνω τέτοια… Άλλωστε… δε φαντάζομαι να είναι τόσο απλό…

ΜΑΡΙΛΕΝΑ: Πραγματικά - δεν είναι τόσο απλό… Τώρα όμως είναι ώρα για ξεκούραση - και τα πρακτικά θα τα πούμε άλλη ώρα… Αν θέλεις… μας παίζεις λίγο φυσαρμόνικα - η μουσική τις ξεκουράζει τις Ψυχές... Όπου κι αν βρίσκονται... Και... ας πούμε πως αυτό... θα 'ναι η δική σου προσευχή...

ΔΗΜΗΤΡΗΣ: Κατά κάποιον τρόπο... ναι... Μπορεί και να εί- ναι...

ΜΑΡΙΛΕΝΑ: Ωραία, λοιπόν – τα υπόλοιπα αργότερα... Μην ανησυχείς θα βρεθεί ο τρόπος να καταλάβουμε τι έχει συμβεί... Έχουμε ήδη το όνειρο της Λίνας... (πειρακτικά) ...είχαμε και την «εμφάνιση» του παππού... Πολύ καλή αρχή... Αν ψάξεις λίγο και για την ιστορία της οικογένειάς σου μπορεί να είναι χρήσιμο... Ο Πάνος είναι ειδικός στην ιστορία αυτού του τό- που... Απο 'κεί και πέρα, η μόνη «προ-ϋπό-θεση», είναι η ξεκά- θαρη πρόθεση...

ΛΙΝΑ: Ποια πρόθεση...; Εγώ δεν έχω καμιά πρόθεση...

ΜΑΡΙΛΕΝΑ: Δεν είναι πρόθεσή σου να απαλλάξεις τη μητέρα σου απ' αυτό το μίσος..;

ΛΙΝΑ: Πρόθεσή μου είναι να απαλλαγώ εγώ... Κι από το μίσος της κι από τις εμμονές της...

ΜΑΡΙΛΕΝΑ: Το ίδιο είναι, Λίνα, δε θ' απαλλαγείς αν δεν την απαλλάξεις απ' όσα τη βαραίνουν... Επηρεάζουν κι εσένα και τον πατέρα σου... Αργά η γρήγορα και τον Δημήτρη, τα παιδιά του και... πάει λέγοντας... Από γενιά σε γενιά...

ΛΙΝΑ: Ναι... αυτό το φοβόμουν απο τότε που γεννήθηκε... Αλλά δεν μπορούσα να κάνω και πολλά για να μην τον καταλά- βαίνει όλον αυτόν τον καβγά... Δεν ήξερα...

ΜΑΡΙΛΕΝΑ: Σημασία έχει πως τώρα ξέρεις - κι ο Δημήτρης, που τον έχει καταλάβει τον... «καβγά», μπορεί να σε βοηθήσει...

ΛΙΝΑ: Ναι... σωστά... Κοίτα... Φαίνεται παράλογο μα... σαν να έχω την ανάγκη να μείνω ακόμα λίγο... Θέλω να ξαναπάω εκεί μέσα...

ΜΑΡΙΛΕΝΑ: Πήγαινε – θα σε περιμένουμε... Κι αν σε ξανα- πιάσει κανένας παράξενος «ύπνος»... κράτα σημειώσεις...

ΛΙΝΑ: Φοβάμαι μόνη μου... με τρομάζει - αλλά... και κάπως σαν να με «τραβάει»... Ε - λοιπόν όχι...! Δε με φοβίζει...! Θα πάω...! Κύριε ελέησον – κι άγιος ο Θεός... Εδώ, κοντά στην εί- σοδο θα κάτσω... Κι εσείς... εδώ θα είσαστε...

ΔΗΜΗΤΡΗΣ: Γεια σου, Λίνα - Μπουμπουλίνα...

ΛΙΝΑ: Μμμ... εξυπνάδες...

ΔΗΜΗΤΡΗΣ: Α, ρε μάνα... Κολοκοτρώνισα...

(Η Λίνα μπαίνει στη σπηλιά – χαμηλώνουν τα φώτα / μουσική γέφυρα η φυσαρμόνικα / προβολέας δυναμώνει στην είσοδο της σπηλιάς - βγαίνει και κοιτάζει γύρω της σαν χαμένη.)

ΛΙΝΑ: Δεν είναι δυνατόν αυτό...! Δεν είναι δυνατόν... Δεν εί- ναι..!

(Τα φώτα σβήνουν – γέφυρα με μουσική – τέλος της εικόνας.)

Εικόνα 3η

(Δυο μέρες μετά, μεσημέρι στο διαμέρισμα. Η Λίνα κι ο Πάνος πίνουν καφέ και κουβεντιάζουν.)

ΠΑΝΟΣ: Κεραυνοβόλος ο έρως - κι αμέσως φάνηκε... Ταιριά- ξανε και μια χαρά... Όλο χαμόγελα είναι...

ΛΙΝΑ: Ήταν κι η σύμπτωση - όσο να πεις... τους επηρέασε...

ΠΑΝΟΣ: Δε θα μου πεις τι έγινε τελικά στις σπηλιές...; Η Μα- ριλένα κάτι έχει κατά νου – και μου ζήτησε συμμετοχή...

ΛΙΝΑ: Ό,τι και να 'χει κατα νου, εγώ της έχω εμπιστοσύνη κι αν σου ζήτησε Συμμετοχή, σε παρακαλώ, να δεχτείς...Για 'μένα...

(πηγαίνει στο παράθυρο) ... Αχ, η θάλασσα... Ευτυχώς που υπάρχει κι η θάλασσα... Θα είχα τρελαθεί...

ΠΑΝΟΣ: Με τα βουνά τρελαίνεσαι – με τη θάλασσα τρελαίνε- σαι... Φιρί-φιρί το πας...

ΛΙΝΑ: Το ίδιο λέει κι ο Δημήτρης... Δεν ξέρω τι νομίζετε – ούτε και τι δείχνω – πάντως μην ανησυχείς... Δεν παθαίνω τίποτα... Ίσα ίσα... πρώτη φορά αισθάνομαι πως βρίσκω άκρη και νόη- μα... Είναι τόσο παράξενο αυτό που νιώθω στις σπηλιές... Αυτά τα όνειρα... τι να σου πω... δεν ήταν όνειρα, δεν ήταν «ύπνος» αυτό... Ανατριχιάζω που θυμάμαι εκείνο το πρωί που πήγα μόνη μου... Μπορεί να ήταν τρομακτικό - αλλά ήταν κι αποκάλυ- ψη. !! Να βλέπω τη μάνα μου να με φωνάζει... και τόσοι άν- θρωποι εκεί... τόσο... βρώμικοι... και τόσο πληγωμένοι... Προ- χθές που πήγα με τα παιδιά, μάθαμε και τη συνέχεια: την είδα να γκρεμοτσακίζεται πάνω σ' έναν γάιδαρο στη ρεματιά... Και τον πατέρα μου να τρέχει μαζί με κάποιον άλλον - που τον ξέρω - μα δεν μπορώ να καταλάβω ποιος είναι... Σαν παπάς, καλόγερος ή κάτι τέτοιο... Και γύρω πάλι πρόσωπα πολλά... άγνωστα... θολά κι αγριεμένα... Κι αυτή η θλίψη... βάρος απερίγραπτο - ναυτία έχω, πάλι - κι από προχτές δεν έχω καταφέρει να κοιμηθώ... Όλη νύχτα ένας άλλος κόσμος μέσα στο κεφάλι μου... Ολοζώντα- νος...!

ΠΑΝΟΣ: Εγώ λέω να είσαι προσεκτική και προσγειωμένη μ' αυτές τις ιστορίες... Έχεις και προδιάθεση να μπερδεύεσαι εσύ - κοίτα να προσέχεις... Άλλο οι θεωρίες κι άλλο η ζωή σου. Στην πράξη... αυτά τα λέμε ονειροπαρμένα κι αλαφροίσκιωτα. Κι αν σε βοηθάνε να είσαι καλύτερα έχει καλώς - αλλά... μην κάνουμε και τη ζωή μας πιο δύσκολη απ' ό,τι είναι...

ΛΙΝΑ: Το ξέρω πως είμαι στον σωστό δρόμο, Πάνο - αυτά τα όνειρα είχαν νόημα και μου δίνουν μία εξήγηση...! Εσύ ξέρεις τι έχω τραβήξει μ' αυτήν τη διχόνοια - καταλαβαίνεις πως το χρειάζομαι για 'μένα την ίδια, για να συμφιλιωθώ με τον εαυ- τό μου... Κάτι τους συνέβη εδώ πέρα, να δεις, εδώ αρχίσανε οι μεγάλοι τσακωμοί κι εγώ από τότε ήθελα να γυρίσω - και να τη φέρω κι εκείνη εδώ πέρα... Παιδάκι ήμουν – και πίστευα πως θα έπαυαν να καβγαδίζουν, αν γυρνούσαμε... χμ... Στον τόπο του εγκλήματος...! Δεν είχα ιδέα απ' όλ' αυτά – κι όμως, αυτό σκεφτόμουν και το θυμάμαι ακόμα - δεν είναι παραξενο...; Λες να την είχε πιάσει ο πατέρας μου - να την κρατούσε στη σπηλιά αιχμάλωτη...;; Μπορεί να ήτανε κλέφτης – αντάρτης... Μόνο κάτι τέτοιο θα'ταν αυτός – άκου που σου λέω... Τον ξέρω καλά εγώ...

ΠΑΝΑΓΙΩΤΗΣ: Κι εγώ... (ειρωνικά) ... Όσο τον ξέρω... μό- νον έτσι θα τον φανταζόμουν...

ΛΙΝΑ: Μην κοροϊδεύεις – δεν είναι μόνο η «φαντασία» μου... Αλλά... ακόμα κι αν είναι...

ΠΑΝΑΓΙΩΤΗΣ: Εγώ ξαναλέω να είσαι επιφυλακτική και προσγειωμένη... Ακόμα κι αν το δεχτούμε σαν θεωρία, δεν μπορούμε να τ' αλλάξουμε και μην εχεις αυταπάτες – τους καβγάδες δεν μπορείς να τους διορθώσεις... Καλύτερα απ' όλους ξέρω πόσο σ' έχουν πονέσει... (τρυφερά) Και οι δυο έχουμε επηρεαστεί από αυτήν την ιστορία - μας έχει στερήσει πολλά και το ξέρουμε... Αλλά... δεν μπορεί ν'αλλάξει - και δε θα πάψεις, βέβαια, εσύ να το θυμάσαι... κι η μάνα σου να είναι αυτή που είναι... Οπότε τι νόημα έχει...; Ενδιαφέρον σαν θέμα - δε λέω... όμως είναι μόνο μια θεωρία... Να την κουβεντιάσουμε, να τη φιλοσοφήσουμε... σύμφωνοι! Αλλά... όσο σοβαρά και να το δούμε, τα δεδομένα δε θ' αλλάξουν... Οχι, πια...

ΛΙΝΑ: Ναι... κάποια δεδομένα σίγουρα δε γίνεται ν' αλλάξουν - το ξέρω… Όμως... εγώ έχω ήδη ένα αποτέλεσμα…! Είδα τα πράγματα τόσο διαφορετικά - κι ήμουν τόσο πιο ανεκτική μαζί της... Την ένιωσα…! Τι της ζητούσα...; Να έρθει να δει τη θά- λασσα και τη μικρή μας πόλη. Μα... αν η Ψυχή της ακόμα υπο- φέρει...; Αν την είχαν αιχμαλωτίσει; Αν την είχαν βασανίσει...; Αν την είχαν βιάσει...;;

ΠΑΝΟΣ: (ενοχλημένος) … Οι Έλληνες δεν κάνανε τέτοια πράγματα... Οι Τούρκοι βιάζανε και καίγανε…

ΛΙΝΑ: Άσ' τα, βρε Παναγιώτη μου – κι ο πόλεμος είναι πόλε- μος… Κι αυτοί βέβαια… κατακτητές… ούτε λόγος... Αλλά… ποτέ δεν ξέρεις ποιος χρωστάει και σε ποιον σε προσωπικό επί- πεδο...

ΠΑΝΟΣ: Ε... όχι να βγούμε και ζημιωμένοι, Λίνα - είναι γνω- στές οι βαρβαρότητες των Τούρκων… Όλοι ξέρουμε ποιος χρω- στάει στην Ελλάδα... Όχι να λέμε κι από πάνω…

ΛΙΝΑ: Αμάν, βρε πατριώτη - δεν έλεγα για τον Αλή-πασά - για τη μάνα και τον πατέρα μου λέμε… Ούτε και πού ξέρουμε ποιος ήταν τότε ο Τούρκος και ποιος ο Έλληνας…

ΠΑΝΟΣ: (μαζεύεται) … Δεν ξέρω… Κάποια βλακεία είπες…

ΛΙΝΑ: Υποθέσεις κάνω, Πάνο μου - και παρατηρώ κατά τις οδηγίες της Μαριλένας... Κι αυτό που παρατηρώ τώρα… είναι πως το πήρες πολύ πατριωτικά… Θύμωσες…!

ΠΑΝΟΣ: Μα είναι πράγματα αυτά που λες…; Οι δικοί μας οι κλέφτες θα την είχανε βιάσει...;;;

ΛΙΝΑ: Μα… δεν πρόλαβα να πω τίποτα... Χμ... χα χα… Δε θες να βρούμε κι εσένα εκεί μέσα στη σπηλιά... μαζί με τους κλέ- φτες και τους αρματολούς...;; Πολύ προσωπικά το πήρες και... βρε…;; Μην ήσουνα εσύ ο παπάς που είδα – και δεν καταλάβαι- να ποιος είναι...;

(Ανοίγει η πόρτα – μπαίνει η Μαριλένα κι ο Δημήτρης.)

ΔΗΜΗΤΡΗΣ: Καλημέρα σας...! καλημέρα, μάνα!

ΛΙΝΑ: Καλώς τους μεσημεριάτικα… καλημέρα...!

ΜΑΡΙΛΕΝΑ: Πολύ καλή…! Πώς είσαι...; Κοιμήθηκες καθό- λου...;

ΛΙΝΑ: Ακριβώς… καθόλου! Φαίνεται;

ΜΑΡΙΛΕΝΑ: Σχετικά…

ΔΗΜΗΤΡΗΣ: Τι «σχετικά»; Το φάντασμα τις προάλλες καλύ- τερα ήτανε....

ΛΙΝΑ: Δε μ' έπιανε ύπνος - τι να κάνουμε…; Όνειρο, όραμα, ό,τι κι αν είναι - θέλω να γίνουν ξεκάθαρες οι εικόνες του... Να βρω αν ήμουν κι εγώ κάπου εκεί… και να τελειώνω με όλ' αυτά. !

(στη Μαριλένα)... Πώς όμως...;;

ΜΑΡΙΛΕΝΑ: Καλή ερώτηση… Θα χρειαστεί να πάμε μερικές φορές ακόμα στις σπηλιές κι ύστερα βλέπουμε... Στο τέλος… ίσως… να κάνουμε κι εκείνον τον αγιασμό…

(Τα φώτα σβήνουν – τέλος της εικόνας – μουσική γέφυρα.)

Εικόνα 4η

(Χαράματα της επόμενης μέρας. Ανάβουν φώτα στις σπηλιές – χρώμα δειλινού - ο κλέφτης με τον στρατιώτη κάθονται στον βράχο και κουβεντιάζουν)

ΣΤΡΑΤΙΩΤΗΣ: Πανικοβλήθηκε η Λίνα... και με το δίκιο της...

ΚΛΕΦΤΗΣ: Τι να κάνουμε... Αυτή ήταν η κατάσταση – αυτό είδε... Κι όσο το 'βλεπε... το 'βλεπα κι εγώ και λίγο έλειψε να διαλυθώ... Το μίσος της με κρατάει μόνο.

ΣΤΡΑΤΙΩΤΗΣ: Άντε... επιτέλους - να λυτρωθεί κι εκείνη κι εμείς από δαύτο...

ΚΛΕΦΤΗΣ: Ναι... αυτό μετράει πάνω απ' όλα...

(νοσταλγικά) ... Η πιο όμορφη απ' όλες ήτανε... Η πιο γλυκιά... Αξέχαστο το πρόσωπό της – και μ' έχει φάει ετούτη η ενοχή... Δεν έφταιγε εκείνη... Μικρή κοπέλα ήτανε...κοριτσόπουλο...

ΣΤΡΑΤΙΩΤΗΣ: Μην αρχίζεις πάλι τα «έφταιγε δεν έφταιγε»... Κανείς δεν έφταιγε κι όλοι φταίμε... Πόσες φορές να σ' το πω; Ο πόλεμος είναι πόλεμος...

ΚΛΕΦΤΗΣ: Κι η λευτεριά Λευτεριά... Τουλάχιστον είμαστε ελεύθεροι, πια... Ως Έλληνες εννοώ...

ΣΤΡΑΤΙΩΤΗΣ: (ειρωνικά) ... Ναι... Γιατί ως Τούρκοι... ακό- μα δεν καταλαβαίνουν τη διαφορά...

(Εμφανίζεται ο Τούρκος)

ΤΟΥΡΚΟΣ: Μίλησες;

ΚΛΕΦΤΗΣ: Εσύ μου 'λειπες τώρα...

ΤΟΥΡΚΟΣ: Αφού... εσύ με φώναξες...

ΚΛΕΦΤΗΣ: Ωχου... μία κουβέντα είπαμε...

ΤΟΥΡΚΟΣ: Κατάλαβα... Στις κατάρες το 'ριξες πάλι...

ΣΤΡΑΤΙΩΤΗΣ: Ναι, μωρέ... τώρα την περίμενες την κατά- ρα... Έχεις φάει κατάρες εσύ... Ουουουου!

ΤΟΥΡΚΟΣ: Σας ξέρω τους διαολόσπορους... Γκιαούρηδες κι ελληναράδες... Άτιμη φάρα...!

ΚΛΕΦΤΗΣ: Τι θα πεις εσύ...; Μία χούφτα και σας στείλαμε για λάχανα... Ακόμα τρέχεις...

ΣΤΡΑΤΙΩΤΗΣ: Ηρέμησε, παππού - και μην ξεχνάς πού βρί- σκεσαι... Τελειώνουμε πια μ' αυτά... Άιντε... Χαμένες ψυχές – και πεθαμένοι πολεμάτε και τσακώνεστε...! Αμάν πια! Κου- ράστηκα!

ΚΛΕΦΤΗΣ: Έχεις δίκιο... Σαν τους καραγκιόζηδες είμαστε... (συλλογισμένα) και... χάνουμε και την βεζυροπούλα... Αν ησύ- χαζα, τουλάχιστον, από εκείνη τη νύχτα... Αβάσταχτο που την είδα να γκρεμίζεται... Τι έφταιγε αυτή...!

ΤΟΥΡΚΟΣ: Μετά μου λες... λίγα μας κάνατε κι εσείς...;;

ΚΛΕΦΤΗΣ: (αλαφιασμένος) ... Στον τόπο μου, ωρέ, και μιλάς κι από πάνω; Γι' αυτό δεν ησυχάζει ποτέ η ψυχή μου! Στον τόπο μου είμαι...! Και το φάντασμά σου ακόμα ξένο είναι σε τούτα τα χώματα!

ΣΤΡΑΤΙΩΤΗΣ: Κάλμα λέω, παππού... Ό,τι έγινε ως τα τώρα έγινε – ούτε η «βεζυροπούλα» θα ησυχάσει, ούτε κανείς αν δε σταματήσετε... Κουράστηκα, λέω... Αμάν πια!... Αμάν...!

(Εμφανίζεται μια τέταρτη φιγούρα με ποδιά χασάπη.)

ΧΑΣΑΠΗΣ: Μίλησες;;

ΣΤΡΑΤΙΩΤΗΣ: Εσύ μας έλειπες, ξάδερφε...

ΧΑΣΑΠΗΣ: Με φώναξες – νομίζω...;

ΣΤΡΑΤΙΩΤΗΣ: Δε νομίζω – α... ναι... Είπα «αμάν»... Αγανά- κτησα...!

ΧΑΣΑΠΗΣ: Ε... μην ξεχνάς - έτσι με φωνάζουν κι εμένανε... «Αμάν»...

ΣΤΡΑΤΙΩΤΗΣ: Συγγνώμη... δεν ήθελα να σ' ενοχλήσω...

ΧΑΣΑΠΗΣ: Δεν πειράζει – ευκαιρία έψαχνα για λίγη κουβεντούλα... Ολοένα με τα γίδια και τ' αρνιά βουίζει το κεφάλι μου...

ΣΤΡΑΤΙΩΤΗΣ: Τύχη όμως, κακομοίρη, κι εσύ... Ξέφυγες από τον πόλεμο και τη βρήκες από τα σφαγεία... Μοίρα κι αυτή...!

ΧΑΣΑΠΗΣ: Ααχ... κι αν ήξερα...! Ποιος το περίμενε μα την αλήθεια...!

ΣΤΡΑΤΙΩΤΗΣ: Έλα... και μη στεναχωριέσαι... Τα πάει καλά η Μαριλένα – κάτι θα κάνουμε και για 'σένα...

ΧΑΣΑΠΗΣ: (μελαγχολικά) Για τα ζωντανά να κάνετε... τότε μόνο θα λευτερωθώ εγώ... Για τα ζωντανά ό,τι μπορείς – συνέ- χεια μέσα στ' αυτιά μου φωνάζουν... Ούτε η «συγγνώμη» πιά- νει τόπο – ούτε η ενοχή... Εγώ ο ίδιος δε με συγχωράω τώρα που κατάλαβα...

ΣΤΡΑΤΙΩΤΗΣ: Καλά... θα δούμε... Εδώ έχουμε άλλα – σο- βαρά... Εδώ ουρλιάζουν οι άνθρωποι – κι εσύ με τα ζωντανά καταπιάνεσαι;

ΧΑΣΑΠΗΣ: Ακόμα πιστεύεις πως είσαι καλύτερος, μωρέ...; Ξέρεις τι πόνο έχουν αυτά..; Θυσιάζονται να μας θρέψουν... κι εμείς... ούτε μία λέξη... Ένα «ευχαριστώ, ρε πρόβατο, που μου 'δωσες να φάω»... Σήκωνα τη «μάχαιρα» – και γελούσα κιό- λας...! Ααχ... Κάθε καρύδι που έκοβα πληρώνω... Όχι γιατί το 'κοβα – μα που το έκοβα χωρίς κανένα σέβας για τη ζωή που έπαιρνα. Κι αυτό... είναι παντού το ίδιο... Και στα γίδια και στα γυναικόπαιδα... και στους Έλληνες και στους Τούρκους... Κι άντε να διορθώσω τώρα που κατάλαβα... Κι εγώ κι εσύ...

ΣΤΡΑΤΙΩΤΗΣ: Αμάν, ρε ξάδερφε - για κουβέντα ήρθες ή για μοιρολόι...; Τα ξέρουμε αυτά - όλο τα ίδια λέμε... Δε βγαίνει έτσι άκρη και λογαριασμός... Κάνε τον σταυρό σου να 'ρθουν τα παιδιά - κι άμα μπορέσουμε... θα λευτερώσουμε και τα γί- δια...

ΤΟΥΡΚΟΣ: Τι να πρωτοκάνουν κι αυτοί και πώς να πάει ως εκεί ο νους τους...; Εμείς πρέπει να βοηθήσουμε - κι αν θες ν' ασχοληθεί η εγγόνα μου... πιάσε δουλειά...! Στείλε κανένα μή- νυμα... κανένα καλό όνειρο... Όχι μόνο γκρίνια και κακομοι- ριά... Βάλε το μυαλό σου να δουλέψει...!

ΧΑΣΑΠΗΣ: Λες να προσπαθήσω..;

ΤΟΥΡΚΟΣ: Γιατί όχι - αυτή τα λατρεύει τα ζώα... Ακόμα και στ' αυγά μιλάει..

ΣΤΡΑΤΙΩΤΗΣ: (γελάει) ... Την εγγόνα και τα μάτια σου, γέρο...

ΤΟΥΡΚΟΣ: (καμαρώνει) ... Εεε... Είδες, κούκλα...;

ΚΛΕΦΤΗΣ: Να μη μου κοκορεύεσαι - Ελληνίδα ήταν η «για- γιά» και με το ζόρι στο χαρέμι σου... Από τρίτη και τέταρτη γενιά ο τουρκόσπορος δεν πιάνεται...

ΤΟΥΡΚΟΣ: (μελαγχολικά) ... Ας μην γκρινιάζουμε και για τού- το τώρα... Τρίτη, τέταρτη δεν έχει σημασία - στην ίδια «γραμ- μή» βρίσκεται και μια χαρά πιάνεται... Σημασία έχει να πετύχει και να μας ανοίξει τον δρόμο για να φύγουμε... (ανήσυχα) ...

Σσσς... Ο μικρός...

(Κρύβονται όλοι στη σπηλιά - τα φώτα δυναμώνουν - μπαίνει ο Δημήτρης κρατώντας έναν φακό. Κάθεται στον βράχο βγάζει τη φυσαρμόνικα - ακούγεται η μελωδία «της Αγάπης αίματα» από το Άξιον Εστί - τα φώτα χαμηλώνουν)

Τέλος της 2ης πράξης

Πράξη 3η

Εικόνα 1η

(Τρεις μέρες αργότερα, πρωί. Φωτίζεται το διαμέρισμα – ο Δημήτρης μιλά στο τηλέφωνο με τον πατέρα του)

ΔΗΜΗΤΡΗΣ: Εντελώς αλαφιασμένη φαίνεται αλλά λέει πως είναι καλά... Δεν ξέρω - ίσως να 'χει δίκιο - τι να σου πω...; Προχτές που πήγα μόνος μου δεν είδα τίποτα ιδιαίτερο... Βέβαια μ 'έπιασε το στομάχι μου μετά... Δυο μέρες έκανα να φάω...

ΦΩΝΗ: Παράξενα μου τα λες και δεν καταλαβαίνω... Δεν τα πιστεύω εγώ αυτά και το ξέρεις, αλλά ποιος τα βγάζει πέρα με τη μάνα σου...; Άμα βάλει κάτι στον νου της δε γυρίζει το κεφά- λι της με τίποτα... Λες να έρθω;

ΔΗΜΗΤΡΗΣ: Ό,τι νομίζεις, κάνε, δεν ξέρω... Αν στο ζητήσει, έλα - αλλά δεν το φαντάζομαι... Δεν έχεις καμία όρεξη να 'ρθεις και το ξέρουμε όλοι... Αλλά κι εκείνη δεν έχει καμία όρεξη για εξηγήσεις...

(Μπαίνει η Λίνα - ακούει την τελευταία φράση.)

ΛΙΝΑ: Με τον πατέρα σου μιλάς;

ΔΗΜΗΤΡΗΣ: Ναι... Μόλις ξύπνησε η Μπουμπουλίνα... Άντε... γεια από 'μένα... Πάρ' την να σ' τα πει αυτοπροσώπως..

(Της δίνει το ακουστικό.)

ΦΩΝΗ: Έλα μου... Τι γίνεται;

ΛΙΝΑ: Δόξα τω Θεώ... Καλύτερα...

ΦΩΝΗ: Δεν ακούγεσαι και τόσο καλύτερα...

ΛΙΝΑ: Είμαι πάντως... Ανακαλύπτω πράγματα που για 'μένα είναι σημαντικά... πολύ σημαντικά...

ΦΩΝΗ: Είσαι σίγουρη πως δε σ' έχουνε μπλέξει;

ΛΙΝΑ: Ώχου... δε με παρατάς; Δεν είμαι μωρό για να «με μπλέξουνε» και δεν μπορώ να σου εξηγώ – και μάλιστα απ' το τηλέ- φωνο... Έχω αρκετά ερωτηματικά από μόνη μου – δε μου χρει- άζονται και τα δικά σου... Κι εδώ που τα λέμε... εσύ δεν έχεις ερωτήσεις, έχεις αντιρρήσεις και μάλιστα για θέμα που δεν το ξέρεις...

ΦΩΝΗ: Καλά... δε χρειάζεται να θυμώνεις... Αναρωτιέμαι μόνο μήπως πρέπει να 'ρθω...

ΛΙΝΑ: Αυτήν τη στιγμή καλύτερα όχι – προτιμώ να τελειώνω μόνη μου μ' αυτήν την υπόθεση... Δε θα καταλάβεις άλλωστε - και δεν τα εγκρίνεις είπαμε «αυτά» εσύ... Δεν τα πιστεύεις - το ξέρουμε...

ΦΩΝΗ: Τα πιστεύω – δεν τα πιστεύω θέλω να 'σαι καλά...

ΛΙΝΑ: Καλά είμαι – και θα 'μαι ακόμα καλύτερα - μην ανησυ- χείς... Στην πραγματικότητα δε συμβαίνει κάτι ιδιαίτερο – όχι τουλάχιστον στην «πραγματικότητα» που εννοείς εσύ... Έλα... σ' αφήνω τώρα – τα λέμε αργότερα... Γεια...

(κλείνουν - στον Δημήτρη) ... Τι του είπες;

ΔΗΜΗΤΡΗΣ: Άκρες μέσες... Τι να του πω – σάμπως ξέρω τι να πω...;

ΛΙΝΑ: Δε χρειαζότανε, παιδί μου... Τώρα ποιος ξέρει τι σκέ- φτεται – κι ανησυχεί κιόλας...

ΔΗΜΗΤΡΗΣ: Κάτι έπρεπε να πω, ρε μάνα... Φυσικά ανησυχεί – έτσι που σ' ακούει κάθε φορά...

ΛΙΝΑ: Τέλος πάντων... η Μαριλένα τηλεφώνησε;

ΔΗΜΗΤΡΗΣ: Όχι ακόμα... Τώρα έλεγα να πάρω...

(Σηκώνει το ακουστικό / παίρνει τηλέφωνο / ακούγεται η φωνή της Μαριλένας.)

ΜΑΡΙΛΕΝΑ: Λέγετε...

ΔΗΜΗΤΡΗΣ: (φλερτάρει θεατρινίστικα) ... Μαργαριταρένια μου....;;

ΜΑΡΙΛΕΝΑ: Έλα... Καλημέρα...!

ΔΗΜΗΤΡΗΣ: Στον ύπνο μου σε είδα – δε φαντάζεσαι πώς...

ΜΑΡΙΛΕΝΑ: Πώς;

ΔΗΜΗΤΡΗΣ: Θέλεις να πω...; Μπροστά στη μαμά...;

ΜΑΡΙΛΕΝΑ: Προς θεού...! Λυπήσου την. !

ΛΙΝΑ: Δεν αφήνεις λέω εγώ τις τσαχπινιές...;

(παίρνει το τηλέφωνο από τα χέρια του) Έλα – αρχίσαμε... ψη- στήρι πρωί πρωί...

ΜΑΡΙΛΕΝΑ: Δεν είναι κι άσχημα...

ΛΙΝΑ: Καλά θα στον δώσω μετά να σε... ξαναψήσει – αφού σ' αρέσει... Μόνο να συνεννοηθούμε – θ' ανέβουμε σήμερα;

ΜΑΡΙΛΕΝΑ: Ναι... αν νιώθεις αρκετά καλά...

ΛΙΝΑ: Μια χαρά νιώθω... Είδα κι όνειρο... Καλό...!

ΜΑΡΙΛΕΝΑ: Δηλαδή...;

ΛΙΝΑ: Ένα πρόβατο μπήκε μες στο σπίτι μου... φόραγε κι ένα κόκκινο κουδούνι... Πήγα και το χάιδεψα – και τότε είδα και τη μάνα μου, γελαστή και χαρούμενη… Στη ζωή μου ολόκληρη δεν την έχω δει έτσι… Καλό σημάδι… ε…;

ΜΑΡΙΛΕΝΑ: Πολύ καλό. ! Μπράβο… Είναι εντάξει κατά τις πέντε…;

ΛΙΝΑ: Οκ… Πάρε τώρα τον Ρωμαίο σου – πριν μου δαγκώσει το χέρι…

(χαμηλώνουν τα φώτα / τέλος της εικόνας.)

Εικόνα 2η

(Απόγευμα της ίδιας ημέρας. Τα φώτα ανάβουν στις σπηλιές / η Λίνα και η Μαριλένα κάθονται και συζητούν.)

ΛΙΝΑ: Θέλεις να πεις πως θ' ανάψουμε φωτιά; Δεν είναι επι- κίνδυνο;

ΜΑΡΙΛΕΝΑ: Θα το κάνουμε προσεχτικά – δε θα είναι μεγάλη άλλωστε… Ίσως μόνο ένα κερί… Θα δούμε…

ΛΙΝΑ: Και τι θα πούμε; Ξόρκια; Για μάγισσες, μωρέ, θα μας περάσουνε… Αν μας δει και κανείς… Είσαι σίγουρη πως μπο- ρούμε εμείς να κάνουμε τέτοια πράγματα…; Μην έχει δίκιο ο Δημήτρης; Να κάνουμε έναν αγιασμό…;

ΜΑΡΙΛΕΝΑ: (γελάει) … Θα κάνουμε κι αγιασμό – μη φοβά- σαι…. Άλλωστε δε χρειάζεται να κάνεις κάτι ιδιαίτερο. Μία ευχή για την ψυχή τους και το «Πάτερ ημών» φτάνει… Η δι- αφορά είναι πως ο παπάς δεν ξέρει όσα ξέρεις εσύ – ούτε τις καταστάσεις ούτε τους γονείς σου… Δεν έχει καμιά αληθινή σχέση και δεν έχει δει κανένα όνειρο… Θα κάνει μόνο μια συνη- θισμένη ευχή, ένα τυπικό χωρίς κανένα συναίσθημα – άρα και χωρίς ουσία… Πρόκειται για τη δική σου τη ζωή όμως - κι αυτό είναι που κάνει τη διαφορά…

ΛΙΝΑ: Για μάγισσες θα μας πάρουνε σου λέω...

ΜΑΡΙΛΕΝΑ: Δεν έρχεται κανείς εδώ τέτοιαν ώρα - μα κι αν έρθει, ας κοπιάσει... Δεν κάνουμε τίποτα κακό και δεν έχω τί- ποτα να κρύψω - από κανέναν, Λίνα... Αυτά ειναι πράγματα γνωστά - από πολύ παλιά και τεκμηριωμένα με πολλούς τρό- πους. Δεν τα μαθαίνεις αν δεν ψάξεις, βέβαια, και οι λόγοι είναι πολλοί... Αλλά τώρα πια ακόμα και η επίσημη επιστήμη υπο- χρεώνεται να τα ερευνήσει...

ΛΙΝΑ: Κι εσύ...; Εσύ πώς έμαθες τι πρέπει να κάνεις;;

ΜΑΡΙΛΕΝΑ: Κατ' αρχάς με τη Γιόγκα... Προσωπική εμπειρία και μπόλικο διάβασμα... Πριν λίγα χρόνια συνάντησα κι έναν καλόγερο αγιορείτη - κι από εκείνον έμαθα πολλά... Ακόμα επι- κοινωνώ μαζί του πότε -πότε, πριν λίγες μέρες μιλήσαμε... Θα ερχόταν αν μπορούσε - αλλά το θεώρησε περιττό... Βέβαια μπο- ρούμε να φωνάξουμε κάποιον μετά - για έναν κανονικό αγια- σμό, αν θελεις... Θα παραξενευτούν ίσως να τους ζητήσουμε να 'ρθουν στα βράχια και τις σπηλιές - αλλά δεν έχουν λόγο ν' αρνηθούν...

ΛΙΝΑ: Ναι... βέβαια... Μη με παρεξηγείς, παιδί μου – θρησκό- ληπτη δεν είμαι – όμως... να... Έχω μάθει να τα φοβάμαι «αυτά»...

ΜΑΡΙΛΕΝΑ: Το ξέρω – δε σε «παρεξηγώ» ... Κι εγώ φοβό- μουν μέχρι που μίλησα με τον Θεόδωρο - αλλά κάτι τέτοιους δεν τους βρίσκεις εύκολα... Συνήθως προτιμούν την απομόνωση - κι οι «επίσημοι» δεν μπαίνουν καν στον κόπο να κουβεντιά- σουν. Μπορεί και να μην ξέρουν...

ΛΙΝΑ: Εντάξει – αν είναι να πούμε το «Πάτερ ημών» εντάξει... με ησυχάζει αυτό... Σκέφτηκα μόνο πως καλύτερα να το 'λεγε ένας παπάς. Όσο να 'ναι... Παπάς είναι...

ΜΑΡΙΛΕΝΑ: Ε... φώναξε έναν, να το πει κι αυτός... Σημασία έχει η επίγνωση που έχεις... Δεν είναι θρησκευτικό «καθήκον» αυτή η προσευχή και δεν έχει αναγκη από εκκλησίες και «δόγ- ματα»...

ΛΙΝΑ: (συλλογισμένη) Αλήθεια... στην εκκλησία παντρεύτη- καν... Χμ... Δε βλέπω σε τι τους βοήθησε...

ΜΑΡΙΛΕΝΑ: Ακριβώς...! Τα τυπικά βοηθάνε με τον τρόπο τους μέχρι να καταλαβεις τι συμβαίνει... Απο 'κεί και πέρα, όμως... ακόμα κι ένα σφύριγμα κάνει διαφορά... Βολέψου τώρα κάπου και περίμενε - εγώ θα πάω μέσα και δε χρειάζεται να 'ρθεις... Θα βάλω λίγον αγιασμό, θ' ανάψω καντήλι κι ένα λι- βάνι για προετοιμασία... Να ξαλαφρώνει λίγο – λίγο η ατμό- σφαιρα...

ΛΙΝΑ: Να πας... Με την ησυχία σου... Εγώ... ναι... προτιμώ να μείνω εδώ...

ΜΑΡΙΛΕΝΑ: Μπουμπουλίνα μου...

(Η Μαριλένα φεύγει στη σπηλιά. Η Λίνα κάνει μερικά βήματα αμήχανα κι αργά, κάθεται σ' ένα σημείο κοντά στον θάμνο και κλείνει τα μάτια. Διάφοροι ήχοι - αέρας κλπ - δυναμώνουν ελα- φρά και πίσω απ' τον θάμνο ξεπροβάλλει αργά μία γυναίκα που φωτίζεται από μπλε προβολέα. Είναι ντυμένη σαν χανούμισσα με ρούχα βρώμικα και σκισμένα. Κάθεται σε μια σχετική από- σταση απο τη Λίνα - κι ακούγεται απο μαγνητόφωνο αργά και χαμηλόφωνα ένας αμανές. Από τον ίδιο θάμνο εμφανίζεται μια δεύτερη γυναίκα ντυμένη με ρούχα ελληνικά χωριάτικα, επο- χής - επίσης σκισμένα και βρώμικα. Ορμάει προς τη γυναίκα που τραγουδάει και με παντομίμα, σαν να παλεύουν της κλεί- νει το στόμα - το τραγούδι σταματάει. Η Λίνα ανοίγει τα μάτια της – σηκώνεται ταραγμένη – σταυροκοπιέται – οι δυο γυναίκες σταματούν – γυρίζουν και στέκονται απέναντί της. Τις κοιτάζει σαν χαμένη – στηρίζεται στον βράχο και κάνει ξανά τον σταυρό της...)

ΛΙΝΑ: Παναγιά μου...!

(παύση –τις κοιτά) Μαμά...; Τι κάνεις εδώ...;;; Θεέ μου...! Μαμά...;;; ... Θεία...;;; Για τ' όνομα του Θεού...!

ΜΑΝΑ: Δεν πιστεύεις στα μάτια σου, ε...; Καταλαβαίνεις τώρα γιατί τον μισώ τόσο πολύ...; Όλους τους μισώ και τους σιχαίνομαι...!! Κι εκείνον περισσότερο απ' όλους – που μου 'χε πει πως μ' αγαπούσε... Κι όταν με κοιτούσε μου το 'λεγαν τα μάτια του... Κλεισμένη στο χαρέμι του Τουρκαλά... μόνο που υπήρχε εκεί- νος και κρατιόμουν ζωντανή... Λευτερωθήκαμε - κι αντί να με γλιτώσει άφησε να με γκρεμίσουνε... Ο... ήρωας...! Φτου...!

ΑΔΕΡΦΗ: Λίγα τα λόγια σου – παλιοκοκότα... Γκρεμός σου έπρεπε... Εμείς πεθαίναμε στη σκλαβιά και τη φτώχεια - κι εσύ... όλο αμανέδες κι «αρχοντιλίκι»... Φτου...;;;Στα μούτρα σου, πόρνη...!

ΜΑΝΑ: Τον αδερφό σου να φτύσεις - και το σόι σας όλο... Πού ξέρετε εσείς τι πέρναγα εγώ εκεί μέσα...;; Παιδούλα ήμουν όταν μ' αρπάξανε... Ωραία λευτεριά...!! Ξερά, χλωρά τα κάψατε...

ΑΔΕΡΦΗ: Εσένα έτσι σου έπρεπε...! Και λίγο το γκρεμίδι σου - φωτιά σου χρειαζότανε, πουλημένη... Μαράζωσε ο αδερφός μου... Ούτε τη λευτεριά δε χάρηκε...

ΜΑΝΑ: Σιγά... που τον πήρανε οι τύψεις...! Τη «δουλειά» του μόνο ήθελε να κάνει... Κι αυτός και όλοι μόνο τέτοιο θέλουνε... Κι ύστερα... στα τσακίδια... Ήρωες και φουστανελάδες... Κα- θίκια...! Φτου...!!!

ΑΔΕΡΦΗ: Για «τέτοιο» μόνο ήσουνα... ξετσίπωτη...!

ΜΑΝΑ: Δεν είχα τα μούτρα σου, ε...; Ήμουν όμορφη εγώ κι όλοι ξοπίσω μου τρέχανε - σαν λυσσασμένες κοιτούσατε όλες… Ο αδερφός σου...! Χμμ...! Καμαρώστε τον άντρα...! Άφησε τον ρουφιάνο ν' «αποδώσει δικαιοσύνη» - κι έφυγε τρέχοντας μαζί με τον τραγόπαπα… Φτου – και στο κεφάλι σας οι κατάρες μου όλες... Ανάθεμα...! Ανάθεμά σας...!

ΑΔΕΡΦΗ: Στο δικό σου το κεφάλι το ανάθεμα… Και στα παι- διά σου... πουτάνα...!!!

(Η Λίνα έχει στηριχτεί στον βράχο σχεδόν γονατίζοντας και τις κοιτάζει αποσβολωμένη. Στον τελευταίο διάλογο – σηκώνεται αργά και αλλάζει ύφος – σηκώνει το κεφάλι και το χέρι με τον δείκτη ψηλά.)

ΛΙΝΑ: (με δυνατή φωνή) Για τ' όνομα του Θεού...! Για τ' όνομα του Θεού...! Για τ' όνομα του Θεού...!!! Σταματήστε...!!!!

(Καθώς η Λίνα μιλάει οι γυναίκες σταματούν, την κοιτούν – τα φώτα χαμηλώνουν - τέλος της εικόνας.)

Εικόνα 3η

(Δυο μέρες αργότερα - απόγευμα. Φωτίζεται το διαμέρισμα - η Λίνα, ο Πάνος, η Μαριλένα κι ο Δημήτρης συζητούν.)

ΔΗΜΗΤΡΗΣ: Α... ρε μάνα... καλά σε είπα «Κολοκοτρώνισσα»! Άντε... τώρα πια ν' ανοίξεις και ειδικό γραφείο... Ghostbusters, η «Μπουμπουλίνα»… Χα χα χα χα. Κοίτα μόνο μη σ' αφορί- σουνε...

ΜΑΡΙΛΕΝΑ: Σε δυνάμωσε πάντως αυτή η ιστορία – όταν βγή- κα και σε είδα να φωνάζεις τα 'χασα… Κολοκοτρώνισσα – και μόνο τ' άλογο έλειπε...

ΠΑΝΟΣ: (πλησιάζει τρυφερά / κάθεται δίπλα της) ... Μωρέ... πέρασες ταράκουλο... «κολοκοτρωνέικο»...

ΛΙΝΑ: Πραγματικά... Ούτε που κατάλαβα πώς κατάφερα να σηκωθώ και να φωνάξω. Ξέρεις – μη γελάσεις – όμως μου φά- νηκε πως έτσι που ακουμπούσα στον βράχο... σαν να «ήρθε» κάτι από 'κεί... Πώς να το πω... δύναμη...; Σαν κάτι να μ' έσπρωξε - κι ένας αντίλαλος μέσα μου που μου ζητούσε να τις σταματήσω. Κείνη την ώρα ήταν μόνο μια παρόρμηση – όμως να δεις που ακόμα την αισθάνομαι...

(στη Μαριλένα) ... Έχεις δίκιο. Η ίδια η Γη το ζητάει να διαλυ- θούν τα φαντάσματα! Έχεις δίκιο – το νιώθω... δεν ήμουν εγώ που μίλησα – ποτέ δε θα μπορούσα να μιλήσω έτσι «εγώ»... Η ίδια η Γη με βοήθησε - που είχα γονατίσει πάνω Της κι άκουγα και δεν πίστευα στ' αυτιά μου... Σαν να μίλησα για 'Κείνη... Η μάνα μου...! Κι η θειά μου...; Γιαγιάδες...; Προγιαγιάδες...; Ποιος να ξέρει – και πού να βρεις πια το δίκιο και τ' άδικο...; Πώς να καταλάβεις με τους ανθρώπινους νόμους και τα δικά μας μέτρα...! (σταυροκοπιέται)... Πόσα δεν ξέρουμε...! Πόσα δε βλέπουμε... Χριστέ μου...!

ΜΑΡΙΛΕΝΑ: Βγάζουμε όμως τόσο εύκολα συμπέρασμα και «διάγνωση» ... Επί παντός επιστητού - και «επιστημονικά», βε- βαίως...

ΔΗΜΗΤΡΗΣ: Ε... καλά... μην τα διαγράψουμε όλα τώρα... Δεν καταλαβαίνουν όλοι με τον ίδιο τρόπο. Εσύ είχες τους δι- κούς σου λόγους, έκανες τη δική σου έρευνα - εντάξει... Αλλά κι η επιστήμη αυτό κάνει – ερευνά... Μόνο που χρειάζεται και την απόδειξη... Καθένας ό,τι θέλει, μπορεί να βλέπει - δεν είναι απόδειξη αυτό...

ΜΑΡΙΛΕΝΑ: Τι απόδειξη χρειάζεσαι για να ξέρεις πως είναι ζωντανή και ζώσα η Γη; Δε σου χρειάζεται εξίσωση για να τ' αποδείξεις – το βλέπεις...! Όλοι οι λαοί το ξέρουν...

ΔΗΜΗΤΡΗΣ: Ε... καλά... Ζωντανή και ζώσα είναι – κατά κά- ποιον τρόπο...

ΜΑΡΙΛΕΝΑ: Κατά ποιον τρόπο – που να νομίζεις κι εσύ κι ο κάθε πανέξυπνος πως ξέρεις καλύτερα από 'Κείνη...; Νομίζεις πως έχεις «νου» και «συνείδηση» εσύ – αλλά δεν έχει Εκείνη... Που είναι παντού και πάντα - και στο κάτω κάτω σε δημιουργεί και σε τρέφει... Απλή, κοινή λογική και μόνο μια προσεκτική ματιά χρειάζεται. Κι ούτε αυτή δεν καταδεχόμαστε να ρίξου- με...

ΔΗΜΗΤΡΗΣ: (πειρακτικά) ... Εγώ...; Δεν κάνω ό,τι μου λες εγώ...; Εγώ... για πάρτη σου... και στον γκρεμό – που λέει ο λόγος...

ΜΑΡΙΛΕΝΑ: Ναι... Εδώ που κοιτάμε να τους μαζέψουμε απ' τον γκρεμό κι εσύ να θες να πέσεις... που θα λέγε κι ο Κολοκο- τρώνης...!

ΛΙΝΑ: Αλήθεια... αυτός... Λες να 'χει ησυχάσει με τόσα αγάλ- ματα και πανηγύρια...;

ΜΑΡΙΛΕΝΑ: Α χα... τώρα που συνήθισες... λες ν' ασχοληθού- με και με τον Κολοκοτρώνη...;;; (γελούν) ... Δε φαντάζομαι να χρειάζεται - μην ανησυχείς... Κάτι τέτοιες Ψυχές έρχονται μόνο και μόνο για να μας ξυπνήσουν όλους...

ΠΑΝΟΣ: Ωραία, λοιπόν... ξυπνήσαμε... Είδατε τις σκιές και τα φαντάσματα, είδατε και τα όνειρα - εντάξει... Από 'δω και πέρα...;;

ΜΑΡΙΛΕΝΑ: Μία μικρή τελετή, μία ομαδική προσευχή – τι άλλο...; Για ν' απαλλαγούν – ν' απαλλαγούμε όλοι – από τον πόνο και τον φόβο... Από το μίσος και τον θυμό και τον πόλε- μο... Ένα κερί – ίσως μία μικρή φωτιά... Λίγο λιβάνι, λίγο στά- ρι και νερό... Θα είμαστε μαζί, θα είμαστε συγκεντρωμένοι κι έτσι θα 'χει περισσότερη δύναμη... Α... Και μία φυσαρμόνικα, φυσικά...

ΔΗΜΗΤΡΗΣ: Εντάξει - καμία αντίρρηση - και «Γενεαί πάσαι» να σου παίξω αν είναι να τελειώνουμε μ' αυτήν την ιστορία...

ΜΑΡΙΛΕΝΑ: Θα κάνουμε, βέβαια, κάποια προετοιμασία – αλλά δε χρειάζεται ν' ασχοληθείτε εσείς μ' αυτό... Εγώ κι η Λίνα θα φροντίσουμε για ό,τι χρειαστεί...

(Ακούγεται κουδούνισμα τηλεφώνου – το σηκώνει η Λίνα – τα φώτα χαμηλώνουν αργά – η εικόνα σβήνει ενώ ακούμε τη συνο- μιλία με τον άντρα της από μαγνητόφωνο.)

ΛΙΝΑ: Λέγετε;

ΦΩΝΗ: Έλα... Καλησπέρα...! Τι γίνεται;

ΛΙΝΑ: Καλώς τονέ... Καλά – πολύ καλά.

ΦΩΝΗ: (χαρούμενος) ... Επιτέλους!... Πόσο καιρό έχω να σ' ακούσω με φωνή κανονική...;

ΛΙΝΑ: Χα χα χα.... Και να δεις που θα 'χει και συνέχεια...! (Τα φώτα χαμηλώνουν – κλείνει η εικόνα.)

Εικόνα 4η

(Δυο μέρες αργότερα - απόγευμα νωρίς. Τα φώτα ανάβουν στις σπηλιές – βλέπουμε δυο γυναίκες. Η μία ντυμένη νύφη, με νυφι- κό βρώμικο και σκισμένο κι η άλλη με ρούχα εποχής '40 – σαν «στρατιωτικά» ή «καλογερίστικα» όμως καινούργια και καθα- ρά. Στέκονται η μία απέναντι απ' την άλλη.)

ΝΥΦΗ: Ήρθε η ώρα να λευτερωθώ πια, κουμπάρα - όσο έρχε- ται κι ανάβει το λιβάνι η μικρή όλο και ησυχάζω... Κι από τότε που συναντήθηκαν... ακόμα και να κοιμήθω κατάφερα μερικές φορές...

ΞΕΝΗ: Κοίτα να 'σαι έτοιμη… Θα χρειαστεί τη βοήθειά μας...

ΝΥΦΗ: Ε… ό,τι μπορέσω θα κάνω – μην ξεχνάς πόσο αναστατώνομαι. (κλαίει) … Δεν ξέρω αν μπορώ να τη βοηθήσω…

ΞΕΝΗ: Έλα… ησύχασε… πλησιάζει η ώρα να διορθωθούν όλα... Κοίτα να 'σαι δυνατή, για ν' απαλλαγεί κι εκείνη… Δε θα μπορέσουν να προχωρήσουν με τον νεαρό αν δε διαλυθείς – το ξέρεις!

ΝΥΦΗ: Το ξέρω – κι έχω κουραστεί… Από τότε που κατάφερε να γεννηθεί, αυτην τη στιγμή περιμένω - να με διαλύσει και να πάψω να ξαναζώ τον θάνατό μου... Να ησυχάσει κι εκείνη – να ησυχάσει κι ο τόπος από 'μένα και το μοιρολόι μου…

ΞΕΝΗ: Το ξέρω, καλή μου - τόσα χρόνια είμαι κοντά σας… Ευτυχώς ανταποκρίθηκε η Λίνα – κι ήρθαν όλα «κατ' ευχήν». Δόξα τω Θεώ – να φτάσουμε και στο «αίσιο τέλος» …

ΝΥΦΗ: Αμήν… από το στόμα σου…

ΞΕΝΗ: Πρέπει να μας δει αυτήν τη φορά… Είναι καιρός να της μιλήσω…

ΝΥΦΗ: Για τη μικρή δε θα 'ναι δύσκολο, πια…

ΞΕΝΗ: Είσαι κομμάτι της δικιάς της μνήμης κι η πληγή είναι μεγάλη, θα είναι οδυνηρό… Άσ' το σ' εμένα στην αρχή, να της μιλήσω πρώτα...

(ακούγεται θόρυβος αυτοκινήτου) Σσσς… έρχεται… Κρύψου τώρα - θα σε φωνάξω - να 'σαι έτοιμη.

(Η νύφη κρύβεται πίσω από τον θάμνο – η ξένη στέκεται παρά- μερα έξω από τα φώτα της σκηνής. Εμφανίζεται η Μαριλένα με σακίδιο – κάθεται σε μία πέτρα – μονολογεί.)

ΜΑΡΙΛΕΝΑ: Να 'μαστε πάλι εδώ... Αγαπητά μου φαντάσμα- τα, πλησιάζει η ώρα του «άφες αυτοίς»...

(ανοίγει το σακίδιο / βγάζει – ανάβει ένα κερί) Μόνο κοιτάξτε μη με φοβίσετε – το ξέρετε πως προσπαθώ να βοηθήσω... Να είναι για όλους καλύτερα... ε...;;

(ανάβει λιβάνι / βγάζει από το σακίδιο μια Παναγία / εικόνα ή αγαλματίδιο / το τοποθετεί στον βράχο.Η ξένη μετακινείται αργά προς το μέρος της – φωτίζεται με μπλε προβολέα / η Μα- ριλένα τη βλέπει – σταυροκοπιέται – κρατιέται στον βράχο... Στη συνομιλία η φωνή της Ξένης και της Νύφης ακούγονται από μαγνητόφωνο)

ΜΑΡΙΛΕΝΑ: Να 'μαστε, λοιπόν... (αποφασιστικά) ... Ποια εί- σαι... κι από πού έρχεσαι...;

ΞΕΝΗ: Τότε... είχα έρθει από μακριά... Από την Αγγλία...

ΜΑΡΙΛΕΝΑ: Γιατί ήρθες...;

ΞΕΝΗ: Ήρθα για να σε βοηθήσω.

ΜΑΡΙΛΕΝΑ: Ξέρεις ποια είμαι...;

ΞΕΝΗ: Αρκετά καλά...

ΜΑΡΙΛΕΝΑ: Και τι με θέλεις; Γιατί θέλεις να με βοηθήσεις; Ξέρεις τι κάνω...;

ΞΕΝΗ: Φυσικά! Εγώ σου ζήτησα να το κάνεις...

ΜΑΡΙΛΕΝΑ: Εσύ...; Πώς;

ΞΕΝΗ: Θυμάσαι τότε που σκοτώθηκε ο κυρ Νίκος; Την εποχή που μπήκε ο πατέρας σου στην κλινική; Όταν ο γιατρός σού έδωσε τη συνταγή για τα χάπια - τα ηρεμιστικά που πέταξες... Θυμάσαι;

ΜΑΡΙΛΕΝΑ: Φυσικά!

ΞΕΝΗ: Θυμάσαι τι έκανες όταν έφυγες από την κλινική;

ΜΑΡΙΛΕΝΑ: Όλα τα θυμάμαι... Πήγα στο ξωκκλήσι – και μετά σ' ένα βιβλιοπωλείο... Εκεί που βρήκα το πρώτο μου βι- βλίο για τη γιόγκα και την ενέργεια...

ΞΕΝΗ: Πώς το βρήκες το βιβλίο; Θυμάσαι...;

ΜΑΡΙΛΕΝΑ: ... Βέβαια... Έπεσε...! Έπεσε από ένα ράφι κα- θώς έψαχνα - παρά λίγο να μου έρθει στο κεφάλι... Αααα... Εσύ ήσουν εκεί...; Εσύ το 'ριξες μπροστά μου...;

ΞΕΝΗ: Ακριβώς!

ΜΑΡΙΛΕΝΑ: Κι ύστερα μια έντονη φωνή μέσα στον νου μου – αλλιώτικη – δεν ήταν σκέψη – το θυμάμαι... Μία φωνή που μου 'λεγε να πετάξω τα χάπια... Εσύ ήσουν...;

ΞΕΝΗ: Σωστά...! Στην περίπτωσή σου... δε χρειάζονταν χά- πια... Αυτό που χρειαζόσουν ήταν εντελώς διαφορετικό...

ΜΑΡΙΛΕΝΑ: (θαρρετά)... Είσαι οδηγός μου;

ΞΕΝΗ: Μμμ... Θα μπορούσες να το πεις κι έτσι...

ΜΑΡΙΛΕΝΑ: Ποια είσαι; Πώς σε λένε. ;

ΞΕΝΗ: Τ' όνομά μου δε σου χρειάζεται - αυτό που έχει σημα- σία είναι να ξέρεις πως είμαι πανευτυχής που βρίσκεσαι εδώ - και μάλιστα μαζί με τον νεαρό... Ξέρεις... τον Δημήτρη...

ΜΑΡΙΛΕΝΑ: Ναι... κατάλαβα. Θα μου πεις και τι άλλο χρει- άζεται να κάνω... Σωστά;

ΞΕΝΗ: Σωστά! Λοιπόν, το πρώτο που χρειάζεται είναι να δεις πως εκτός από τα «φαντάσματα» και τ' «αποτυπώματα» του πα- τέρα σου, έφτασες ως εδώ για να συναντήσεις κι ένα δικό σου «αποτύπωμα»... Κι όλη αυτή η δουλειά... χρειαζόταν να γίνει κυρίως για 'σένα την ίδια...

ΜΑΡΙΛΕΝΑ: Αποτύπωμα... δικό μου...;;; Δεν καταλαβαίνω τι εννοείς...

ΞΕΝΗ: Θα σου εξηγήσω...Ή μάλλον θα σου εξηγήσει... Κοί- τα!

(Η Ξένη κάνει νόημα και σε μπλε προβολέα εμφανίζεται η νύφη. Η Μαριλένα την κοιτάζει έκπληκτη.)

ΜΑΡΙΛΕΝΑ: Εσύ. ποια είσαι;; Πού σε ξέρω;

ΝΥΦΗ: Δε με γνωρίζεις; Αλήθεια;

ΜΑΡΙΛΕΝΑ: (σαν χαμένη, πιάνει το μάγουλο της) Δεν ξέρω... (μαζεύεται) ... Δεν ξέρω... (σκύβει, διπλώνεται / κάθεται στη ρίζα του βράχου / φωνάζει) Δεν ξέρω. (κλαίει)

ΞΕΝΗ: Κρατήσου τώρα... Ξέρεις τι πρέπει να κάνεις...

ΜΑΡΙΛΕΝΑ: Παναγιά μου, βόηθα...! Δεν ξέρω τίποτα, πια! Τι είναι τούτο 'δώ που νιώθω! Ποια είσαι; (στη νύφη φωνάζει / κλαίει) ... Ποια είσαι;

ΝΥΦΗ: Εσύ!

ΜΑΡΙΛΕΝΑ: (πιάνεται στον βράχο) ... Το ξέρω... Το ξέρω, γα- μώτο... (στην ξένη) ... Τι να κάνω...; Τι μου συμβαίνει...;

ΞΕΝΗ: Καταλαβαίνεις... και γνωρίζεις τι χρειάζεται να κά- νεις...

ΜΑΡΙΛΕΝΑ: Χριστέ μου! Το ίδιο μου το φάντασμα βλέπω...

ΞΕΝΗ: Ναι – αυτό βλέπεις… Την αναγνωρίζεις - κι είναι ο καιρός να μάθεις… Να θυμηθείς τι έχει συμβεί... Ησύχασε κι όλα θα διορθωθούν… Μαζί θα τα διορθώσουμε… Έχεις τον δικό σου τρόπο να προσεύχεσαι... Συγκεντρώσου λίγο και καν' το - θα συνέλθεις και θα καταλάβεις...

(Η Μαριλένα σηκώνεται αργά πάντα κολλημένη στον βράχο.)

ΜΑΡΙΛΕΝΑ: (μουρμουρίζει αρχικά – στη συνέχεια δυναμώνει τη φωνή της και καταλήγει να τραγουδάει κανονικά) … Τα με- γάλα μάτια της… μες τα σπλάχνα μου… την παρθένα ζωή μια στιγμή να φωτίσουν… Μακρινή Μητέρα… Ρόδο μου… Ρόδο… αμάραντο...

(Μπαίνει χαμηλά μουσική – η νύφη την πλησιάζει.)

ΝΥΦΗ: Είχαμε κανονίσει τον γάμο στις 21… να προλάβουμε του Ευαγγελισμού… Ποτέ δεν έγινε αυτός ο γάμος…! Ράβαμε το νυφικό - πάνω στην πρόβα μάθαμε για το μακελειό… Θυμά- σαι;

ΜΑΡΙΛΕΝΑ: (εξακολουθεί να είναι κολλημένη στον βράχο και να μουρμουρίζει το τραγούδι) … Θυμάμαι...; Δεν ξέρω αν θυμά- μαι… Τι θυμάμαι...;

ΝΥΦΗ: Θυμάσαι...! Με νιώθεις - πάντα μ' ένιωθες... Γι' αυτό δεν εμπιστεύτηκες ποτέ κανέναν... Μ' αναγνωρίζεις τώρα… Και τον Δημήτρη τον αναγνώρισες… Ποτέ δεν παντρευτήκαμε – τον σκοτώσανε δυο μέρες πριν από τον γάμο...! Τίποτα πια δεν ήθελα... τίποτα δεν άντεχα... Τι να την έκανα πια και τη ζωή και τον αγώνα τους…; Θυμάσαι;;

ΜΑΡΙΛΕΝΑ: (πιο ήρεμα) … Θυμάμαι… Γκρεμίστηκα!

(Παύση – στην οθόνη βουβές και θολές εικόνες του '40.)

ΞΕΝΗ: Αυτό χρειαζότανε! Μπράβο…! Μπράβο σας!

ΜΑΡΙΛΕΝΑ: Εκείνος ήταν – μόλις τον είδα το αισθάνθηκα... Κι αυτή η αγωνία που κουβαλάω σ' όλη μου τη ζωή έγινε ακόμα πιο μεγάλη... Κάθε φορά που φεύγει τρέμω ολόκληρη... Δεν είπα, βέβαια, τίποτα – όμως κάθε φορά νιώθω πως δε θα τον ξαναδώ ποτέ... Κι όταν ήρθε και συναντηθήκαμε κάτι παράξε- νο... Τον ήξερα – κάθε του άγγιγμα το ξέρω... Κι ένας φόβος τόσο βαθύς... Μια αγωνία για 'κείνον... για 'μένα... για τη ζωή μας... Μια θλίψη που όλες αυτές τις μέρες προσπαθούσα να μη φανεί... Κι εκείνος... Να με κοιτάζει σαν να τα καταλάβαινε όλα... Σα να ήξερε κι αυτός...

(στρέφεται στην ξένη) Εσύ πώς βρέθηκες εδώ...; Γιατί...; Κάτι πρέπει να κάνω τώρα...

ΞΕΝΗ: Ήμουν κι εγώ εκεί, Μαριλένα... Γνωριζόμαστ, αν και... δεν έχει σημασία να θυμηθείς εμένα... Ησύχασε πρώτα κι οι μνήμες θ' αναδύονται, θα γίνονται όλο και πιο ξεκάθαρες. Σύντομα θα λυτρωθεί αυτή η αγωνία – τα ίδια σου τα κύτταρα θ' αρχίσουν να λειτουργούν διαφορετικά... Όμως το ξερεις πως χρειάζεται κάποιος χρόνος...

ΜΑΡΙΛΕΝΑ: (την πλησιάζει – η ξένη οπισθοχωρεί) ... Εσύ..! Εσύ την έθαψες μετά που γκρεμίστηκε! Εσύ τη μάζεψες! Το ξέρω!! Ω, Θεέ μου! Θεέ μου!

ΞΕΝΗ: (με σοβαρή φωνή) Σωστά...! Γι' αυτό είναι τώρα δυνα- τόν να είσαι σήμερα εδώ και να μπορείς να ελευθερώσεις αυτό το παρελθόν... Που... όπως ήδη ξέρεις, σε κάποιο άλλο επίπε- δο... δεν είναι και τόσο παρελθόν... Αντιθέτως – σε επηρεάζει όσο τίποτε άλλο...!

ΜΑΡΙΛΕΝΑ: Πώς θα μπορέσω ποτέ να σε βρω; Πώς θα μπο- ρέσω να σ' ευχαριστήσω;

ΞΕΝΗ: Θα είμαι κοντά σου όταν με χρειάζεσαι - και θα είναι πολύ σημαντικό για 'μένα να σε βλέπω με τον Δημήτρη σου αγαπημένους και χαρούμενους...

(Η Μαριλένα κάνει να την αγκαλιάσει – η ξένη οπισθοχωρεί και της δείχνει τη «νύφη».)

ΞΕΝΗ: Εκείνη ν' αγκαλιάσεις...! Δεν μπορούμε να προχωρή- σουμε αν δεν τη διαλύσεις... Με την αγάπη σου...

ΜΑΡΙΛΕΝΑ: Ναι... σωστά... Όμως τη φοβάμαι...τη λυπά- μαι... Με πονάει...!

ΞΕΝΗ: Το ξέρω, καλή μου... Θάρρος! Ποτέ δε θα πάψει να είναι ένα κομμάτι από τον εαυτό σου... Απ' την Ψυχή και τη Μνήμη σου... Όμως πρέπει να πάψει να πονάει – για να μην επαναλαμβάνεται... Αγκάλιασέ το... Αγάπησέ το...! Για να μη σε πληγώνει πια, μόνο αυτό χρειάζεται... Να την αγαπήσεις...!

(Η Μαριλένα πλησιάζει αργά τη νύφη την παίρνει στην αγκαλιά της, την κρατάει και την κουνάει σαν μωρό – ακούγεται χαμηλά η μουσικη - σβήνουν αργά τα φώτα.)

Τέλος της 3ης πράξης

Πράξη 4η

Εικόνα 1η

(Αργότερα την ίδια μέρα. Φωτίζεται το διαμέρισμα – ο Δημή- τρης μιλά στο τηλέφωνο.)

ΦΩΝΗ: Εγώ θα έλεγα να μην μπλεχτείς περισσότερο...

ΔΗΜΗΤΡΗΣ: Είσαι στα καλά σου, ρε πατέρα; Να τις αφήσω μόνες τους τώρα;

ΦΩΝΗ: Κατάλαβα – έχεις τσιμπηθεί με την κοπελιά... Αξίζει τον κόπο, τουλάχιστον;

ΔΗΜΗΤΡΗΣ: Θα δεις και θα κρίνεις... Αλλά τι σου λέω τώρα - εσύ τα 'χεις ξεχάσει αυτά... Το υπουργείο σου, η κυρά Ευθαλί- να στη θέση της - και στην απόστασή της - και ως εκεί...

ΦΩΝΗ: Μπορεί να μην τα 'χω ξεχάσει όσο δείχνω, νεαρέ... Και κοίτα μη σ' ακούσει η μάνα σου να τη λες Ευθαλίνα και σου κόψει την καλημέρα...

ΔΗΜΗΤΡΗΣ: Πράγματι... χα χα... ούτε για αστείο...

ΦΩΝΗ: Πάντως να προσέχεις... Εσύ είσαι επιστήμονας – δεν είναι ιστορίες για 'σένα αυτές... Τα φαντάσματα κι οι νεράιδες είναι για τις γυναικούλες και τα κοριτσάκια...

ΔΗΜΗΤΡΗΣ: Επιστήμονας;; Χα χα χα...! Δεν είμαι ακόμη – και... δεν ξέρω καν αν ενδιαφέρομαι να γίνω, πια... Κι εσένα να δεις τι θα σου κόψει η μάνα μου άμα σ' ακούσει να τη λες «γυναικούλα». Όσο για το κοριτσάκι... κοίτα μη σε πιάσει ποτέ στην κουβέντα γιατί θα σε βγάλει νοκ – άουτ… Επιστημονικό- τατα - σε προειδοποιώ… Ειναι πολύ καλά ενημερωμένη...

ΦΩΝΗ: Κατάλαβα – το πράγμα είναι πιο σοβαρό απ' ό,τι νόμι- ζα… Δεν είναι τα φαντάσματα που κυνηγάς αλλά η συγκεκρι- μένη νεράιδα… Μόνο… να τις προσέχεις τις «νεράιδες» αυτού του είδους, παιδί μου…

ΔΗΜΗΤΡΗΣ: Όσο γι' αυτό, με προσέχει εκείνη – μην ανησυ- χείς... Άλλωστε…

(Μπαίνει η Μαριλένα – σηκώνεται και την πλησιάζει καθώς μιλάει – εκείνη τον πιάνει από το χέρι,τον τραβάει πίσω στον καναπέ – κουρνιάζει στην αγκαλιά του.)

ΜΑΡΙΛΕΝΑ: Κράτα με… κράτα με…

ΔΗΜΗΤΡΗΣ: (στο τηλέφωνο) ... Άλλωστε… μία εκδρομή ει- ναι μόνο – δε θα πάω και στον πόλεμο… Σ' αφήνω τώρα – ήρθε κι η Μαριλένα… Θα τα πούμε αργότερα...

ΦΩΝΗ: Καλά… (Κλείνουν.)

ΜΑΡΙΛΕΝΑ: Κράτα με…

ΔΗΜΗΤΡΗΣ: Τι συνέβη; Κορίτσι μου; Εσύ τρέμεις…! Τι έγι- νε…;

ΜΑΡΙΛΕΝΑ: Κράτα με τώρα… Μόνο κράτα με… Θα σου πω… Μετά…

(Την αγκαλιάζει μπαίνει η Λίνα μ' ένα ποτήρι νερό.)

ΔΗΜΗΤΡΗΣ: Τι συνέβη, ρε μάνα;

ΛΙΝΑ: Δεν έχω ιδέα…! Πριν δυο λεπτά μπήκε – κι ήρθε κατευ- θείαν σε 'σένα… Μόνο «θα σου πω μετά», είπε… Τι έχεις, βρε πουλάκι μου…; Έλα να πιεις λίγο νερό…

ΔΗΜΗΤΡΗΣ: Άσε μας λίγο μόνους – να ξεσπάσει και θα ηρε-μήσει… Πήγαινε μέσα – θα τα πούμε ύστερα.

ΛΙΝΑ: Καλά… Θα ετοιμάσω κάτι για φαγητό. Κοίτα να τη συ- νεφέρεις…

ΔΗΜΗΤΡΗΣ: Θα τη συνεφέρω… Ξέρω εγώ…

(Η Λίνα φεύγει / ο Δημήτρης πιάνει τη φυσαρμόνικα και αρχίζει να παίζει το «ρόδο το αμάραντο».

Τα φώτα χαμηλώνουν. Τέλος εικόνας.)

Εικόνα 2η

(Δυο μέρες αργότερα - νωρίς το απόγευμα. Φωτίζονται οι σπη-λιές. Μπαίνει η Λίνα κρατώντας ένα μπαστούνι και έναν φακό. Προχωράει επιφυλακτικά – χτυπάει το μπαστούνι στον βράχο – σαν να ψάχνει κάτι – φτάνει στην άκρη της σκηνής – οπισθο- χωρεί – πλησιάζει στον βράχο – στηρίζεται – μονολογεί.)

ΛΙΝΑ: Γκρεμός λοιπόν – μόνο που εγώ... δεν έχω σκοπό να πέσω...

(κοιτάζει προς τα πάνω)… Όπου κι αν είστε… Όποιοι κι αν εί- στε εμένα δε θα με γκρεμοτσακίσετε…(φωνάζει) Ακούς!

(εμφανίζεται σε μπλε προβολέα η «ξένη»)

ΞΕΝΗ: Φυσικά… Και βλέπω… και ακούω...

ΛΙΝΑ: (στηρίζεται στον βράχο) Εσύ τώρα ποια είσαι…; Να το ξέρεις – αυτήν τη φορά δε θα χάσω το θάρρος μου… Η ίδια η Γη θα με στηρίξει... Το ξέρω! Το νιώθω!

ΞΕΝΗ: Πολύ σωστά - κι αυτό ακριβώς ήθελα ν' ακούσω...! Άλλωστε δεν είχα σκοπό να σε τρομάξω... Είμαι τρομακτική...; Δεν είμαι...

ΛΙΝΑ: (πιο ήρεμα) Πράγματι... δεν είσαι...

ΞΕΝΗ: Ωραία... Αυτό είναι ένα καλό σημείο για να αρχίσου- με...

ΛΙΝΑ: Τι ν' αρχίσουμε;

ΞΕΝΗ: Να καταλαβαίνουμε... Ή μάλλον να καταλαβαίνεις...

ΛΙΝΑ: Ποια είσαι, λοιπόν...; Για ν' αρχίσω να... καταλαβαίνω...

ΞΕΝΗ: Σημασία έχει να σου πω ποια ήμουν... Ζούσα σ' αυ- τήν την πόλη αρκετά χρόνια πριν τον πόλεμο. Είχα έρθει από την Αγγλία – ερωτεύτηκα έναν Έλληνα κι έμεινα. Την ήξερα τη «Μαριλένα» - για την ακρίβεια την κοπέλα που ήταν τότε η «Μαριλένα» - η μητέρα της ήταν φίλη μου... Όταν αυτοκτόνη- σε την αφήσανε άθαφτη κι αδιάβαστη στη χαράδρα - ανάμεσα σε κάτι πέτρες... Μέσα σ' εκείνο το μακελειό κανείς δεν έδινε σημασία σε κατι τετοια – κι η μάνα της ήταν απαρηγόρητη κι ανίκανη να κάνει οτιδήποτε... Το λυπήθηκα το κορίτσι και το μάζεψα – δεν έχω τέτοιες προκαταλήψεις εγώ... Άναψα μόνη μου λιβάνι και κερί, διάβασα δυο ευχές κι έριξα λίγο νερό και λίγο στάρι... Καταλαβαίνεις τώρα;

ΛΙΝΑ: (συλλογισμένα) Ναι... μάλλον... Δεν είμαι σίγουρη...

ΞΕΝΗ: Όταν την έθαψα δεν ήξερα πως κατά κάποιον τρόπο θα την αναλάμβανα σαν «οδηγός» της... Ήταν καλό για 'μένα, εμπειρία σημαντική και εξέλιξη... Για 'κείνην το αποτέλεσμα είναι πως τώρα, κατάφερε να γεννηθεί με σχέδιο κι απόφαση - για να επανορθώσει την αυτοκτονία της... Κι όπως βλέπεις, ανταποκρίνεται θαυμάσια στο κάλεσμά μου... Τον γιο σου τον αγαπάει αληθινά – για 'κείνον αυτοκτόνησε, τότε... Κακό Αυτό, βέβαια – δεν πρέπει ν' απογοητευόμαστε ποτέ τόσο πολύ... Δεί- χνει πόσο λίγη πίστη έχουμε...

ΛΙΝΑ: Ε... δεν ήταν και λίγο – αν ήταν έτσι όπως μου τα 'πε... Μικρή κοπέλα - κι έτοιμη να παντρευτεί...

(κατ' ιδίαν)... Τι κουβεντιάζω, Θεέ μου...!

ΞΕΝΗ: Χμ... Παράξενο σου φαίνεται, ε...;

ΛΙΝΑ: Ε... Όσο να 'ναι...

ΞΕΝΗ: Ναι βέβαια... η λογική σου διαφωνεί απόλυτα... Όμως η καρδιά σου αναγνωρίζει την αλήθεια - αξίζει να μάθεις να την ακούς... Όπως βλέπεις οι μνήμες κι οι ζωές όλων μας είναι για πάντα ζωντανές πάνω σ' αυτό το χώμα...

ΛΙΝΑ: Πολύ μπερδεμένες είναι, πάντως... Ζωντανοί, πεθαμέ- νοι... Μήπως και μερικοί αγέννητοι...;

ΞΕΝΗ: Φυσικά - όταν είσαι στη διάσταση του χρόνου κάποιους τους ονομάζεις πεθαμένους - και κάποιους άλλους αγέννητους... Στη διάσταση που είμαι, βέβαια, εγώ... είναι όλοι παρόντες!

ΛΙΝΑ: Στην... ποια;

ΞΕΝΗ: Στη διάσταση που βρίσκομαι εγώ, τώρα...

ΛΙΝΑ: Κι εσύ τώρα τι είσαι; Πεθαμένη ή αγέννητη;

ΞΕΝΗ: Δεν έχει και τόση σημασία να ξέρεις— θα μπερδευτείς περισσότερο... Φτάνει να σου πω πως είμαι σχετικά κοντά, φρο- ντίζω για το καλύτερο - και το κάνω και για δικό μου καλό... Ετοιμάζω και το δικό μου «μέλλον» ... Σου φτάνει αυτό...;

ΛΙΝΑ: Δεν είμαι σίγουρη… Θα ήθελα να ξέρω περισσότερα - όμως έχεις δίκιο… δε χωράει άλλα ο νους μου για την ώρα… Ήταν τόσο άσχημα το κορίτσι από προχτές κι αυτά που είπε με ταράξανε πολύ… Κι εκείνος ο Δημήτρης… καθόταν και την άκουγε λες και του διάβαζε ημερολόγιο… Όλα του φάνηκαν φυσιολογικά!!

ΞΕΝΗ: Ωραία! Αυτό σημαίνει πως είχε και για εκείνον νόημα…

ΛΙΝΑ: Ναι σωστά. Και να φανταστείς – πριν δυο βδομάδες ούτε που θα πίστευε το παραμικρό…!

ΞΕΝΗ: Μια εμπειρία αλλάζει στο λεπτο τις πεποιθήσεις και τις απόψεις… Την εμπειρία δεν μπορείς να την αμφισβητήσεις… Κανείς δεν μπορεί να σου την πάρει…

ΛΙΝΑ: Όσο γι' αυτό ρώτα κι εμένα… ακόμα τρέμω…

ΞΕΝΗ: Ε… δεν τρέμεις πια τόσο πολύ… Συνηθίζεις… Όλα συ- νηθίζονται…

ΛΙΝΑ: Πράγματι… Τόσην ώρα κουβεντιάζω μαζί σου σαν να είσαι… πώς να το πω – «κανονική» …;

ΞΕΝΗ: Μα…. είμαι κανονική… Αν αλλάξει λίγο η «οπτική» σου γωνία…

ΛΙΝΑ: Όσο γι' αυτό… εχει αναλάβει τα «ιδιαίτερα» η Μαριλέ- να… Ο Δημήτρης, πάντως, συνέχεια με πειράζει… Λέει πως στο τέλος θ' ανοίξω και γραφείο… Χα χα… Να δεις πώς το λέει…; «Ghostbusters, η Μπουμπουλίνα»…

ΞΕΝΗ: Δε θα 'ταν άσχημη ιδέα – θα μπορούσες να βοηθήσεις… Βέβαια… τα «φαντάσματα» που του αναλογούν… πρέπει να τα βολεύει ο καθένας για τον εαυτό του και για την «ομάδα» του… Το «σόι» του που θα λέγε κι ο παππούς σου…

ΛΙΝΑ: Ναι... ο Δημήτρης το άκουσε πρώτος αυτό... Το καημέ- νο το παιδί - δυο μέρες έκανε να κοιμηθεί...

ΞΕΝΗ: Συμμάζεψε όμως λιγάκι το «εγώ» του – την υπεροψία του...

ΛΙΝΑ: Ε, όχι κι εγωιστής ο Δημήτρης μου – είναι τόσο γλυκό παιδί... Για όλα έχει κατανόηση... Άλλοι στην ηλικία του - τι λέμε τώρα... Άκου υπεροψία!

ΞΕΝΗ: Καλά... δε θίξαμε τον κανακάρη σου... Να μην ξεχνάς πως ο εγωισμός έχει πολλές μορφές κι είναι για όλους μια πα- γίδα... Τέλος πάντων... Έχεις σκεφτεί τι θα κάνεις από εδώ και πέρα;

ΛΙΝΑ: Τι να κάνω...; Εγώ δεν τα ξέρω καθόλου «αυτά»... Ένας λόγος που ήρθα σήμερα είναι κι αυτός... Ήθελα και να μείνω λίγο μέσα στη σπηλιά... και να σκεφτώ...

ΞΕΝΗ: Ναι, το ξέρω – άλλωστε σε «κάλεσα» - και παρουσι- άζομαι για να σου πω κάποια πράγματα... Χρειάζεται να 'χεις «πίστη» ...

ΛΙΝΑ: Με συγχωρείς... εμένα δε μου φτάνει – όχι πια! Για να είμαι ειλικρινής ποτέ δε μ' έφτανε... Όλο τον παπά ν 'αγιάσει φώναζε η μάνα μου και τίποτε δεν άγιασε ποτέ – γι' αυτό και ποτέ δεν το πίστεψα... Μόνο τώρα καταλαβαίνω...

ΞΕΝΗ: Δεν εννοούσα πίστη σε κάτι τυπικό - αλλά... να ξέρεις πως φαινομενικά... ίσως να μην «άγιασε» τίποτα... Όμως εκείνη, μέσα της, ξαλάφρωνε λίγο – λίγο από ένα μίσος που δεν μπο- ρούσε να τ' αντιμετωπίσει κι έτσι σου ετοίμαζε τον δρόμο... Συχνά δε φτάνει μια ολόκληρη ενσάρκωση για να λυτρωθούν καταστάσεις τόσο άδικες κι οδυνηρές... Αναλογίσου πόσοι τό- ποι πρέπει να λυτρωθούν - αν θέλουν οι άνθρωποι να πάψουν να επαναλαμβάνουν τις «ένδοξες» ιστορίες τους... Σκέψου ακόμα πως σε κάθε τόπο, δε ζουν μονάχα άνθρωποι… Η ζωή έχει πολ- λές μορφές - και βία υπάρχει παντού… Όλα αφήνουν το δικό τους αποτύπωμα...

ΛΙΝΑ: Ορίστε...;;;

ΞΕΝΗ: Γιατί σου φαίνεται παράξενο; Πάνω σε τούτον τον πλα- νήτη, ζουν χιλιάδες πλάσματα… Ζώα, δέντρα, πουλιά... Ολα υποφέρουν από τον άνθρωπο - μετράει κι ο δικός τους ο πό- νος… Όσο για τη μητέρα σου… θέλω να θυμάσαι πως «μετά» – μετά την τελετή σας… ίσως να δεις μιαν αλλαγή απότομη... και να παραξενευτείς πολύ… Το ίδιο ισχύει και για τον πατέρα σου…

ΛΙΝΑ: (φοβισμένη) Δηλαδή…; Μπορεί να τους συμβεί κάτι κακό…;

ΞΕΝΗ: Όχι βέβαια… Μπορεί όμως ν' αλλάξουν πολύ -τόσο που να μην αναγνωρίζουν τον εαυτό τους… Το μίσος... είναι κι αυτό μια δύναμη ξέρεις - όταν χάνεται δημιουργείται κενό και διαφορά μεγάλη. Χρειάζεται χρόνος για να προσαρμοστεί κανείς. Κι εσύ ξέρεις τι έγινε και μπορείς να καταλάβεις τι συ- νέβη… Εκείνοι όμως – που δεν ξέρουν – είναι πιθανόν να νομί- σουν πως κάτι πάθανε… Κυρίως η μητέρα σου…

ΛΙΝΑ: (σκεφτική) ... Λες;

ΞΕΝΗ: Το καλύτερο είναι να δεχτείς με ηρεμία την αλλαγή και να θυμάσαι πως θα τους βοηθήσει να φύγουν με τρόπο ειρηνικό όταν θα 'ρθει η ώρα... Μπορείς να τη συγχωρέσεις και να ξεχά- σεις τον θυμό που έχεις για 'κείνη - τώρα που ξέρεις από πού προέρχεται αυτό το «μίσος»...; Μπορείς..;;

ΛΙΝΑ: Δεν ξέρω… Από παιδί με παιδεύει – ποτέ δεν την κα- τάφερα να μ΄ ακούσει… Ποτέ δεν μπόρεσα να της δείξω ούτε τον θυμό μου ούτε την αγάπη μου… Δε μ' άφηνε να το κάνω... Και με τον πατέρα μου το ίδιο ειναι - αν και σίγουρα μπορώ να συνεννοηθώ καλύτερα... Φοβόμουν πάντα τόσο πολύ... Αν κρατούσα τον έναν – θα έχανα τον άλλον... κι έτσι... (καγχάζει)... Κι έτσι... ήμουν πάντα θυμωμένη και με τους δυο... Και τελι- κά... με τον εαυτό μου...

ΞΕΝΗ: Γι' αυτό χρειάζεται να προετοιμαστείς... Τώρα που ξέ- ρεις την αιτία, τι θέση έχει πια ο θυμός...;;

ΛΙΝΑ: Την ησυχία μου μόνο θέλω... Στ' ορκίζομαι! Τίποτ' άλλο...

ΞΕΝΗ: Σε πιστεύω – όμως... μια απελευθέρωση σαν κι αυτή δίνει καινούργια δύναμη...

ΛΙΝΑ: Αυτό... το νιώθω ήδη!

ΞΕΝΗ: Ωραία, λοιπόν – χρησιμοποίησέ το..! Για να στηρίξεις τον εαυτό σου – αλλά και τη μάνα σου... Και κυρίως: τα παιδιά!

ΛΙΝΑ: Τα παιδιά... σιγά – κι ανάγκη που μ' έχουνε... Αυτοί... από την πρώτη στιγμή τα βρήκανε... Θα παντρευτούνε λες..;

ΞΕΝΗ: Λέω... Και βέβαια λέω... Για την ακρίβεια πάντα πα- ντρεμένοι ήταν αυτοί οι δυο – ακόμα και πριν συναντηθούν... Αλλά... αυτό... είναι μια άλλη ιστορία..

ΛΙΝΑ: Σωστά... ασ' το γι' αργότερα αυτό - αρκετές ιστορίες έχω ακούσει για την ώρα...

ΞΕΝΗ: Να 'χεις στον νου σου όσα είπαμε... Σ' αυτήν την προ- σευχή θα έχετε πολλούς βοηθούς και συμπαραστάτες - ακόμα κι αν δεν μπορείτε να τους δείτε... Ας είναι μια προσευχή για την ίδια τη Γη - και για όλα τα πλάσματα και τις μορφές Της... Κι όταν θα 'ρθει κι η εγγόνα σου θα καταλάβεις περισσότερα...

ΛΙΝΑ: Λες; Θα 'ρθει κι εγγονάκι...;

ΞΕΝΗ: Φυσικά – ένας ακόμη λόγος για όλ' αυτά είναι ο ερ- χομός της... Όταν ένα παιδί γεννιέται σε μια οικογένεια απαλ- λαγμένη από τα μίση του παρελθόντος... είναι ευλογημένο και σίγουρο για τη ζωή του... Μ' εννοείς, φαντάζομαι...

ΛΙΝΑ: Ναι... βέβαια... Αν σκεφτώ αυτά που έχω ζήσει εγώ – σε μια οικογένεια που δεν ήταν απαλλαγμένη από τα μίση του πα- ρελθόντος... Αν θυμηθώ τι πέρασα για να βρω μια στοιχειώδη ισορροπία...και βέβαια «σ' εννοώ»...

ΞΕΝΗ: Είναι κι αυτή μια σοβαρή δουλειά – κάποιος χρειαζόταν να την κάνει... Ηταν σημαντικό και για 'σένα που την ανέλαβες – θα το καταλάβεις αργότερα... Και τώρα... ώρα να πηγαίνω... Να προσέχεις... Τα παιδιά και τον εαυτό σου...

ΛΙΝΑ: Θα ξανάρθεις; Θα έρχεσαι πότε-πότε; Μ' άρεσε που κουβεντιάσαμε... Ηρέμησα...

ΞΕΝΗ: Αν χρειάζεται... Όποτε έχεις ανάγκη... να με καλέσεις....

ΛΙΝΑ: Να σε καλέσω; Μα... πώς...; Ούτε τ' όνομά σου δεν ξέρω...

ΞΕΝΗ: Κάλεσε με σαν «Ευθαλία»... Θα σ' ακούσω εγώ και θα έρθω...

ΛΙΝΑ: ...Ευθαλία;! Μα... αυτό είναι το δικό μου όνομα...!

ΞΕΝΗ: Ποτέ δεν το είχες σε μεγάλη εκτίμηση, όμως... Αξίζει να μάθεις περισσότερα γι' αυτό...

ΛΙΝΑ: Σ' ευχαριστώ – αληθινά σε ευχαριστώ... Από καρδιάς που λένε...

ΞΕΝΗ: Κι εγώ το ίδιο... Μπορεί να μην το ξέρεις – μπορεί να μην το καταλαβαίνεις... όμως με βοηθάς όσο σε βοηθάω... Φεύγω τώρα... Να μην ανησυχείς - και να προσέχεις τα παι- διά...

(Ο μπλε προβολέας σβήνει – η Λίνα μένει μόνη της - πηγαίνει και στέκεται εκεί που ήταν η ξένη – κάθεται κάτω και ακουμπά- ει τις παλάμες της στη Γη – μουσική - σβήνει η εικόνα.)

Εικόνα 3η

(Αργότερα την ίδια μέρα. Φωτίζεται το διαμέρισμα – ο Δημή- τρης και η Μαριλένα στον καναπέ – μπαίνει η Λίνα.)

ΛΙΝΑ: Καλησπέρα... αγγελούδια μου...! (Τους πλησιάζει με ιδιαίτερη τρυφερότητα –τους αγκαλιάζει.)

ΔΗΜΗΤΡΗΣ: Έλα τώρα... άσε τις βλακείες...

ΜΑΡΙΛΕΝΑ: Καλησπέρα...! Πώς πήγε;

ΛΙΝΑ: Πού να στα λέω...!

ΜΑΡΙΛΕΝΑ: Όλα καλά;

ΛΙΝΑ: Πολύ καλά... Πολύ σου λέω... Κοριτσάκι μου... Είσαι ένας άγγελος...

ΔΗΜΗΤΡΗΣ: Ηρέμησε, μάνα... αυτά υποτίθεται πως τα λέω εγώ...

ΛΙΝΑ: Δεν ξέρω τι λες εσύ... Το κορίτσι μου... (την αγκαλιά- ζει) ... είναι πραγματικά ένας άγγελος...

ΔΗΜΗΤΡΗΣ: Το κορίτσι «σου»...;

ΛΙΝΑ: Καλά, παιδί μου... μη με παρεξηγείς τώρα... Άμα είναι δικό σου είναι και δικό μου...ε;

ΔΗΜΗΤΡΗΣ: ... Να μην το μπερδεύουμε λέω εγώ – και να μην ανακατεύεσαι επίσης...

ΛΙΝΑ: (στη Μαριλένα) Πώς είσαι;

ΔΗΜΗΤΡΗΣ: Πώς είναι…; Κουρασμένη – δε βλέπεις…;

ΜΑΡΙΛΕΝΑ: Καλύτερα είμαι - μια κρίση ήτανε… Περνάει… είμαι πολύ καλύτερα τώρα…Πώς πήγε…;

ΛΙΝΑ: Θα στα πω…

(στον Δημήτρη) …Και μην τολμήσεις οποιοδήποτε σχόλιο εσύ… Ακούς;

ΔΗΜΗΤΡΗΣ: Τι σχόλιο να κάνω τώρα πια…;

ΛΙΝΑ: «Μίλησα» με μια γυναίκα… Όχι βέβαια «κανονική» – όμως ούτε με τα φαντάσματα έμοιαζε… Τα ρούχα της ήταν κα- νονικά… Λίγο σαν καλογερίστικα, βέβαια…

ΜΑΡΙΛΕΝΑ: Η οδηγός μου! Παρουσιάστηκε και σ' εσένα…!

ΔΗΜΗΤΡΗΣ: Μάλιστα… καινούργιο κεφάλαιο… Δεν έφτανε το σόι μας…

(Ακούγεται ήχος κουδουνιού. Η Λίνα σηκώνεται.)

ΛΙΝΑ: Ο Πάνος θα 'ναι… Έρχομαι… (βγαίνει)

ΔΗΜΗΤΡΗΣ: Τι γίνεται, μαργαριταρένια μου; Καινούργια δόση…;

ΜΑΡΙΛΕΝΑ: Ας πούμε πως είναι ο φύλακας άγγελός μας… Μπορεί να πάρει όποια μορφή θέλει, ξέρεις…

ΔΗΜΗΤΡΗΣ: Ορίστε και οι άγγελοι… Και δε μου λες… Αν είναι διάβολος; Πώς το ξεχωρίζεις…;

ΜΑΡΙΛΕΝΑ: Εύκολα… πολύ εύκολα…

ΠΑΝΟΣ: Καλησπέρα στα παιδιά…!

ΜΑΡΙΛΕΝΑ: Καλώς όρισες – κι ότι σκεφτόμουν πού θα πάμε να το γλεντήσουμε… Αξίζει να το γιορτάσουμε σήμερα…

ΠΑΝΟΣ: Δεν είστε κουρασμένες;

(στον Δημήτρη) … Κι εσύ;

ΔΗΜΗΤΡΗΣ: Εγώ καλά είμαι – μόνο που δεν έχω διάθεση για γλέντια…

ΠΑΝΟΣ: Ε… καλά – η Μαριλένα όλα γλέντια τα βλέπει… Σ' ένα ταβερνάκι το πολύ να πάμε – ίσα ν' αλλάξουμε αέρα και παραστάσεις…

ΔΗΜΗΤΡΗΣ: Όχι άλλες αλλαγές του αέρα – να χαρείς…

ΠΑΝΟΣ: Καλά… μη σκιάζεσαι… Δεν πάμε βουνό απόψε - πάμε θάλασσα…

ΔΗΜΗΤΡΗΣ: Άσε με… κι έχουμε φτιάξει ολόκληρο σήριαλ… Όλη νύχτα να στα λέω και να μην τελειώνουμε…

ΠΑΝΟΣ: Να λες για να μαθαίνω...

ΜΑΡΙΛΕΝΑ: Όχι τώρα – να χαρείς… Πάμε πρώτα να μυρί- σουμε θάλασσα και μεζεδάκι...

ΠΑΝΟΣ: Γι' αυτό ήρθα - κι άντε… σηκωθείτε και τα λέμε και στον δρόμο…

(Σηκώνονται – καθώς βγαίνουν ακούγεται ήχος τηλεφώνου - η Λίνα επιστρέφει – το σηκώνει - κι ακούγεται ο διαλογος με τη μητέρα της απο μαγνητόφωνο καθώς σβήνουν τα φώτα)

ΛΙΝΑ: Λέγετε…

ΦΩΝΗ: Έλα… τι γίνεσαι;

ΛΙΝΑ: Μαμά; Πώς ήταν αυτό τέτοια ώρα;

ΦΩΝΗ: Σε είδα στον ύπνο μου το μεσημέρι κι ανησύχησα... Ήθελα να τα πούμε λίγο... Τι κάνεις;

ΛΙΝΑ: Καλά έκανες και πήρες... Καλά είμαι... Εσύ;

ΦΩΝΗ: Έχω λίγο πονοκέφαλο απ' το μεσημέρι... και κάπως είμαι... σαν κουρασμένη... δεν ξέρω...

ΛΙΝΑ: Δε θα 'ναι τίποτα... Μην ανησυχείς... Ξεκουράσου...

ΦΩΝΗ: Εσύ τι κάνεις...; Πώς τα πας εκεί;

ΛΙΝΑ: Εδώ... ε...; καλά... Πότε πότε ταβερνάκι... για μπάνιο κάθε τόσο... Η θάλασσα είναι υπέροχη...

ΦΩΝΗ: Ε... ναι... η θάλασσα καλή είναι... ακόμη κι εκεί... (η συνομιλία σβήνει - μουσική γέφυρα)

Εικόνα 4η

Φινάλε

(Δυο μέρες αργότερα - βράδυ. Οι σπηλιές φωτίζονται από την οθόνη που δείχνει πανσέληνο – ήχοι ανάλογοι – ο Δημήτρης κι ο Πάνος έρχονται με σακίδια – τ' αφήνουν και κάθονται κοντά στον βράχο – ο Πάνος ανάβει τσιγάρο.)

ΠΑΝΟΣ: Ωραία είναι, όμως... Φαίνονται κι αστέρια, βρε παιδί μου...

ΔΗΜΗΤΡΗΣ: Αυτό είναι το καλύτερο – δε φαντάζεσαι πόσο μου 'χει λείψει...!

ΠΑΝΟΣ: Χμ... παιδί της πόλης σαν τη μάνα σου κι εσύ...

ΔΗΜΗΤΡΗΣ: Και πολύ ταλαιπωρημένο, μάλιστα... Διαμέρι- σμα μέτριο και βεράντα περιορισμένη...

ΠΑΝΟΣ: Ούτε να το φανταστώ – θα είχα τρελαθεί...! Τα τελευ- ταία χρόνια όλο και γεμίζει πολυκατοικίες η πόλη μας – μόνο που το βλέπω αρρωσταίνω... Εγώ, παιδί μου, έχω μεγαλώσει στα βράχια της θάλασσας... Δεν μπορώ να τα στερηθώ...

ΔΗΜΗΤΡΗΣ: Τυχερός...!

ΠΑΝΟΣ: Ναι... είμαι πραγματικά τυχερός... Ως προς αυτό, τουλάχιστον...

ΔΗΜΗΤΡΗΣ: Αργούν τα κορίτσια – ή μου φαίνεται...;

ΠΑΝΟΣ: Αυτό που σου φαίνεται είναι ο κεραυνοβόλος με τη Μαριλένα και μην πεις πως δε σε προειδοποίησα... Έχω ένστι- κτο, τελικά...

ΔΗΜΗΤΡΗΣ: Πράγματι… με προειδοποίησες… Ίσως μου έβαλες και την ιδέα… Πάντως… κατά πώς φαίνεται… είναι αμοιβαίο…

ΠΑΝΟΣ: Και βέβαια είναι αμοιβαίο - εγώ την ξέρω καιρό – πρώτη φορά τη βλέπω έτσι… Συνήθως ούτε που γυρίζει να ρίξει δεύτερη ματιά…

ΔΗΜΗΤΡΗΣ: *Αλήθεια λες, κύριε Πάνο…;*

ΠΑΝΟΣ: *Αλήθεια λέω… και κόφ' το πια αυτό το «κύριε Πάνο» κάθε τόσο – σαν παππούς αισθάνομαι… Δεν είμαι δα και τόσο μεγάλος… Είμαι;*

ΔΗΜΗΤΡΗΣ: *Όχι βέβαια - με συγχωρείς… μου ξέφυγε… Εί- ναι που σε ξέρω από παιδί...*

ΠΑΝΟΣ: Ε – δεν είσαι πια παιδί και ν'αφήσεις τις «κακές συ- νήθειες»… Κι εγώ σε ξέρω από παιδί – δε σου λέω να πάμε «άτα»…

ΔΗΜΗΤΡΗΣ: Έλα… δεν είναι το ίδιο…χα χα χα… άκου «άτα»… Εχει δίκιο που ξαναβρίσκει το κέφι της με την παρέα σου η μανούλα μου… Πάντα τη θυμάμαι να μιλάει για 'σένα… Τόσα χρόνια – και ποτέ δεν «ξεκόψατε»...

ΠΑΝΟΣ: Τόσα χρόνια… Σαράντα και βάλε - κάθε Καλοκαίρι μαζί το περνούσαμε… Την έπαιρνε ο πατέρας της ολόκληρο δί- μηνο - κι έμεναν μαζί μας… Από τότε… «ποτέ δεν ξεκόψαμε»… Δε νομίζω πως θα μπορούσαμε…

ΔΗΜΗΤΡΗΣ: Ωραίο να 'χεις έναν άνθρωπο που σε ξέρει από παιδί… Σαν να μεγαλώσατε μαζί παρ' όλη την απόσταση... Όμως... Δεν «τρέχει» και τιποτ' «άλλο»…;

ΠΑΝΟΣ: (αινιγματικά) Σαν τι «άλλο» – που να «τρέχει» κιό- λας…; Κανείς δεν την ξέρει καλύτερα από 'μένα τη μάνα σου… Και κανείς δεν ξέρει εμένα τόσο καλά όσο εκείνη... Μετά απ' αυτό... όλα τ' άλλα είναι τόσο εφήμερα... Ακόμα και το «κάτι άλλο», χάνει το νόημά του - γίνεται λίγο και ρηχό... Την αγαπώ και μ' αγαπάει χωρίς όρους και προϋπόθέσεις... Και... εξακο- λουθεί να είναι παντρεμένη με τον πατέρα σου...

ΔΗΜΗΤΡΗΣ: Όλοι το ξέρουμε πως αυτό είναι, πια, τυπικό - εδώ και αρκετά χρόνια είναι μάλλον φίλοι και «συνέταιροι» ... Εσύ όμως...; Δεν παντρεύτηκες ποτέ...;

ΠΑΝΟΣ: Το δοκίμασα κι αυτό – αλλά κράτησε πολύ λίγο... Ευτυχώς δεν κάναμε παιδιά – θα τα ταλαιπωρούσα αφάνταστα...

ΔΗΜΗΤΡΗΣ: Γιατί το λες αυτό – εγώ πιστεύω πως θα ήσουν πολύ καλός πατέρας...

ΠΑΝΟΣ: Πολύ απαιτητικός, μάλλον... Δε βαριέσαι... Έχω την ξεγνοιασιά μου και τα βιβλία μου... Για τίποτα δεν παραπονιέ- μαι... Όλα έχουν κάποιον λόγο που γίνονται και μόλις περά- σουν λίγο και τα χρόνια διαπιστώνεις πως έγιναν σωστά...

ΔΗΜΗΤΡΗΣ: Ναι... το πιστεύω κι εγώ αυτό – ειδικά τις τε- λευταίες μέρες... Η Μαριλένα έχει αναλάβει το... φροντιστή- ριο...

ΠΑΝΟΣ: Είναι καλό παιδί η Μαριλένα - και θέλω να ξέρεις πως την εκτιμώ πολύ και την αγαπάω σαν να 'τανε κόρη μου... Ταίριαξε και με τη μάνα σου – ενθουσιασμένη είναι... Τη βλέ- πω εγώ την Λίνα – την καταλαβαίνω... Στο κάτω κάτω... αυτή είναι η οικογένειά μου...

ΔΗΜΗΤΡΗΣ: Συχνά λέει το ίδιο κι εκείνη για 'σένα... Σε ζη- λεύω καμιά φορά που πιο καλά συνεννοείται μαζί σου παρά με τον πατέρα μου...

ΠΑΝΟΣ: Ε... δεν είναι το ίδιο – εμείς δεν έχουμε να μοιράσου- με τίποτα... Ούτε καν την «καθημερινότητά» μας... Δε χρειαζό- μαστε πολλά λόγια... μετά από τόσα χρόνια...

ΔΗΜΗΤΡΗΣ: Ναι – επίσης το λέει κι η μάνα μου αυτό... Πολ- λές φορές έχω ακούσει να λέτε τις ίδιες κουβέντες - δεν ειναι παράξενο...;;

(ακούγεται θόρυβος αυτοκινήτου) … Ήρθανε…

ΠΑΝΟΣ: (ανακουφισμένος) ...Επιτέλους!

(Μπαίνουν η Λίνα κι η Μαριλένα με σακίδια.)

ΜΑΡΙΛΕΝΑ: Να 'μαστε κι εμείς... Ωραίο φεγγάρι…

ΛΙΝΑ: Μμμμ… ρομαντικά…

ΔΗΜΗΤΡΗΣ: Ό,τι πρέπει για έναν αξιοπρεπή ξορκισμό…

(τραγουδιστά) «διώξε τη λύπη, παλληκάρι.... πάμε μια βόλτα στο φεγγάρι»…

(ειρωνικά) Κοίτα, ρε... που δεν ήξερα πού να σε πάω για ραντε- βού…!

ΜΑΡΙΛΕΝΑ: Το καλύτερο που θα μπορούσες να μου ζητήσεις – πίστεψέ με… Κι αφου έχεις φέρει και τη φυσαρμόνικα... μια χαρά θα περάσουμε...!!

(Η Μαριλένα βγάζει από το σακίδιο ένα μεγάλο λευκό κερί και μία κουβέρτα. Την απλώνει κάτω, βάζει στο κέντρο το κερί, ενα κλαδί ελιάς κι ένα πήλινο δοχείο με νερό. Τους κάνει νόημα να καθίσουν στα τέσσερα σημεία του ορίζοντα)

ΜΑΡΙΛΕΝΑ: Καθίστε – εγώ θ' ανάψω το καντήλι και λίγο λι- βάνι στη σπηλιά. Θα μείνουμε εδώ μέχρι να καεί ολόκληρο το κερί. Αρκεί να είμαστε σιωπηλοί και συγκεντρωμένοι – και να κρατάμε στον νου μας πως θέλουμε να τους αφήσουμε να φύ- γουν... «Αφίεμεν»... κι ας ησυχάσουν... Ας είναι ελεύθεροι... από κάθε θυμό και φόβο... Από κάθε πόνο και πίκρα... Τους συγχωρούμε και τους αγαπάμε όποιοι και να 'ναι... Έλληνες, Τούρκοι, Βενετσιάνοι - δεν έχει, πια, σημασία... Ας πορεύονται γαλήνια οι Ψυχές τους - όπου κι αν βρίσκονται, κι ας είναι ο δρόμος τους φωτεινός, ειρηνικός κι ελεύθερος. Εμείς, ευχόμα- στε να επικρατήσει η Αρμονία στη Γη - σε όλα τα επίπεδα και για όλα Της τα πλάσματα. Αυτό, είναι από μόνο του η καλύτερη προσευχή...

[Φεύγει προς τη σπηλιά – μπαίνει πολύ χαμηλή μουσική. Βλέπουμε μια φλόγα και καπνό στη σπηλιά και ο Δημήτρης βγάζει τη φυσαρμόνικα. Η Μαριλένα επιστρέφει – γονατίζει, ανάβει με αργές κινήσεις το κερί και κάθεται απέναντι από τον Δημή- τρη... Ακούγεται η φυσαρμόνικα στις μελωδίες από το Άξιον Εστί – και στον «ουρανό» βλέπουμε από προτζέκτορα όλες τις φιγούρες του έργου να περνούν ακολουθούμενοι από φιγούρες ζώων και πουλιών... Καθώς οι φιγούρες περνούν και χάνονται – η Μαριλένα ανάβει δίπλα στο κερί ένα πολύ δυνατό θυμίαμα... Αφού περάσουν όλες οι φιγούρες η εικόνα σβήνει αφήνοντας μόνο το κερί, το φεγγάρι και πολλά αστέρια στον ουρανό... Η φυσαρμόνικα δυναμώνει αναλόγως...

Τέλος

Τρίτο μέρος
«Διπλοί Μονόλογοι»

Τα πρόσωπα του έργου:

Ιωάννης: Γύρω στα 55. Επιχειρηματίας, πρώην μουσικός και συνθέτης που παράτησε τη μουσική κι άνοιξε ένα δισκοπωλείο που έγινε πετυχημένη επιχείρηση. Σ' αυτό τον βοήθησε η λο- γίστρια του, η Μαίρη, με την οποία παντρεύτηκε κι έχουν μία κόρη που είναι πια 17 χρονών. Πριν λίγα χρόνια, έφτιαξε ένα στούντιο για ηχογραφήσεις και μουσική επένδυση σε διαφημί- σεις και θεατρικές παραστάσεις. Από τότε, περνάει εκεί το με- γαλύτερο μέρος του χρόνου του.

Τζανίν: Επίσης γύρω στα 55. Γραφίστρια στο διαφημιστικό γρα- φείο του συζύγου της, του Τάκη, με τον οποίο έχει έναν γιο που πρόσφατα την έκανε γιαγιά. Μετά από αυτό, άφησε την ευθύνη του γραφείου στον άντρα της και τον γιο της για ν' ακολουθήσει το νεανικό της όνειρο: να ζωγραφίσει και να εκθέσει τα έργα της. Μετέτρεψε σε εργαστήρι ζωγραφικής μία μικρή μονοκατοι- κία και ζει πια κυρίως εκεί, ετοιμάζοντας την «έκθεση».

*Γλαύκοι: οι ονειροφύλακες: Δυο φιγούρες παρόμοιες και αντίθετες - όπου η αντίθεση προσδιορίζεται βασικά από τα κο- στούμια. Ο Γλαύκος με ολόσωμο κολάν ανοιχτό γαλάζιο με μια σκούρα μπλε καρδιά στο κέντρο - η Γλαύκη το αντίθετο. Τα πρόσωπά τους είναι βαμμένα μισό γαλάζιο - μισό μπλε με πινε- λιές από χρυσόσκονη. Ακούγονται πάντα από το μαγνητόφωνο και παρεμβάλλονται στον διάλογο ή στους μονόλογους με λίγο πιο χαμηλή ένταση και κάποιες φορές με αντήχηση ή τραγουδι- στά. Κινούνται σε παντομίμα.

Φωνές: Μάνος και **Χριστίνα:** Οι τηλεφωνικές επικοινωνίες του Ιωάννη και της Τζανίν αντίστοιχα. Οι φωνές τους από το μαγνη- τόφωνο επίσης - σε κανονική ένταση συνομιλίας.

Το σκηνικό:

Η σκηνή χωρίζεται σε τρία επίπεδα με ανάλαφρο και σχετικά διαφανές ύφασμα σε πολύ ανοιχτό γαλάζιο χρώμα. Στη μία άκρη έχουμε το «χολ» στο στούντιο του Ιωάννη, στην άλλη το «εργαστήρι» στο ατελιέ της Τζανίν και στο κέντρο ένας μικρός διάδρομος, κενός, με χαλί που μοιάζει με χλόη - ο «*διάδρομος των Γλαύκων*». Ο «εξοπλισμός» είναι παρόμοιος και στους δύο χώρους, σε χρώματα λευκά ή μαύρα, τοποθετημένα με ανάλογη αντιστοιχία. Πόρτα, μικρός καναπές, τραπεζάκι με τηλέφωνο, έπιπλο με ραδιόφωνο. Στο στούντιο σε εμφανές σημείο κιθά- ρα και ακουστικά με μικρόφωνο. Στο ατελιέ ένα πολύ μεγάλο τελάρο που δείχνει το περίγραμμα και τα αρχικά στοιχεία ενός προσώπου ζωγραφισμένα με κάρβουνο και λίγες χρωματιστές πινελιές. Ο πίνακας αλλάζει τρεις φορές κατά τη διάρκεια του έργου.

Στην κατασκευή του σκηνικού έχουμε κάποιο είδος σκάλας - πλατφόρμας, τρεις ή τέσσερις «σκάλες» πιο ψηλά και οι Γλαύ- κοι κινούνται κυρίως εκεί. Βρίσκεται στην πίσω πλευρά του «διαδρόμου» και «ενώνεται» με το στούντιο και το ατελιέ με το ύφασμα, το οποίο λειτουργεί σαν κουρτίνα, έτσι ώστε οι Γλαύ- κοι να φαίνονται πίσω από το ύφασμα - αλλά να μπορούν να περνάνε και μέσα στα δωμάτια. Τα κουστούμια του Ιωάννη και της Τζανίν είναι απλά και σύγχρονα, σε αποχρώσεις μπλε, σκού- ρο μπλε και ανοιχτό γαλάζιο. Λειτουργούν συμπληρωματικά σε κάθε σκηνή - πχ. σκούρο παντελόνι / ανοιχτόχρωμο μπλουζάκι ο ένας - το αντίθετο ο άλλος.

Εικόνα 1η

{Με χαμηλό φωτισμό ανοίγει εικόνα στο ατελιέ και το στούντιο. Στο στούντιο ο Ιωάννης, ξαπλωμένος στον καναπέ ακούει μουσική από το ραδιόφωνο - σύγχρονα έντεχνα ελληνικά τραγού- δια. Στο ατελιέ μπαίνει η Τζανίν μ' ένα φλιτζάνι καφέ, ανάβει ένα κερί, ψάχνει σταθμό στο ραδιόφωνο - ήχοι ανάλογοι - στα- ματάει στο ίδιο τραγούδι - ανάβει τσιγάρο και κάθεται μουρ- μουρίζοντάς το. Την ίδια στιγμή ο Ιωάννης παίρνει την κιθάρα και παίζει / μουρμουρίζει το τραγούδι. Τα φώτα και ο ήχος του ραδιοφώνου χαμηλώνουν στο στούντιο και δυναμώνουν στο ατελιέ. Ο Γλαύκος εμφανίζεται στην πλατφόρμα και απλώνει το χέρι προς το τηλέφωνο, σαν να «υπαγορεύει» με παντομίμα την κίνηση - και η Τζανίν σηκώνεται, βολτάρει νευρικά μπροστά στο τελάρο, παίρνει κάρβουνο και προσθέτει δυο γραμμές, τ' αφήνει απότομα, κλείνει το ραδιόφωνο, πηγαίνει στο τηλέφωνο και παίρνει αριθμό.}

Χριστίνα: Λέγετε...

Τζανίν: Εγώ είμαι, πάλι...

Χριστίνα: Το περίμενα... Πώς είσαι...;

Τζανίν: Δεν ξέρω...

Χριστίνα: Δούλεψες καθόλου τον πίνακα...;

→ **Γλαύκος:** Καθόλου...!!!!

Τζανίν: Καθόλου... Δεν μπορώ - μόλις πιάσω το μολύβι με πιά-νει μαύρη κατάθλιψη - ούτε να ζωγραφίσω θέλω ούτε τίποτα... Δεν ξέρω τι έχω πάθει από την ώρα που ήρθε το τελάρο και βγήκε αυτό το έκτρωμα...

Γλαύκος: Ε... όχι κι έκτρωμα, χρυσό μου...

Τζανίν: Ό,τι κι αν είχα σκεφτεί να ζωγραφίσω έχει πάει περίπατο - μόνο να κλαίω θέλω - και το γαμώτο είναι που δεν μπορώ να καταλάβω το γιατί...

Χριστίνα: Παράτα το...!! Αν είναι να σου βγάλει την πίστη πα- ράτα το...! Απλώς…!

Γλαύκος: Δεν μπορεί...

Τζανίν: Δεν μπορώ...!!!

Χριστίνα: Γιατί να μην μπορείς - πάρε το τελάρο και τράβα το στην αποθήκη... Στην ανακύκλωση... Κι αν προτιμάς στα σκουπίδια - στο κάτω κάτω κατά λάθος στο φέρανε... δεν είχες σκοπό να ζωγραφίσεις έναν τόσο μεγάλο πίνακα εσύ και προφανώς το μέγεθος αυτό σε τρομάζει...

Γλαύκος: ... Το σκέφτηκε αλλά δεν μπορεί... δεν την αφήνω...

Τζανίν: Δεν ξέρω... κάποια στιγμή το σκέφτηκα να τον πετά- ξω... Αλλά δεν μπορώ...

Χριστίνα: Γιατί...;;;

Τζανίν: Γιατί τα χέρια μου τρέμουν, με πιάνει θλίψη και απί- στευτος πανικός και δεν ξέρω τι μου συμβαίνει... Σκέφτομαι να τα παρατήσω εντελώς...

Γλαύκος: ... Να μην το σκέφτεσαι...

Χριστίνα: Να σου λείπουν αυτά και κοίτα να ηρεμήσεις... Στο κάτω κάτω άμα θες να κλάψεις, κλάψε - καλό θα σου κάνει... Θα ξεκαθαρίσει κι ύστερα βλέπεις αν θέλεις να συνεχίσεις ή να τ' αφήσεις γι' αργότερα... ή ακόμα και να πετάξεις το συγκεκριμέ- νο τελάρο. Μην πνιγόμαστε σε μια κουταλιά νερό...

Τζανίν: Μα να σου πω... έτσι ακριβώς αισθάνομαι... Πνί-γο- μαι...!! Και δεν μπορώ να καταλάβω αν είναι μία κουταλιά το νερό - εμένα μου μοιάζει για ποτάμι... Τέλος πάντων να σ' αφή-νω τώρα... σε βασανίζω τόσες μέρες με τα δικά μου... είναι κι ακαταλαβίστικα...

Γλαύκος: ... εσύ δεν καταλαβαίνεις...

Χριστίνα: Δε με βασανίζεις, δεν είναι «ακαταλαβίστικα» και να μην κάθεσαι να μιζεριάζεις... Συνήθειο το 'χεις πάρει τελευταία και καθόλου δε μου αρέσει - το ακούς...;; Λοιπόν, εδώ θα είμαι εγώ και τα λέμε, πάλι, αργότερα... Γεια...

Τζανίν: Εντάξει... το ακούω... Γεια...

{Κλείνουν. Ο Γλαύκος δείχνει τον πίνακα - η Τζανίν δοκιμάζει μερικές γραμμές με το κάρβουνο, τ' αφήνει εκνευρισμένη, ανά- βει τσιγάρο - γυρίζει αποφασιστικά στο τελάρο.}

Τζανίν: Ποιος είσαι...; Γιατί με βασανίζεις και μου κυνηγάς τον ύπνο...; Τι θες από μένα - να σε ζωγραφίσω ή να σε πετάξω...; Πώς ήρθες μ' αυτόν τον παράξενο τρόπο - δεν είχα παραγγείλει τέτοιο τελάρο εγώ... Δυο φορές το γύρισα πίσω - δυο φορές το ξαναφέρανε...

Γλαύκος: Έξυπνο κόλπο - δε βρίσκεις...; Κάτι έπρεπε να κάνω για να πάρεις είδηση, κούκλα μου...

Τζανίν: Πρώτη φορά συμβαίνει αυτό τόσα χρόνια που συνερ- γάζομαι μαζί τους στο διαφημιστικό... Δεν είναι «λάθος» - εφι- άλτης είναι μία βδομάδα τώρα... Χα...! ο γίγαντας του μουσαμά - ούτε στη Χριστίνα δεν τολμώ να το πω... Θα τρομάξει... Να είχες ένα πρόσωπο, τουλάχιστον...

Γλαύκος: Μωρέ... εγώ έχω πρόσωπο... όταν το δεις να δω τι θα κάνεις...

Τζανίν: Κι αυτή η απελπισία κάθε που βάζω μια μολυβιά...; ΤΙ είσαι....; Ποιος είσαι...; ΤΙ θέλεις...; Γιατί. ;;

{Κάθεται / κουλουριάζεται στον καναπέ / τα φώτα χαμηλώνουν / τέλος της εικόνας.}

Εικόνα 2η

{Δυναμώνει ο φωτισμός και ο ήχος του ραδιοφώνου στο στού- ντιο. Στην πλατφόρμα εμφανίζεται η Γλαύκη και δείχνει το τη- λέφωνο. Ο Ιωάννης εξακολουθεί να είναι με την κιθάρα - την αφήνει απότομα, κλείνει το ραδιόφωνο, πηγαίνει στο τηλέφωνο, παίρνει αριθμό, ήχοι ανάλογοι.}

Μάνος: Λέγετε...

Ιωάννης: Έλα... εγώ είμαι...

Μάνος: Το φαντάστηκα... Τι γίνεται...;;

Ιωάννης: Ψάχνω τραγούδια για εκείνο το θεατρικό που ετοιμά- ζουν στο σχολείο της κόρης μου... Τζίφος μέχρι στιγμής - τίποτα δε βγαίνει με το ραδιόφωνο...

Μάνος: Ε... δε θα φταίει το ραδιόφωνο... Να ρωτήσω για τα... «άλλα» ...;;

Ιωάννης: Ποια.... «άλλα»... Δεν υπάρχουν «άλλα»....

Μάνος: Που θα πει… κοιμήθηκες ήσυχα και καλά, χωρίς όνειρα και κουραφέξαλα...

Ιωάννης: Θα πει τα ίδια και όχι άλλα... Κοιμήθηκα ελάχιστα, με τα ίδια όνειρα και τα ίδια κουραφέξαλα...

Γλαύκη: Όχι και «κουραφέξαλο», αγάπη μου, εγώ... Δε θέλεις να θυμώσω...

Ιωάννης: Είμαι τόσο κουρασμένος - ούτε στο μαγαζί δεν μπο- ρώ να πάω αυτές τις μέρες. Με πήρε ο ύπνος με την κιθάρα στο χέρι - αλλά δε βαριέσαι. ούτε μισή ώρα δεν κοιμήθηκα κι άντε πάλι και τα ίδια ξανά... Τα δάση κι οι παραλίες, μαυρίλα και σκοτεινιά - και το πρόσωπό της εκεί... μπροστά στα μάτια μου... Μάγισσα και στοιχειό που με κυνηγάει...

Γλαύκη: ...Δε σε κυνηγάει... σε οδηγεί...

Ιωάννης: ...δυο μήνες πάνε που δεν μπορώ να κλείσω μάτι, δεν αντέχω άλλο, έχω εξαντληθεί... και το γαμώτο είναι που δεν μπορώ να καταλάβω το γιατί... Από το πουθενά - και χωρίς κα- μιά αιτία...

Μάνος: Εγώ στο είπα - μπορεί να χρειάζεται να πας να τη βρεις.

Ιωάννης: Δεν έχω να πάω πουθενά - και δεν έχει καμιά δουλειά στη ζωή μου αυτή... Ούτε στον ύπνο, ούτε στον ξύπνιο...

Γλαύκη: Σε πειρασμό με βάζεις, αγάπη μου... Σε μεγάλο πει- ρασμό...

Ιωάννης: ...Ποτέ δεν είχε άλλωστε - μια περαστική περιπέτεια ανάμεσα στις πολλές εκείνης της εποχής... Χωρίς καμία ιδιαίτε- ρη σημασία για 'μένα...

Μάνος: Για 'σένα...

Ιωάννης: Δεν έχουμε κανέναν άλλον εδώ....

Γλαύκη: Ε βέβαια... πότε είδες πιο πέρα από τη μύτη σου εσύ...;

Μάνος: Έχουμε εκείνη... Για να έρχεται στον ύπνο σου κάποια δουλειά θα 'χει...

Ιωάννης: Άσε μας, ρε Μάνο - που «έχουμε εκείνη» κι έχει και «δουλειά»... Τριάντα χρόνια κοντεύουνε - ούτε περσινά ξινά σταφύλια δεν έχουμε πια... Ούτ' εγώ - ούτε «εκείνη»...

Γλαύκη: Αμπέλι ολόκληρο έχουμε, χρυσέ μου... Υπερπαραγω-γή. !

Μάνος: Για σταφύλια δεν ξέρω αλλά ύπνο δεν έχεις... Όταν παί-ζει το ίδιο όνειρο κάθε βράδυ θα πει πως κάτι δεν πάει καλά, Ιωάννη... Κάτι σε βασανίζει και χρειάζεται να το δεις, να το ξε-καθαρίσεις... Ενοχές, απωθημένα, δικά σου, δικά της - δεν ξέρω - και φοβάμαι πως δεν μπορώ να βοηθήσω άλλο. Έχω τις δικές μου απόψεις γι' αυτά τα θέματα εγώ και δε σ' αρέσουνε... Αλλά δε γίνεται να συνεχίσεις έτσι, είναι καιρός να το κουβεντιάσεις με κάποιον «ειδικό»...

Ιωάννης: Σαν τι «ειδικό» - ψυχίατρο...; Δεν είσαι καλά - που θα κάθομαι να λέω στον κάθε ξενέρωτο για τη μάνα μου κι αν έπαιξα με το πουλάκι μου εγκαίρως κι αρκετά... Ούτε συζήτηση - ακόμα και τις δικές σου τις «μεταφυσικές» θα προτιμούσα... Φύγε από 'δω, ρε...

Μάνος: Να φύγω, καμιά αντίρρηση - δικό σου είναι το πρόβλη- μα... Εγώ με τις «μεταφυσικές» μου την έχω βρει την άκρη... Και με την... «ονειρεμένη» μου μια χαρά - όνειρα γλυκά που δε φαντάζεσαι... Δε σε βλέπω διατεθειμένο να το ψάξεις «έτσι», όμως...

Ιωάννης: Μάλιστα... Εσύ κουβεντιάζεις για... «ονειρεμένες» και πράσιν' άλογα, αλλά... εγώ πρέπει να πάω στον ψυχίατρο... Άκου... «ονειρεμένη»... Μόνο αυτό μας έλειπε - να βρέχω σε- ντόνια στην ηλικία μου..

Γλαύκη: Όπως πάντα... πονηρός - ο νους σου ο πονηρός...

Μάνος: Σε λάθος όργανο το τοποθέτησες αλλά δεν πειράζει - μικρός είσαι ακόμα και σε παίρνει... Άντε τώρα. τράβα να δεις τι σου ετοιμάζουν τα σημερινά ονείρατα και τα λέμε αύριο, πάλι...

Ιωάννης: Βρε, άιντε από κει - που θα μου πεις εσύ για «λάθος όργανο» …

{Κλείνουν γελώντας. Ο Ιωάννης σηκώνεται, βηματίζει, ανάβει τσιγάρο. Η Γλαύκη σηκώνει το χέρι και δείχνει προς το ραδιό- φωνο. Ο Ιωάννης ανοίγει το ραδιόφωνο - ακούγεται ένα γνωστό τραγούδι.}

Γλαύκη: Όχι πάλι το ραδιόφωνο - δε μ' ακούς με τόση φασα- ρία...

{Ο Ιωάννης το κλείνει με γκριμάτσα αποδοκιμασίας}

Γλαύκη: Παραδίπλα... στο συρτάρι... το κουτί...

{Ο Ιωάννης ανοίγει ένα συρτάρι και βγάζει ένα χάρτινο κουτί, κάθεται και ψάχνοντας βγάζει μερικές φωτογραφίες. Κρατάει μία - την ακουμπά δίπλα στο τηλέφωνο- μονολογεί - η Γλαύκη ακολουθεί με αργή παντομίμα.}

Ιωάννης: Αξέχαστη εκείνη η εκδρομή... Ένα τσούρμο παιδαρέ- λια ξεσαλωμένα κι ανήμερα... Τριάντα χρόνια και βάλε... πώς περάσανε τόσα πολλά...!

Γλαύκη: Εξαρτάται... από ποια πλευρά το βλέπεις...

Ιωάννης: ... Μια κούκλα ήσουν... Κι εκείνο το γέλιο σου... σαν νερό... Πώς άλλαξες έτσι - τρόμαξα να σε γνωρίσω πρόπερ- σι που έπεσα πάνω σου στο γραφείο της διαφημιστικής... Μια σκέτη τυπικούρα... Σοβαρή και «κυρία» - αγέλαστη σαν διευ- θύντρια φυλακών... Θυμώνω ακόμα και στον ύπνο μου που σε βλέπω...

{πετάει την φωτογραφία στο πάτωμα}

Να μην ξαναρθείς...! Ποτέ...! Ακούς...;;;

{Η Γλαύκη κρύβεται μ' ένα σιγανό γέλιο / ο Ιωάννης μαζεύει τη φωτογραφία στο κουτί / ανάβει τσιγάρο / παίζει κιθάρα / ξαναβγάζει τη φωτογραφία.}

... Γιατί μου κυνηγάς τον ύπνο...; Τι θέλεις από 'μένα...;;

{Ακούγεται το σιγανό γέλιο - η Γλαύκη επιστρέφει στην πλατ- φόρμα.}

... Τι λέω, Θεέ μου - τι δουλειά έχει και τι μου φταίει η γυναί-κα...; Τόσα χρόνια περάσανε - τι περίμενα...; να μείνει ανέμελο κοριτσόπουλο...; Και τι με νοιάζει στο κάτω κάτω - δε μ' ένοιαξε τότε που ήταν και τόσο ερωτευμένη μαζί μου η κακομοίρα...

Γλαύκη: ... Κακομοίρης είσαι και φαίνεσαι...

Ιωάννης: ... τώρα με πείραξε...;; Λες να 'ναι αυτό...; Ενοχές για τη γαϊδουριά μου...; Τώρα που βλέπω την κόρη μου να μεγαλώ- νει, καταλαβαίνω αλλιώς...

Γλαύκη: (τραγουδιστά) ... Έχει ο καιρός γυρίσματα...

Ιωάννης: ... δε θα το άντεχα να της φερθεί έτσι κάποιος... Κα- νείς - ακόμα κι αν έκανε τις μεγαλύτερες βλακείες...

Γλαύκη: Για... ν' ακούσω και τις μεγάλες βλακείες που έκανε...

Ιωάννης: ... Εδώ που τα λέμε... δεν έκανε και τίποτα φοβερό... Τόσες μέρες τώρα που τη βλέπω στον ύπνο μου αναρωτιέμαι τι ήταν αυτό που μ' ενοχλούσε τόσο πολύ...! Εκείνο το ηλίθιο μπλοκάκι, μάλλον - τα νεύρα μου σπάγανε να με σκιτσάρει κάθε τόσο... Ήταν τόσο δύσκολη εποχή τότε - δεν ήξερα τι θα κάνω και πού θα καταλήξω - οι έρωτες μου λείπανε... Άντε και σχέση, δεσμεύσεις και τρέχα γύρευε - ούτε να το φανταστώ...! Φοβό- μουν... Άφραγκος ήμουν κι αποτυχημένος ένιωθα - δεν μπορού- σε να πάει πάρα πέρα... Όχι ότι ζήτησε και τίποτα δηλαδή, δεν μπορώ να πω...

Γλαύκη: ... Αυτό πια σου έλειπε...!!!

Ιωάννης: ... όχι φανερά, τουλάχιστον - γιατί εκείνα τα σκιτσά- κια άλλα δείχνανε... Τα πιο βαθιά μου μυστικά ζωγράφιζε... Πα- ράξενος κι ο τρόπος που με κοίταζε - σαν να 'βλεπε όλους τους φόβους και τις αγωνίες μου... Πράγματα που κι εγώ ο ίδιος δεν καταλάβαινα είχε το θράσος να τα ζωγραφίζει - και να μου τα δείχνει κιόλας... Γίνεται επικίνδυνος αυτός που μπορεί να σε δει τόσο βαθιά - τ' ακούς...; Ούτε να βλέπω δεν ήθελα τις ζωγραφιές σου - και καθόλου δε μ' ενδιέφερε πώς ένιωθες εσύ... Δυνατά βρεθήκαμε, το ξέρω - αλλά ως εκεί... Εγωιστικό θα μου πεις - οκ... κι αυτό το ξέρω...

Τα βλέπω αλλιώς τώρα πια και στ' αλήθεια λυπάμαι αλλά ακόμα κι αν ήθελα το ποτάμι δε γυρίζει πίσω και πάψε να στοιχειώνεις τον ύπνο μου... Δεν έχει νόημα να ξυπνάς αναμνήσεις κι ενο- χές - δεν ήξερα, δεν είχα ιδέα τι με θύμωνε τόσο... Από ένστικτο αντιδρούσα... Αυτοσυντήρηση - που ήσουν τόσο απρόβλεπτη... Πώς τα κατάφερνες έτσι...;; Φοβήθηκα τόσο πολύ 'κείνο το βράδυ - που μέθυσες και χάθηκες στην παραλία... Και τι δε σκέ- φτηκα - μέχρι πως αυτοκτόνησες... πως πνίγηκες στη θάλασσα... Τον κόσμο ανάποδα είδα μέχρι να σε βρω...

{Ακούγονται οι μακρινές νότες, η Γλαύκη δείχνει την κιθάρα, ο Ιωάννης την πιάνει, κάθεται στον καναπέ και παίζει μια μελαγ- χολική μελωδία. Τα φώτα σβήνουν αργά - τέλος της εικόνας.}

Εικόνα 3η

{Ο φωτισμός δυναμώνει στο ατελιέ. Η Τζανίν είναι κουλουρια- σμένη στον καναπέ. Σηκώνεται κουρασμένα, βάζει ένα ποτήρι νερό, ανάβει τσιγάρο και στρέφεται στον πίνακα. Ακούγονται οι μακρινές νότες - ο Γλαύκος εμφανίζεται στην πλατφόρμα πίσω από την κουρτίνα.}

Τζανίν: Μάλιστα...! Ο Ιωάννης...! Βέβαια...! Χμ.... Ωραία...! Εσένα βρήκα να ζωγραφίσω...; πάλι...;;; Ένας τεράστιος Ιωάν- νης...! Ολόκληρος γίγαντας βγαίνει... «Τ' απωθημένα μου» θα 'λεγε η Χριστίνα... Και να πεις πως τον σκεφτόμουν αυτές τις μέρες, να το καταλάβω - αλλά με τόση δουλειά και τόσο πήγαι- νέλα με το τελάρο, ούτε σκέψη... Ούτε που πέρασε από τον νου μου...

Γλαύκος: Εγώ πέρασα... εσύ δε με είδες...

{Ο Γλαύκος σηκώνει το χέρι και δείχνει το τηλέφωνο - η Τζανίν πηγαίνει εκεί και παίρνει το νούμερο - ακούγονται ήχοι ανάλο- γοι.}

Χριστίνα: Λέγετε...

Τζανίν: Εγώ είμαι...

Χριστίνα: Αναμενόμενο... Τι νέα απ' το μεσημέρι...;;

Τζανίν: Δε θα πιστέψεις αυτό που ανακάλυψα...!

Χριστίνα: Για δοκίμασε...

Τζανίν: Προχθές που ήρθες... τον είδες τον πίνακα...;

Χριστίνα: Με δουλεύεις...; φυσικά και τον είδα...

Τζανίν: Όχι, βρε παιδί μου... να... θέλω να σε ρωτήσω... τι εί- δες....;

Χριστίνα: Τι να είδα - το προσχέδιο ενός άντρα...

Τζανίν: Μόνο...;

Χριστίνα: Μόνο... Γιατί - υπήρχε και κάτι άλλο...;

Τζανίν: Δεν είδες πως είναι τεράστιος...;;;

Χριστίνα: Το είδα... και λοιπόν...;

Τζανίν: Και δε σου έκανε εντύπωση...;

Χριστίνα: Τι εντύπωση να μου κάνει - μεγάλο το τελάρο, μεγά- λο και το προσχέδιο κι αν είναι να το «εκθέσεις» δε θα τ' αφή- σεις έτσι, υποθέτω... Ελπίζω...

Τζανίν: Όσο γι' αυτό - εντάξει... εννοείται... Ξέρεις... μετά που κλείσαμε ξάπλωσα λίγο εδώ, στον καναπέ... και με πήρε ο ύπνος... Πρώτη φορά εδώ μέσα...

Γλαύκος: Ε... όχι και πρώτη φορά....

Τζανίν: ... πρώτη φορά από τότε που ήρθε το τελάρο, δηλαδή... Μάντεψε όνειρο που είδα...

Χριστίνα: Τον «μεγάλο» πίνακα τελειωμένο και τον εαυτό σου Σαλβαδόρ Νταλί...

Τζανίν: Χα χα χα χα... για τόσο ψωνάρα μ' έχεις, βρε Χριστί- να....;

Χριστίνα: Για περισσότερο...! Πολλά χρόνια καταπιέστηκες και φυσική συνέπεια είναι...

Τζανίν: Δεν έχεις άδικο - πάντως... στο πρώτο κάτι πέτυχες... Τον πίνακα τον είδα - και πού να σου λέω ποιον είδα να «βγαί- νει» απ' το τελάρο. !

Γλαύκος: Ακόμα δεν είδες τίποτα...

Χριστίνα: Τον Νταλί. ;;

Τζανίν: Τον Ιωάννη, Χριστίνα... θυμάσαι....; Σου είχα πει κάποτε για τον Ιωάννη...

Χριστίνα: Τον μουσικό...; Φυσικά και θυμάμαι... Ο μεγάλος έρωτας των σαράντα ημερών...

Τζανίν: Και των είκοσι χρονών...

Γλαύκος: ... και των πολλών αιώνων μη σου πω και σε ταρά-ξω...

Χριστίνα: Κανονικά... πρέπει να 'χουν περάσει περισσότερα...

Τζανίν: Δε λέω γι' αυτά που έχουνε περάσει... Για το πόσων χρονών ήμουν λέω...

Χριστίνα: Πόσο ήσουν. ;

Τζανίν: Εικοσιένα... δευτεροετής στη σχολή... Ζωγράφιζα τότε... Πολύ. !

Γλαύκος: ...υπερβολικά. !

Τζανίν: ...κι όλο δικά του σκίτσα έφτιαχνα...

Γλαύκος: ...χωρίς να ρωτήσεις, όμως...

Χριστίνα: Κι εκείνος...;

Τζανίν: Εκείνος... δυο χρόνια μεγαλύτερος... Το έπαιζε «μεγά- λος» και σοβαρός...

Γλαύκος: ...κι είπες να τον πάρεις για μοντέλο....

Τζανίν: ... Κάποια στιγμή κατάλαβα πως πρέπει να τον ενο- χλούσε που τον ζωγράφιζα... Δεν έλεγε, βέβαια, τίποτα αλλά κάθε φορά που του έδειχνα ένα σκίτσο έμοιαζε να θυμώνει. Δε βαριέσαι... ήταν ήδη πολύ αργά...

Γλαύκος: ...έτσι είναι... πάντα αργά παίρνεις είδηση... «μετά» νοείς...

Χριστίνα: Μάλιστα... Ωραία, λοιπόν - το λύσαμε το μυστήριο. ! Είσαι ακόμα ερωτευμένη μαζί του και ζωγράφισέ τον επιτέλους κανονικά να τελειώνουμε. Θα σου περάσει και θα σου μείνει κι ο πίνακας κέρδος. Μετά... θα μπορείς να κάνεις κι άλλους...

Τζανίν: Πλάκα κάνεις μου φαίνεται...

Γλαύκος: ... τόσο απλό που μοιάζει με πλάκα, κούκλα μου...

Χριστίνα: Γιατί να κάνω πλάκα - τι πιο λογικό...; Δουλεύεις τον πίνακα - κι ας είναι και ζόρικο - και ξεμπερδεύεις τα συναι- σθήματά σου που είναι κουβάρι... Είναι κι αυτός ένας τρόπος... Μετά... θα είναι όλα πιο απλά...

Τζανίν: Κι αυτό το παράξενο με το τελάρο. ; Αυτή η σύμπτωση - που το γύρισα πίσω δυο φορές και πάλι το ίδιο φέρανε. ; Και τέτοια ταραχή - τόσο μεγάλη θλίψη κάθε φορά που το έβλεπα... Σαν να μου μιλούσε...

Γλαύκος: ... και βέβαια σου μιλούσα...

Τζανίν: ... δεν έγινε βέβαια γιατί είμαι ακόμα ερωτευμένη με τον Ιωάννη όλο αυτό...

Γλαύκος: ... ε... όσο να 'ναι... έγινε και γι' αυτό...

Τζανίν: ... ούτε που πέρασε άλλωστε από τον νου μου αυτές τις μέρες... Σπάνια τον σκέφτομαι πια έτσι κι αλλιώς...

Χριστίνα: Έλα τώρα - μια κακή συνεννόηση ήταν η ιστορία με το τελάρο... Σε φόβισε που είναι μεγάλο - κι έφερε στην επιφά- νεια τα υπόλοιπα...

Τζανίν: Μάλιστα... Κι όταν αποφάσισα τελικά να το κρατήσω και να φτιάξω έναν υπέροχο βυθό με γοργόνες και τρίτωνες, να βγαίνει μια μαυρη θλίψη και να 'ναι αδύνατον να ζωγραφίσω αυτό που ήθελα...; Να πηγαίνει το χέρι από μόνο του - δεν μπο- ρώ να το περιγράψω - και... ορίστε ο Κινγκ Κόνγκ...! Τι είναι αυτό, Χριστίνα; Κακή συνεννόηση με τον εαυτό μου...;;

Γλαύκος: ... ακριβώς...

Χριστίνα: Προφανώς η μαύρη θλίψη έχει σχέση μαζί του - κάπου μέσα σου κουβαλάς έναν Κινγκ Κόνγκ... Φόβος μάλλον... ή... Ιωάννης...

Γλαύκος: ... Καλά το πας...

Χριστίνα: ... ή «ο Φόβος για τον Ιωάννη» - διάλεξε και πάρε... κι ΑΝ θέλεις να ξεμπερδέψεις με δαύτον καλά θα κάνεις να συντονιστείς και να τον ζωγραφίσεις... Είπες πως «τότε» - τότε που τον γνώρισες - ζωγράφιζες πολύ... Και μάλιστα εκείνον...

Τζανίν: Α... ναι... συνεχώς... Όχι μόνο εκείνον φυσικά - ετοιμαζόμουν για το τρίτο έτος κι είχα καημό να πάρω το βραβείο της σχολής... Θα μπορούσα να συνεχίσω στην Καλών Τεχνών, οι καθηγητές μου με είχαν ενθαρρύνει πολύ... Δε βαριέσαι - τίποτα δεν κατάφερα - μόνο κάτι σκόρπια σκίτσα με τη φάτσα του μου μείνανε. Τέλειωσε τόσο άδοξα αυτή η ιστορία που κόντεψα να ξεχάσω τ' όνομά μου - όχι την Καλών Τεχνών... Έμπλεξα ύστε- ρα με το διαφημιστικό και με τον Τάκη και τα πέταξα όλα - και σκίτσα και μουσαμάδες... Ακόμα και τις μπογιές... Τα υπόλοιπα είναι ιστορία γνωστή και συνηθισμένη... Αν εξαιρέσεις τον γιο μου και την εγγόνα μου δεν έχει και μεγάλο ενδιαφέρον...

Χριστίνα: Εδώ είμαστε, λοιπόν - στην άκρη του νήματος ο κύ- ριος Ιωάννης και το νήμα σε πάει πίσω στα σκίτσα και τα χρώ- ματα που πέταξες...

Τζανίν: Πώς το εννοείς αυτό...;;;

Γλαύκος: ... να στο συλλαβίσει κιόλας...;;;

Χριστίνα: Μωρέ... καλά λένε πως δεν υπάρχει μεγαλύτερος τυφλός απ' αυτόν που δε θέλει να δει... Είναι δυνατόν να με ρωτάς «τι εννοώ»...;;; Ηλίου φαεινότερο...! Δεν είναι ο «άτυχος έρωτας» το θέμα σου - είναι που μ' αυτόν τον «έρωτα» έκλεισες την πόρτα στον ίδιο σου τον εαυτό... Στη ζωγραφική με λίγα λόγια...

Τζανίν: Ε... δεν έφταιγε ο Ιωάννης γι' αυτό, δεν είχε καμιά σχέση ο άνθρωπος, δική μου ήταν η απόφαση... Ούτε κι ο Τάκης μού ζήτησε ποτέ να τα παρατήσω, ίσα ίσα... Δική μου είναι η ευθύνη, Χριστίνα... Εξ' ολοκλήρου...

Χριστίνα: Φυσικά και είναι δική σου η ευθύνη - το θέμα δεν είναι εκεί... Δεν είναι η ίδια η απόφαση που ενδιαφέρει τώρα - είναι αυτό που την προκάλεσε...

Τζανίν: Έλα τώρα - τι να την προκάλεσε...; Οι συγκυρίες, οι συνθήκες... Κάποια δουλειά έπρεπε να βρω - η ζωγραφική δεν τρώγεται και για ν' αρχίσει να πουλάει θέλει χρόνο και γνωρι- μίες...

Γλαύκος: ...πρώτ' απ' όλα θέλει ζωγραφιές, κούκλα μου...

Τζανίν: ...κι εγώ... μετά απ' αυτήν την ιστορία με το ζόρι τελείωσα τη σχολή... Καλά που βρέθηκε το διαφημιστικό να λες, που μόλις είχε ξεκινήσει και είχε ενδιαφέρον και πολλή δουλειά... Είχαμε αναλάβει τις οικολογικές οργανώσεις τότε - έτσι προ- έκυψε η σχέση με τον Τάκη κι η εγκυμοσύνη. Τραυματίστηκε κιόλας σ' εκείνη τη διαδήλωση - πού μυαλό για ζωγραφικές και χρώματα μέχρι να συνέλθει... Παρά λίγο να τον χάσουμε... Ε... ύστερα ήρθε το παιδί και τα κάλυψε όλα - ούτε χρόνος ούτε διάθεση,πια... Δε θέλει πολύ να σε πάρει από κάτω η ρουτίνα... Συμβιβάζεσαι... τα γνωστά...

Χριστίνα: Ωραία... ας πούμε πως συμφωνώ... Τώρα, λοιπόν - που έχεις χρόνο - κάτσε να ζωγραφίσεις τον «γίγαντα» και να θυμηθείς πώς ήσουν τότε που πέταξες τα σκίτσα και τους μου- σαμάδες... Έτσι... θα δούμε, αν θέλεις να ξαναβρείς το νήμα... Μάλλον πρέπει να το πιάσεις από εκεί που τ' άφησες...

Τζανίν: Ναι... μπορεί... Τώρα που ξεκαθάρισε το «πρόσωπο» θα είναι πιο εύκολο... Ήταν τόσο μπερδεμένα όλα εκείνη την εποχή που τράβηξα μια κουρτίνα κι αποφεύγω να τα θυμάμαι... Ποτέ δε θέλησα να τα «ξεμπερδέψω» ...

Γλαύκος: ... κλασική η περίπτωση, γλυκιά μου - κανείς δε θέλει ν' ασχοληθεί μ' αυτό που πονάει... αλλά... δεν παύει να πονάει...

Τζανίν: ... κι ως φαίνεται δε γίνεται να πάω παρακάτω αν δεν το κάνω... Δε θα προχωρήσω με τη ζωγραφική αν δεν ξεκαθαρίσω γιατί την παράτησα... Ίσως ο τρόπος που αντιμετώπιζε τα σκί- τσα μου ο Ιωάννης...

Χριστίνα: Ή ο τρόπος που τον αντιμετώπιζες εσύ - και τον Ιω- άννη και την ίδια τη ζωγραφική σου, δηλαδή... Δεν πρέπει να την έπαιρνες και πολύ στα σοβαρά αν του έδειχνες τα πρωτό- λεια σκίτσα σου - ακόμα και τα παιδιά δε θέλουν να δείχνουν τις ζωγραφιές τους πριν τις τελειώσουν. Ούτε καν σε 'μένα - που υποτίθεται πως μ' εμπιστεύονται...

Τζανίν: Έχεις δίκιο... πράγματι - μοιάζει τόσο παιδιάστικο όλο αυτό... Σ' ευχαριστώ που είσαι μαζί μου, Χριστινάκι - ένα παιδί με «ειδικές ανάγκες» φαίνεται πως μου 'χει προκύψει κι εμένα... Κι έχω μεγάλη ανάγκη από κάποιον να με καταλαβαίνει...

Χριστίνα: (ειρωνικά) Παρακαλώ - και κανόνισε μακαρονάδα για να βγάλεις την υποχρέωση... Καλό το τηλέφωνο δε λέω, αλλά να πάμε και καμιά βόλτα, ειδική ανάγκη είναι κι αυτό... Πολύ κλείνεσαι τελευταία και μπορεί να το χρειάζεσαι - οκ - αλλά με μέτρο... Άντε τώρα... τράβα να τα «πεις» και με τον γίγαντα...

Τζανίν: Εντάξει - θα πάω... Κι όσο για τη μακαρονάδα, κερα- σμένη και το συντομότερο - στο υπόσχομαι... Έλα... καλό βρά- δυ... τα λέμε αύριο, πάλι...

{Κλείνουν. Η Τζανίν σηκώνεται και πλησιάζει τον πίνακα. Ο Γλαύκος ανοίγει την κουρτίνα, προβάλλει μέσα στο δωμάτιο κι απλώνει τα χέρια του σαν να θέλει να την αγκαλιάσει. Η Τζανίν αγκαλιάζει τους ώμους της - γυρίζει και κουλουριάζεται στον καναπέ - ακούγονται οι μακρινές νότες. Τα φώτα σβήνουν - τέ- λος της εικόνας.}

Εικόνα 4η

{Φωτίζεται το στούντιο - ο Ιωάννης είναι ακόμα με την κιθάρα. Η Γλαύκη στην πλατφόρμα απλώνει το χέρι και δείχνει το τηλέ- φωνο - ο Ιωάννης αφήνει την κιθάρα και πηγαίνει - σχηματίζει αριθμό.}

Μάνος: Πες το....

Ιωάννης: Εγώ είμαι...

Μάνος: Το είδα...

Ιωάννης: Δε μου λες εσύ, με τους ειδικούς και τις μεταφυσικές - που «δεν είμαι και διατεθειμένος»... Αν ήμουν...;

Μάνος: Τι να ήσουν...;

Ιωάννης: Διατεθειμένος να ψάξω ακόμα και τις φιλοσοφίες σου...

Μάνος: Είσαι...;

Ιωάννης: Δεν είμαι σίγουρος - αλλά το κεφάλι μου έχει γίνει σαν μπαλόνι και δεν μπορώ να δώσω καμία εξήγηση... Τραβάω ένα λούκι χωρίς αιτία - δεν υπάρχει κανένας πραγματικός λόγος... Όλα είναι μια χαρά - κι εγώ έχω χάσει τον ύπνο μου...Κάπως πρέ- πει να βρω την άκρη - και σε ψυχίατρο εγώ δεν πάω...

Γλαύκη: ... α πα πα πα...

Μάνος: Εντάξει κι εγώ δε θα το προτιμούσα, αλλά... αυτό είναι το πιο εύκολο. Ένα κάποιο χαπάκι και θα ξεμπέρδευες - για την ώρα, τουλάχιστον...

Ιωάννης: Το ξέρω - δε θέλω έτσι... Κάτι πρέπει να κάνω, σίγου- ρα... αλλά όχι αυτό...

Μάνος: Το πρώτο που πρέπει να κάνεις είναι μου φαίνεται ν' αναρωτηθείς σοβαρά για κάποια πράγματα - και ν' απαντήσεις με ειλικρίνεια στον εαυτό σου... Προφανώς αυτό το «όλα είναι μια χαρά», αφορά μόνο την επιφάνεια και στην ουσία απλώς δεν ισχύει... Ακριβώς για να σου δείξει την αλήθεια έρχεται ο εφιάλ- της και σταμάτα να κάνεις πως δεν βλέπεις... Δεν ξεφεύγεις με φτηνά κολπάκια από τη... «μάγισσα»..

Γλαύκη: ...πολύ σωστά... δεν πρόκειται...

Ιωάννης: Εντάξει... δεν είναι πάντα «μάγισσα» - ούτε και είναι πάντα εφιάλτες αυτά τα όνειρα... Μερικές φορές είναι κι ευχάρι- στα...

Γλαύκη: ... πάλι καλά που το παραδέχεσαι, αγάπη μου...

Ιωάννης: ... ακόμα και τότε όμως είναι πολύ έντονα. Και τόσο «ζωντανά» που ξυπνάω και δεν μπορώ πια να κλείσω μάτι... Κάτι πρέπει να κάνω - έχω καταντήσει να φοβάμαι να κοιμηθώ...

Μάνος: Το ξέρω - το καταλαβαίνω - κι ευχαρίστως να σε βοη- θήσω όσο μπορώ, αλλά μιλάμε για διαφορετικό τρόπο σκέψης... Είσαι διατεθειμένος να δεις τον κόσμο «ανάποδα» ...;;

Ιωάννης: Χα χα χα... κοίτα να δεις που πριν λίγο είπα την ίδια κουβέντα - αν και... εσύ μάλλον κάπως αλλιώς το εννοείς... Για δώσε ένα παράδειγμα...

Μάνος: Ένα παράδειγμα... μπορείς να θεωρήσεις δεδομένο πως ο «κόσμος» που βλέπεις στα όνειρά σου, είναι κόσμος υπαρ- κτός, με νόμους και κανόνες…;

Ιωάννης: Τι εννοείς «κόσμος υπαρκτός», βρε Μάνο...;

Μάνος: Αυτό ακριβώς που λέω - δεν είναι «σχήμα λόγου» ... Κόσμος κανονικός, με «κατοίκους» και δυνατότητες - πολλές δυνατότητες... Για να σου ανοίξει τις πόρτες και τα μυστικά του θα πρέπει να τα σεβαστείς όλ' αυτά - δεν ερμηνεύονται με τον ονειροκρίτη ούτε με αναλύσεις και «κοινές λογικές» ...

Ιωάννης: Εντάξει - δεν είπα να πιάσουμε τον ονειροκρίτη... Αλλά όσο να 'ναι μια ανάλυση πρέπει να την κάνω - κάτι τρέχει εδώ με την ψυχολογία μου...

Μάνος: Φυσικά - ένα κομμάτι του «εαυτού» σου βρίσκεται εκεί και θα σε υποχρεώσει να παραδεχτείς όλα όσα προσπαθείς ν' αποφύγεις... Αυτά που είναι σημαντικά για την Ψυχή σου επηρε- άζουν και την «ψυχολογία» σου.... Στην περίπτωσή σου πάντως - κι απ' ό,τι φαίνεται... το θέμα δεν αφορά μόνο τη δική σου «ψυχολογία» ...

Ιωάννης: Τι πάει να πει αυτό...;

Μάνος: Πως πιθανόν να αφορά και την «ψυχολογία» της Τζα- νίν, η οποία παρεμπιπτόντως είναι ο πιο βασικός «κάτοικος» στη δική σου «ονειροχώρα»...

Ιωάννης: Η αλήθεια είναι πως ποτέ δεν έβλεπα πολλά όνειρα εγώ... Μόνο τα τελευταία χρόνια πότε πότε - μέχρι τώρα που άρχισε αυτή η ιστορία...

Μάνος: Θα ήταν άνευ σημασίας - και απλά δεν τα θυμόσουν...

Ιωάννης: Ναι - εντάξει το λένε κι οι γιατροί πως βλέπουμε όνει- ρα πάντα... κι ας μην τα θυμόμαστε...

Μάνος: Κι αν δεν το λέγανε οι γιατροί...; Δε θα το παραδεχό- σουν...;;

Ιωάννης: Όχι, βρε άνθρωπε - δεν είπα αυτό... Αλλά όσο να 'ναι, άμα το παραδέχεται η επιστήμη πιο εύκολα θα το παραδεχτώ κι εγώ... θα'ναι πιο σίγουρο...

Μάνος: Γι' αυτό σου λέω να πας σε ειδικό... Αν έχεις ανάγκη από «σιγουριά» κι «επιστημονική απόδειξη», εκεί πρέπει να πας...

Ιωάννης: Δεν πάω σε ψυχίατρο εγώ, Μάνο... Το είπαμε αυτό...

Γλαύκη: ... αυτό μας έλειπε... να χάσουμε και τη Δευτέρα Πα- ρουσία...

Ιωάννης: ... στον αιώνα τον άπαντα δε θα πάω και μη σώσω να κοιμηθώ ξανά. Αν έχεις τρόπο να βοηθήσεις καλώς - αυτό μόνο θέλω... αυτό σε ρωτάω...

Μάνος: Ευχαρίστως - αλλά εγώ θα σου μιλάω για έναν «άλ- λον» κόσμο, όχι για «εγκεφαλικές λειτουργίες». Στην εποχή της «αποκάλυψης» ζούμε βέβαια κι αυτό σημαίνει πως αποκαλύ- πτεται αυτός ο «άλλος» κόσμος - αλλά από 'σένα εξαρτάται αν θέλεις να τον γνωρίσεις... Σε κάθε περίπτωση μιλάς για το «αό- ρατο» - ακόμα κι αν αυτό το «αόρατο» είναι όνειρα και συναι- σθήματα που δεν τα ξέρεις... ή δε θέλεις να τα ξέρεις...;

Ιωάννης: Δεν έχω κανένα ιδιαίτερο συναίσθημα, βρε Μάνο - τι λέμε τόσο καιρό...;

Μάνος: Αυτά τα όνειρα είναι γεμάτα συναισθήματα και μάλι- στα βαριά... Απ' αυτά που κανένας δε θέλει να έχει κι όλοι τα κρύβουμε - από τον εαυτό μας κατ' αρχάς... Γι' αυτό έρχονται μέσα στο όνειρο και για να έρχονται τώρα θα πει πως μόνο τώρα είσαι σε θέση να τα «δεις» και να τα παραδεχτείς. Αν θέλεις ν' «απαλλαγείς», χρειάζεται ν' αναρωτηθείς αληθινά. Να τα γνω- ρίσεις - και για την ακρίβεια: να τ' αναγνωρίσεις... Αυτό ση- μαίνει πως θα τα αισθανθείς - κι εκεί... αρχίζουν τα δύσκολα, γιατί αυτό πονάει... Και το ξέρεις πως αυτό πονάει - γι' αυτό τα κρύβεις και τα κουκουλώνεις... Δε θέλεις λοιπόν να τα νιώσεις κι έτσι τ' αφήνεις να σε τρώνε και να σ' αρρωσταίνουν...

Ιωάννης: Παραδείγματος χάριν...;;

Μάνος: Παραδείγματος χάριν... η ενοχή... Αν φέρθηκες σαν γάιδαρος και κάπου το 'χεις μετανιώσει... Ή... αν την ήθελες περισσότερο απ' όσο καταλάβαινες τότε - πριν το διώξεις το πουλάκι και πάει πέταξε... Κι αφού το 'χασες το εκτιμάς αλλά είναι πια αργά...

Ιωάννης: Τίποτα απ' όλ' αυτά δεν ισχύει....

Γλαύκη: Μη λες μεγάλη κουβέντα - θα φασκελώνεσαι μοναχός σου μετά...

Ιωάννης: ...ούτε σαν γάιδαρος φέρθηκα - ούτε και τίποτα πε- ρισσότερο ήθελα...

Μάνος: Σύμφωνοι. παράδειγμα ζήτησες - παράδειγμα σου δίνω.Τ α συναισθήματά σου εσύ θα τα βρεις - εγώ πού να ξέρω; Αυτήν τη στιγμή ακόμα κι εσύ το ψάχνεις κι η απάντηση θα προκύψει από τον κόσμο του αοράτου. Η ρίζα του προβλήμα- τος, η «αιτία», βρίσκεται πάντοτε κρυμμένη εκεί. Χρειάζεται να βρεις τις σωστές ερωτήσεις και να είσαι αληθινός με τον εαυτό σου για να μπορέσεις «ν᾽ ακούσεις» την απάντηση. Και οπωσ- δήποτε... χρειάζεται να μάθεις ν᾽ αντιμετωπίζεις με τον ανάλογο σεβασμό και τη «μάγισσα»...

Γλαύκη: ...ναι - γιατί κοντεύω να χάσω την υπομονή μου...

Ιωάννης: Μου τη δίνει που μιλάς για εκείνη σαν να είναι πρό- σωπο υπαρκτό...

Μάνος: Φυσικά και είναι πρόσωπο υπαρκτό...!

Ιωάννης: Ναι, βρε παιδί μου - μια χαρά ζωντανή είναι η γυναί- κα - χτύπα ξύλο... Ως «μάγισσα» εννοούσα...

Μάνος: Αυτό εννοούσα κι εγώ - μ᾽ αυτήν τη μορφή «έρχεται» στα όνειρά σου και κάποιος λόγος υπάρχει γι᾽ αυτό... Αν δεν ήταν ζωντανή θα το συζητούσαμε διαφορετικά και τα πράγματα θα ήταν πολύ πιο δύσκολα. Τώρα όμως έχεις τη δυνατότητα να ξεκαθαρίσεις και τους «λογαριασμούς» σου μαζί της - κι αυτοί οι «λογαριασμοί» μπορεί να είναι πολύ παλιοί...

Ιωάννης: Για ‘μένα είναι μόνο μια μνήμη ξεθωριασμένη - και μάλλον ενοχλητική, Μάνο... Γι᾽ αυτό τη βλέπω και σαν μάγισ- σα, υποθέτω...

Μάνος: Ε... ακριβώς - για να είναι ενοχλητική κι όχι αδιάφορη, προφανώς, κάτι τρέχει... Άσε που είναι φορές που τη βλέπεις και σαν «νεράιδα» ...

Ιωάννης: Ναι... αλλά όχι τόσο συχνά...

Γλαύκη: ...πολύ θα σε βόλευε η νεράιδα, αγαπούλα μου... το ξέρω...

Ιωάννης: ...Ακόμα κι έτσι όμως... συνήθως θυμώνω και μάλι- στα πολύ.

Μάνος: Αυτό θα πει πως μόνο ξεθωριασμένη δεν είναι αυτή η «μνήμη». Πρώτη ερώτηση λοιπόν, ο θυμός που σου προκαλεί η συγκεκριμένη γυναίκα. Γιατί...; Τι σου 'χει κάνει...; Και γιατί τώρα - μετά από τόσα χρόνια. ;

Ιωάννης: Αμέσως μπορώ να σου απαντήσω σ' αυτό...

Μάνος: Στον εαυτό σου ν' απαντήσεις. Όχι επιπόλαια κι επιφανειακά, ως συνήθως, αλλά κατόπιν ωρίμου σκέψεως και περισυλλογής... Κι έχε υπ' όψιν σου πως η απάντηση, συνήθως, οδηγεί απλώς στην επόμενη ερώτηση... Θα βοηθούσε να κά- τσεις να τα γράψεις... ό,τι θυμάσαι...

Ιωάννης: Ε... δε θυμάμαι λεπτομέρειες - το μοτίβο είναι πάντα το ίδιο... Σκοτάδι κι η άγρια μάγισσα να με κυνηγάει... Με φτά-νει και ξυπνάω...

Μάνος: Κι όταν τη βλέπεις ως «νεράιδα»...;;

Ιωάννης: Λίγο - πολύ το ίδιο - μόνο που εκεί καθυστερώ - σαν να την περιμένω να με φτάσει... Για να της τα ψάλλω...

Γλαύκη: ...και νομίζει πως δεν καταλαβαίνω κιόλας...

Μάνος: Πονηρός και στον ύπνο σου, ρε μπαγάσα - αλλά δεν περνάνε εδώ αυτά... Άντε τώρα... τράβα να κάνεις μια καταγρα-φή και τα λέμε αύριο, πάλι...

Ιωάννης: 'Ντάξει, φίλε... Σ' ευχαριστώ... αύριο πάλι....

{Κλείνουν. Η Γλαύκη στρέφεται στο συρτάρι / ο Ιωάννης βγάζει ένα τετράδιο / κάθεται / τα φώτα σβήνουν - τέλος της εικόνας.}

Εικόνα 5η

{Φωτίζεται ο διάδρομος των Γλαύκων με μωβ - μπλε προβολέα. Οι Γλαύκοι μπαίνουν με μουσική, χορεύοντας αγκαλιασμένοι, προχωρούν μπροστά και στέκονται. Οι φωνές από το μαγνητό- φωνο - ακολουθούν με παντομίμα.}

Γλαύκος: Δεν έχουμε πολύ χρόνο - σε λίγο θα με φωνάξει... Πρέπει να με δει...

Γλαύκη: Όλα μπορείς να τα καταφέρεις εσύ... Ακόμα και να σε δει...

Γλαύκος: Δε θα καταλάβει αλλιώς, δε θα μπορέσει να συνεχί- σει... Θα τα παρατήσει πάλι...

Γλαύκη: Ε... δε μ' έχεις για τόσο ηλίθια...

Γλαύκος: Εσένα όχι, αγάπη μου - πώς θα μπορούσα, Εαυτέ μου...;

Γλαύκη: Το ξέρεις πως σε νιώθω που ανησυχείς... Με ταράζεις έτσι...!

Γλαύκος: Δεν ανησυχώ αδίκως - έτοιμη να τα παρατήσει είναι, κι αυτή είναι η τελευταία μας ευκαιρία... Αν αφήσει στην άκρη τον πίνακα, η ζωγραφική της πάει... πέταξε... και θα συνεχίσει να είναι μισή και χωρισμένη...

Γλαύκη: Το ξέρει - της το φωνάζω εδώ και χρόνια, κι όπως βλέπεις ανταποκρίθηκε - ολόκληρο γραφείο παράτησε για να φτιάξει το ατελιέ και ν' αρχίσει να θυμάται... Όχι σαν τον βλάκα - που ψάχνει τα ραδιόφωνα και δε λέει ν' ανοίξει ένα συρτάρι... Ακόμα και τη φωτογραφία μου παραλίγο να τη σκίσει τις προ- άλλες... Κι είχα βάλει το καλύτερο μου βλέμμα..

Γλαύκος: Είναι που δεν το αντέχει, αγάπη μου, αυτό το βλέμ-μα... Το βλέπει πραγματικά και το φοβάται σαν εχθρό επικίν- δυνο... Όχι πως η Τζανίνα πάει πίσω - παρά τρίχα να τον ρίξει στην ανακύκλωση τις προάλλες τον πίνακα...

Γλαύκη: Μην τη φοβάσαι την Τζανίνα - γυναίκα είναι... Αισθά-νεται πιο εύκολα... πιο δυνατά... Μπορεί ακόμα και να σε δει.

Γλαύκος: Κι ο Ιωάννης θα μπορέσει... Θα τον βοηθήσω εγώ...

Γλαύκη: Μην τολμήσεις παρέμβαση - το ξέρεις πως απαγορεύ- εται...!!

Γλαύκος: Το ξέρω - αλλά έχω βρει τον τρόπο...

Γλαύκη: Τι σκαρφίστηκε πάλι ο νους σου ο πολυμήχανος...;; Οδύσσεια θα καταντήσουμε....

Γλαύκος: Δεν έχω τόσο μεγάλες φιλοδοξίες, αγάπη μου - το κόλπο είναι απλό - δε χρειαζόταν ο «πολυμήχανος»... Απαγο- ρεύεται να παρέμβω εγώ για να μπορέσει ν' ακούσει εσένα και να συνδεθεί μαζί σου - αυτό θέλουμε κι έτσι πρέπει να γίνει... Όμως δεν απαγορεύεται να στέλνουμε μηνύματα στους «βοη- θούς» - κι ο Μάνος ξέρει απ' αυτά..

Γλαύκη: Εντάξει, φυσικά και θα χρησιμοποιήσουμε τους βοη- θούς, ό,τι μπορούμε θα κάνουμε για να μη χαθούμε ξανά. Μία ευκαιρία μάς δόθηκε μετά από τόσους αιώνες - δε θ' αφήσουμε να πάει χαμένη...

Γλαύκος: Δεν ξέρω αν θα καταφέρουμε να μας ενσωματώσουν - είναι τόσο ανίδεοι και παγωμένοι, ακόμα. Κι είναι απαραίτη-το - η «Ένωση» δεν μπορεί να ολοκληρωθεί αν η συχνότητα της Αγάπης δεν περάσει στο φυσικό πεδίο. Πρέπει να καταγραφεί στο κύτταρο, ν' αλλάξει και να συμπληρώσει το DNA. Μην ξεχνάς πως είμαστε μέσα στο κρίσιμο πλήθος...

Γλαύκη: Δεν το ξεχνώ ούτε λεπτό... Θα τα καταφέρουμε - θα το δεις. Είναι τόσο διαφορετικά όλα από τότε που συναντηθήκαμε. Σαν να 'χει αλλάξει ο κόσμος μόνο και μόνο γιατί εμείς οι «δυο» είμαστε Ένα ξανά... Δυο τρεις αιώνες μόνο κι από τη Γη θα εξα- λειφθεί το μισός... Μισός άνθρωπος δε θα υπάρχει... Δε θα' ναι πια οι άνθρωποι χωρισμένοι και μισοί - η «πύλη του κακού» και του φόβου θα κλείσει οριστικά...

Γλαύκος: Ναι... θα έχουν Ενωθεί μέσα στην καρδιά τους, θα 'ναι, και πάλι, ολόκληροι. Γυναίκα κι Άντρας αληθινά... Θα γνωρίζει «η δεξιά τους τι ποιεί η αριστερά τους» ... Το τέλος κάθε πολέμου...!! Θα μπορούν ξανά - όπως τότε που δημιουργή- θηκαν, να «αγαπούν τον πλησίον τους όπως τον εαυτό τους»...

{Ο Γλαύκος την αγκαλιάζει / μουσική / σβήνουν τα φώτα / τέ- λος εικόνας.}

Εικόνα 6η

{Τα φώτα ανάβουν ταυτόχρονα στο στούντιο και στο ατελιέ. Οι Γλαύκοι στην πλατφόρμα - ο Γλαύκος στο ατελιέ - η Γλαύ- κη στο στούντιο - «υπαγορεύουν» ανάλογα τις κινήσεις του Ιωάννη και της Τζανίν. Ο Ιωάννης πηγαινοέρχεται χορευτικά φορώντας τ' ακουστικά. Πάνω στον καναπέ ένα μεγάλο κουτί ανοιχτό και γύρω διάφορες σκόρπιες κασέτες και cd. Η Τζανίν στο ατελιέ με την παλέτα στο χέρι ζωγραφίζει στο τελάρο - που είναι στο δεύτερο στάδιο, αρκετά προχωρημένο, με χρώμα και κάποια χαρακτηριστικά.

Ο Ιωάννης βγάζει ξαφνικά και θυμω- μένα τ' ακουστικά και τα πετάει στον καναπέ, κλείνει το μαγνη- τόφωνο, φέρνει τη φωτογραφία, την ακουμπάει στο τηλέφωνο και κάθεται. Την ίδια ώρα η Τζανίν παρατάει θυμωμένα την πα- λέτα, κάνει μερικά βήματα στο δωμάτιο, γυρίζει στον πίνακα, τον αγγίζει διστακτικά. Στο ατελιέ τα φώτα χαμηλώνουν - αλλά δε σβήνουν εντελώς. Στο στούντιο ο φωτισμός αλλάζει με την προσθήκη μωβ προβολέα. Ο Ιωάννης παίρνει στα χέρια του τη φωτογραφία, την αφήνει, σηκώνεται, κινείται ή κάθεται ανάλο- γα – μονολογεί.}

Ιωάννης: Α... ρε Μάνο... μεγάλο δίκιο είχες τελικά - πόσο δύ- σκολο να είμαι ειλικρινής με τον εαυτό μου - και πόσο - κακά τα ψέματα. Δε θέλω να ξέρω...Πώς καταχωνιάστηκε τούτο το σαράκι τόσα χρόνια, Θεέ μου. ;Σαν να 'χε σβήσει από τη μνήμη μου ακόμα κι η απόπειρα. σαν να μη βρέθηκα ποτέ σ' εκείνο το νοσοκομείο με τις γάζες στα χέρια και τον νου μου άγριο και σκοτεινιασμένο. Κι ορίστε τώρα που ταράζει τον ύπνο μου ό,τι είχα αποφασίσει πως δεν υπάρχει πια... Χμ. τ' άφησα όλα πίσω μου... Α ρε ψεύτη...! Ηλίθιε Γιαννάκη. που δεν τα κατάφερες ν' αυτοκτονήσεις κανονικά και νόμιζες πως μπορείς να σκοτώσεις ό,τι σε τρόμαζε... Οι αποτυχημένες μουσικές σου. Αποφάσισες πως σου φταίγανε - και τις πέταξες. Τις έκρυψες και νόμισες πως ξεμπέρδεψες... Βλάκα. !!! Αρνήθηκες να ζήσεις αληθινά - κι όλα τα κράτησες σε μιαν ανόητη επιφάνεια... Στην «επιτυχία» της ψευτιάς, μαγαζάκι κι επιχείρηση πετυχημένη... Μπόλικα λεφτά - ας είναι καλά και τα λογιστικά της Μαίρης -κι όλα τ' άλλα στο συρτάρι... Όσα δεν πεταχτήκανε δηλαδή κι αυτό κατά τύχη... Εκ παραδρομής... Απομεινάρια κλειδωμένα σ' ένα κουτί από μπότες... Χα..! Το πρώτο πράγμα που αγόρασα μετά που βγήκα από το νοσοκομείο... με τα χαπάκια του ψυχίατρου στην τσέπη και τα κόκκινα σημάδια στα χέρια. Ούτε θυμάμαι πόσο καιρό κρυβόμουνα για να περάσουν...! Να μην φαίνονται. ! Κι εκείνες τις μπότες. ποτέ δεν τις φόρεσα - σαν να τις αγόρασα μόνο και μόνο για να 'χω το κουτί τους για κρυψώνα. Ό,τι ονει-ρευόμουν εδώ μέσα το 'κρυψα... Χμ. είχα βρει κι ένα από τα σκίτσα της όταν μάζευα τις κασέτες θυμάμαι... Πόσο μακρινή φαινόταν κιόλας εκείνη η ανέμελη εκδρομή - κι ας μην είχανε περάσει πάνω από δυο χρόνια... Αλλιώτικα μετράει ο χρόνος όταν είσαι νέος... Πολύ αλλιώτικα.... Άλλο «είδος» χρόνου εί- ναι... Τριάντα τόσα χρόνια μετά κι έρχονται τα ίδια μάτια να βγάλουν στη φόρα τα καταχωνιασμένα... Και να δεις που τώρα... όλα φαίνονται σαν να ήταν χθες...

Γλαύκη: (τραγουδιστά) ...που φιλάκια σου 'δινα....

Ιωάννης: (τραγουδιστά) ...που φιλάκια σου 'δινα... στα χείλη τα βελούδινα....

{Από το ατελιέ ο Γλαύκος σηκώνει το χέρι του και δείχνει προς το στούντιο – η Τζανίν αφήνει τον πίνακα και περνάει στον δι- άδρομο των Γλαύκων, στέκεται και κοιτάζει γύρω παραξενεμέ- νη.}

Ιωάννης: ...Α ...ρε βλάκα... πάντα σε βλέπανε τα δικά της τα μάτια, Γιαννάκη... Αυτό που ήσουν - όχι αυτό που παρίστανες... Τον φόβο και την αγωνία, που δεν ήθελες να βλέπεις, ζωγράφιζε - σε προκαλούσε να το δεις... Τον θυμό και την απογοήτευσή σου ξυπνάει τώρα - κι άντε να κρυφτείς... Απ' όλες τις γυναίκες του κόσμου... αυτή...

Γλαύκη: ... ω ναι...

Ιωάννης: ... Πάντα αισθανόμουν αμηχανία μαζί της - ακόμα κι όταν τη σκεφτόμουν... Απρόβλεπτη, βρε παιδί μου - στα ξαφνικά χανόταν - στα ξαφνικά ερχόταν μ' ένα σκιτσάκι από κάρβουνο μπροστά στα μάτια μου... Από τη μία να με τραβάει όπως ο μαγνήτης τα σίδερα - κι από την άλλη ένας φόβος κι ένας θυμός χωρίς κανέναν πραγματικό λόγο… Ποτέ δεν κατάλαβα το γιατί. Και εκείνη η νύχτα - που χάθηκε στην παραλία και την έψαχνα… ακόμα στοιχειώνει τον ύπνο μου….

{Ακούγεται ο ήχος τηλεφώνου - ο μωβ προβολέας σβήνει - η Τζανίν από τον διάδρομο ταράζεται κι επιστρέφει στο ατελιέ στην ίδια στάση που ήταν και πριν - ο Ιωάννης ταράζεται επίσης και απαντά σαν αγουροξυπνημένος.}

Ιωάννης: … Λέγετε…

Μάνος: Σε ξύπνησα…;

Ιωάννης: Όχι - όχι… δεν κοιμόμουν, μην ανησυχείς… Κάτι πα- λιά τραγούδια άκουγα και σκεφτόμουν αυτά που λέγαμε… και τα όνειρα που έγραψα…

Μάνος: Ωραία… έχουμε συμπεράσματα…;;

Ιωάννης: Συμπεράσματα λίγα… ερωτήσεις πολλές…

Μάνος: Θαυμάσια…! Αυτό θα πει πως είσαι σε καλό δρόμο - και κυρίως πως δεν κοροϊδεύεις τον εαυτό σου…

Ιωάννης: Ερωτήσεις βρήκαμε… γι' απαντήσεις δεν ξέρω…

Μάνος: Ε… βάλε εσύ τη σωστή ερώτηση κι η απάντηση θα 'ρθει, μην ανησυχείς…

Ιωάννης: Πότε γνωριστήκαμε εσύ κι εγώ, ρε Μάνο…;Θυμάσαι;

Μάνος: Ε… όχι ακριβώς… νομίζω λίγους μήνες μετά που άνοι- ξες το δισκάδικο….

Ιωάννης: Θυμάσαι - σου είχα πει τότε πώς το άνοιξα αυτό το μαγαζί. ;

Μάνος: Λίγα πράγματα… Ένα δάνειο είχες πάρει, νομίζω. ;

Ιωάννης: Ναι - όχι... δεν εννοώ αυτό... Σου 'χω πει ποτέ πώς πήρα την απόφαση να παρατήσω τη μουσική και ν' ανοίξω επι- χείρηση. ;;

Μάνος: Όχι - και γενικά δε μιλάς γι' αυτό το θέμα. Θυμάμαι πως είχε περάσει πόσος καιρός για να σε δούμε ξαφνικά με κι- θάρα στην παρέα... Μέχρι που έφτιαξες το στούντιο δεν είχα ιδέα πως γράφεις μουσική...

Ιωάννης: Δε σου έχω πει ποτέ για την απόπειρα. ;

Μάνος: Συγκρότημα είναι αυτό. ;

Ιωάννης: Όχι... απόπειρα αυτοκτονίας είναι....

Μάνος: Ορίστε. ;

Ιωάννης: Λίγο καιρό πριν πάρω την απόφαση ν' ανοίξω το μα- γαζί, είχα κάνει μια απόπειρα αυτοκτονίας... Δεν το συζητάω γενικά - δε θέλω να το θυμάμαι... Είχα φάει πόρτα δυο τρεις φορές μαζεμένες από έναν παραγωγό δίσκων και είχα απογοη- τευτεί πολύ. Το ήξερα πως είναι δύσκολο να μπεις στις εταιρείες και τα κυκλώματα, όμως είχα μία ελπίδα πως θα τα καταφέρω... Είχα βέβαια και τον πατέρα μου - που ποτέ του δε με πίστεψε... «Δεν είναι δουλειά η μουσική - και καμιά σιγουριά δεν έχει»... έλεγε... Και μ' έτρωγε να βρω μια δουλειά της προκοπής. Δεν είχε κι άδικο σ' έναν βαθμό... Αποτυχημένος κι ηλίθιος αισθα- νόμουν... Ήμουν κι άφραγκος...

Μάνος: Μάλιστα... και... είπες να «την κάνεις» μ' ελαφρά πη-δηματάκια...

Ιωάννης: Ακριβώς... Δε μου πέτυχε, βέβαια - με βρήκε τυχαία μια γειτόνισσα και με πήγε στο νοσοκομείο. Έμεινα δυο μέρες λιπόθυμος κι ύστερα βγήκα - με την άδεια του γιατρού και σύ- σταση να παίρνω τα χαπάκια μου και να τον επισκέπτομαι τα- κτικά... Όμως δεν ήμουν πια ο ίδιος άνθρωπος...

Μάνος: Καταλαβαίνω...

Ιωάννης: Από τότε σταμάτησα ν' ασχολούμαι με μουσικές και τα σχετικά, ακόμα και την κιθάρα σπάνια την έπιανα. Μέχρι να τελειώσω με τον γιατρό και να κλείσουν τα σημάδια στα χέρια μου είχα μαζέψει όλες τις κασέτες και τις ηχογραφήσεις - αρ- κετές τις πέταξα, κιόλας. Είχα πάρει απόφαση ν' αλλάξω «δι-αδρομή». Σε δυο βδομάδες είχα βρει ακόμα και το μαγαζί που θα νοίκιαζα. Ένας φίλος που δούλευε στην τράπεζα βοήθησε να πάρω το δάνειο και... τη συνέχεια την ξέρεις...

Μάνος: Ναι, την ξέρω... Εξηγείται και η αντίδρασή σου για τον... «ειδικό»... Και... η ιστορία με την «κοπελιά»...; Γράφεται την ίδια εποχή..;

Ιωάννης: Την Τζανίν...; α μπα... είχαμε σταματήσει να βλεπό- μαστε κανά δυο χρόνια πριν... Δεν είχαμε ποτέ δεσμό, σου είπα - περαστική περιπέτεια, σκάρτους δυο μήνες να κράτησε... Ήταν ερωτευμένη μαζί μου - αλλά εγώ δεν είχα μυαλό για έρωτες, τότε... Το μόνο που μ' ενδιέφερε ήταν η μουσική μου...

Μάνος: Ναι μεν - αλλά... Η ιστορία της αυτοκτονίας ήρθε στην επιφάνεια μέσα από τα όνειρα με την Τζανίν. Συνεπώς όλο και κάποια σχέση υπάρχει...

Ιωάννης: Ε... κάτι τέτοιες είναι οι καινούργιες ερωτήσεις που προκύψανε... Είπες να γράψω ό,τι θυμάμαι - κι όπως έγραφα, δι- απίστωσα πως... η «μάγισσα», με κυνηγάει - κι εγώ τρέχω κατά το νοσοκομείο...

Γλαύκος: Ρώτα τον για το νοσοκομείο...

Μάνος: Πόσες μέρες έμεινες στο νοσοκομείο, είπες...;

Ιωάννης: Δυο - τρεις... δυο μέρες ήμουν σε αφασία - λιπόθυμος, δηλαδή... Την τρίτη συνήλθα και έπρεπε να με δει ο ψυχίατρος. Μετά που μίλησα μαζί του, βγήκα...

Γλαύκος: ... να θυμηθεί το νοσοκομείο... και την Τζανίν...

Μάνος: Μα... δε θυμάσαι τίποτ' άλλο...; Μήπως έγινε κάτι που να 'χει σχέση με την Τζανίν...; Μήπως το έμαθε και ήρθε να σε δει...;;

Ιωάννης: Όχι... όχι... τίποτα τέτοιο - κανείς δεν το έμαθε - μόνο η γειτόνισσα... Λιπόθυμος ήμουν - είχα χάσει πολύ αίμα, είχα πάρει και κάτι χάπια περίεργα... Σαν να έβγαινα από ένα δάσος μεγάλο και σκοτεινό όταν συνήλθα - και το μόνο που είχε σχέ- ση με την Τζανίν είναι που για μέρες, πολλές μέρες μετά όταν έκλεινα τα μάτια μου έβλεπα τα σκίτσα της - έτσι που με ζωγρά- φιζε κάθε τόσο... Και να σου πω... πάντα, πιο πολύ τα σκίτσα της μου 'ρχονται στον νου παρά το πρόσωπό της..

Μάνος: Τελικά είχαν για 'σένα μεγαλύτερη σημασία απ' όσο παραδέχεσαι αυτά τα σκίτσα... Και πρέπει να ήταν και καλά...

Ιωάννης: Όσο γι' αυτό, πράγματι, ζωγράφιζε πολύ καλά... Πολύ εκφραστικά... Ένας λόγος που θύμωνα ήταν ακριβώς αυτός - τώρα το καταλαβαίνω... Η έκφραση που είχαν... Ήμουν σε αγω- νία τότε, δεν ήξερα τι θα κάνω και πού θα βρεθώ... Κι εκείνη... σαν να την ήξερε την αγωνία μου... σαν να την έβλεπε - και τη ζωγράφιζε για να μου τη δείξει...

Μάνος: Το πιθανότερο είναι πως αυτό ακριβώς έκανε...

Ιωάννης: Χμ... μάλλον έχεις δίκιο - μόνο που εγώ δεν ήθελα κανένας να την ξέρει αυτήν την αγωνία... Ούτε καν εγώ ο ίδιος...

Μάνος: Αν την είχες αναγνωρίσει όμως τότε, ίσως να είχες διαχειριστεί το θέμα διαφορετικά... Να μην τα παρατούσες τόσο εύκολα...

Ιωάννης: Δεν ξέρω... πάνε χρόνια που αποφεύγω να τα σκέ- φτομαι. Άλλωστε πήγε πολύ καλά το δισκάδικο, με τη Μαίρη είμαστε μια χαρά - κι η μικρή μου είναι τόσο υπέροχη που τίποτ' άλλο δε μετράει μπροστά της...

Μάνος: Γι' αυτό ακριβώς σου προκύπτουν τώρα τα όνειρα κι οι «αναμνήσεις». Αυτά τα πράγματα δεν έρχονται στην επιφάνεια αν δεν είναι οι συνθήκες αρκετά καλές για να μπορείς να τ' αντιμετωπίσεις - και να κάνεις κάτι γι' αυτά. Τα όνειρα έρχονται από τον κόσμο της Ψυχής σου - η οποία ουδόλως ενδιαφέρε- ται για τον «πετυχημένο επιχειρηματία»... Όταν δεν κάνεις τη δουλειά της σε ταλαιπωρεί - κι όταν δει πως δεν της δίνεις ση- μασία, σε παρατάει άδειο σακί και φεύγει. Αν τότε πήρες μιαν απόφαση που ματαίωσε το βασικό σχέδιο της Ψυχής σου, τώρα, ήρθε, μάλλον, η στιγμή να το παραδεχτείς και να την «αναθε- ωρήσεις»... Γι' αυτό είναι δύσκολο και γι' αυτό πρέπει να είσαι ειλικρινής με τον εαυτό σου.

Ιωάννης: Σαν τι να κάνω - στον Θεό σου, βρε Μάνο...! Ακόμα κι αν μετανιώνω για κάποια πράγματα σαν τι μπορώ να κάνω...;; Να παρατήσω το δισκάδικο και ν' αρχίσω να το παίζω «συνθέ- της» στην ηλικία μου...; Ή να πάω να βρω την Τζανίν και να της πω «με συγχωρείτε, κυρία μου, που δε χώνεψα ποτέ τα σκίτσα σου και δεν καταλάβαινα τι ήθελες να πεις» ...

Μάνος: Μπορείς απλά να θυμηθείς τα γεγονότα και να δεις αν πράγματι υπάρχει κάποιο σημαντικό λάθος στις αποφάσεις σου - αν λοξοδρόμησες μακριά από τον στόχο που είχε διαλέξει να ζήσει η Ψυχή σου... Κι αν είναι έτσι, ως προς τη μουσική μπο- ρείς απλά ν' αρχίσεις ν' ασχολείσαι ξανά μαζί της...

Ως προς την Τζανίν... ίσως το μόνο που χρειάζεται να είναι ένα απλό «συγγνώμη» - αλλά άσε πρώτα να καταλαγιάσει ο θυμός. Αφού είναι ζωντανή μπορείς να τη συναντήσεις - να πείτε δυο κουβέντες και θα δεις...

Ιωάννης: Τη συνάντησα πριν τέσσερα χρόνια - τότε που έστησα το στούντιο... Πήγα να παραδώσω κάτι για μια διαφήμιση κι εντελώς τυχαία βρέθηκα στην εταιρεία του άντρα της... Έχουν διαφημιστικό γραφείο...

Μάνος: Εντελώς τυχαία. !!!

Ιωάννης: Ναι, ρε Μάνο - εντελώς τυχαία... Η πρώτη δουλειά που ανέλαβα, ένα κολάζ με μουσικές για μια παράσταση. Ήθε-λα να το ετοιμάσω με την ησυχία μου, είχα καθυστερήσει με την επεξεργασία και τα παιδιά του θιάσου δεν μπορούσαν να περιμένουν. Ο διαφημιστής χρειαζόταν το δισκάκι κι έτσι πήγα εγώ... Δεν είναι τόσο παράξενο...

Μάνος: Δε θα ήταν - αν δεν είχες πέσει πάνω στην Τζανίν - και μάλιστα με την πρώτη δουλειά που ανέλαβες στο στούντιο...

Ιωάννης: Έχει κάποια ιδιαίτερη σημασία αυτό...;

Μάνος: Να σου πω... αν δούμε το στούντιο σαν μια δοκιμή να ξαναβρείς κάτι από τις μουσικές που πέταξες...; Στην πρώτη δουλειά που αναλαμβάνεις πέφτεις πάνω στην Τζανίν - και κά- ποιον καιρό μετά αρχίζεις να τη βλέπεις στον ύπνο σου... Ε... προφανώς η Ψυχή σου επικοινωνεί μέσα από το δικό της πρό- σωπο... Τι μπορεί να σημαίνει αυτό δεν ξέρουμε ακόμα, αλλά... πώς ένιωσες όταν την είδες...;; Είχατε συναντηθεί όλ' αυτά τα χρόνια...;

Ιωάννης: Ποτέ - και να σου πώ εγώ, μάλλον, χάρηκα που την είδα... Δεν είπαμε και πολλά - μόνο τα τυπικά... Καλά ήτανε, καλά είναι με τον άντρα της, έχουν κι έναν γιο - γραφίστας κι αυτός, τον γνώρισα... Αυτός είχε αναλάβει το διαφημιστικό της παράστασης...

Γλαύκος: …. Ρώτησέ τον όμως και πως ένιωσε μετά...

Μάνος: Μάλιστα... και μετά...;; Πώς ήτανε για 'σένα το «μετά»…;

Ιωάννης: Ποιο «μετά» ...;

Μάνος: Το «μετά που την είδες»... Πώς ένιωσες - τι σκέφτη- κες…; Όλ' αυτά που συμβαίνουν τέλος πάντων όταν συναντάς έναν «φίλο απ' τα παλιά» ...

Ιωάννης: Ε... εντάξει, με απασχόλησε... Αρκετά μπορώ να πω... Δεν είναι ότι την είδα γερασμένη - ίσα ίσα... αλλά να... το πρό- σωπό της... Σαν αγέλαστη μάσκα, ακόμα και το χαμόγελο της μου φάνηκε ψυχρό και τυπικό... Θύμωνα μετά που το σκεφτό- μουν - ήταν τόσο πρόσχαρο και γλυκό παιδί... και τώρα...

Μάνος: Τώρα...;

Ιωάννης: Δεν ξέρω, Μάνο - ίσως θυμώνω που πέρασαν τα χρό- νια... κανείς μας δεν είναι όπως ήτανε... Ίσως καλύτερα να μην την είχα συναντήσει - να τη θυμάμαι όπως ήταν, τότε...

Μάνος: Μάλλον να θυμάσαι τον εαυτό σου όπως ήταν τότε... Την είδες αλλαγμένη κι αναρωτήθηκες πόσο έχεις αλλάξει εσύ...!

Ιωάννης: Όχι... καθόλου δεν το σκέφτηκα έτσι - όχι... Αυτό που με πείραξε ήταν η στάση της... Απόμακρη κι αγέλαστη - σαν να μη χάρηκε καθόλου που με είδε...

Μάνος: Πιθανόν και να μη χάρηκε... Αν την είχες πληγώσει, φυσικό είναι...

Ιωάννης: Ε... δε φαντάζομαι τόσο πολύ - που να το κρατάει τριάντα χρόνια τώρα...

Μάνος: Δεν ξέρω τι φαντάζεσαι αλλά αυτή η συνάντηση έχει σίγουρα σχέση με τους εφιάλτες σου - κι είναι καιρός να δεις τι συνέβη πραγματικά τότε... Και κατ' αρχάς ποιο πρόσωπο έχει η «μάγισσα» και ποιο η «νεράιδα»...

Ιωάννης: Έλα τώρα... το ίδιο πρόσωπο είναι...

Μάνος: Δεν είναι ίδιο το γελαστό και το γλυκό με το απόμακρο κι αγέλαστο... Σκέψου είπαμε - δεν έχει νόημα ν' απαντάς επιφανειακά κι επιπόλαια...

Ιωάννης: Με κουράζει πολύ όμως όλο αυτό - και τώρα έχω βγάλει στην επιφάνεια τις μουσικές εκείνης της εποχής... Δε θέλω ν' ασχοληθώ με τίποτε άλλο...

Γλαύκος: ... υπεκφυγές...!!!

Μάνος: Υπεκφυγές...! Αυτά τα δυο πάνε μαζί, μην κάνεις πως δεν καταλαβαίνεις. Σου το 'χω πει πως δεν μπορείς να την ξεγελάσεις τη «μάγισσα». Αυτά τα τερτίπια... δεν πιάνουν στον δικό της κόσμο...

Ιωάννης: Σιγά, ρε Μάνο... σε λίγο θα μου πεις πως χρειάζομαι διαβατήριο για να πάω για ύπνο...

Μάνος: Μόνος σου το λες αυτό - εδώ και καιρό... Και για να μην μπορείς να κοιμηθείς τον «ύπνο του δικαίου», φίλε μου, θα πει πως κάτι άδικο σε βασανίζει... Μην περιμένεις να διορθω- θεί από μόνο του ό,τι και να 'ναι - δε δουλεύουν έτσι αυτά... Ο «ονειροφύλακας» δεν πρόκειται να σ' αφήσει ήσυχο... Όχι πριν καταλάβεις, τουλάχιστον...

Ιωάννης: Ο... ποιος...;;

Μάνος: Ο «ονειροφύλακας»....

Ιωάννης: Και τι υποτίθεται πως σημαίνει αυτό…;;;

Μάνος: Την «άλλη όψη του εαυτού σου» κατά κάποιον τρόπο. Μπορείς να πεις πως είναι ο «προσωπικός σου τρελός» - αυτός που. «όλα ανάποδα τα βλέπει» και στέλνει περίπατο την «κοι-νή λογική» και τους «κανόνες» σου… Αλλά... ας μην το ανα- λύσουμε άλλο για σήμερα, αρκετά είπαμε. Κάτσε λίγο ήσυχα, να δεις πώς συνδέονται οι εφιάλτες σου μ' εκείνη την «τυχαία» συνάντηση με την Τζανίν και δε χανόμαστε... Τα λέμε αύριο, πάλι...

Ιωάννης: Εντάξει, Μάνο... Θα προσπαθήσω να το δω... Άντε... γεια...

{Κλείνουν. Ο Ιωάννης παίρνει τη φωτογραφία και την κοιτάζει - η Γλαύκη με ανάλογη παντομίμα - τα φώτα σβήνουν αργά - τέλος της εικόνας.}

Εικόνα 7η

{Ο φωτισμός στο ατελιέ. Η Τζανίν αφήνει τον πίνακα και ακο-λουθώντας το νεύμα του Γλαύκου πηγαίνει στο τηλέφωνο - παίρνει τον αριθμό.}

Χριστίνα: Λέγετε...

Τζανίν: Εγώ είμαι....

Χριστίνα: Καλώς τηνέ... με γεια τη φωνή… Άρρωστη είσαι…;

Τζανίν: Όχι... σοκαρισμένη...

Χριστίνα: Γιατί...;;; Έγινε κάτι. ;

Τζανίν: Και ναι και όχι

Χριστίνα: Που θα πει...

Τζανίν: Ηλίθια είμαι, Χριστίνα... Μια ηλίθια - μια ανόητη... Μια ψεύτρα...

Χριστίνα: Ωπα... ένα ένα με την αυτοκριτική, κορίτσι μου - δεν τα παλεύω όλα μαζί...

Τζανίν: Προχώρησα κάμποσο από χθες με τον πίνακα - και δε φαντάζεσαι τι ήρθε στην επιφάνεια. !

Χριστίνα: Δε φαντάζομαι, αλλά θα μου πεις...

Τζανίν: Αυτό θέλω - να σου πω... Αλλά δεν ξέρω από πού ν' αρχίσω...

Χριστίνα: Πιάσε το απ' την αρχή... Έχεις ξεκινήσει από προ- χθές με τον πίνακα - τα είπαμε χθες τ' απόγευμα κι ετοιμαζό- σουν να πας για ύπνο... Ακούω...

Τζανίν: Ζωγράφιζα ως τα χαράματα, τον προχώρησα κάμποσο τον γίγαντα... Όλα τα σκίτσα του που έφτιαχνα τότε έρχονταν στον νου μου... Είχε ξημερώσει όταν πήγα για ύπνο - κι είδα ένα πολύ παράξενο όνειρο...

Χριστίνα: Για λέγε...

Τζανίν: Είδα τον Ιωάννη πάνω σ' ένα άλογο, να με κουβαλάει πεθαμένη... Περνούσαμε μέσα από μιαν έρημο - με βάτα και θάμνους εδώ κι εκεί και κάποια στιγμή σταμάτησε, κατέβηκε από το άλογο και μ' άφησε στη ρίζα ενός θάμνου... Ύστερα έφε- ρε κάτι βότσαλα χρωματιστά και τ' ακούμπησε πάνω μου, στην κοιλιά μου - κι αυτά μεγάλωσαν και γίνανε ένα τεράστιο ουρά- νιο τόξο... Που όμως... νόμιζα πως ήμουν εγώ αυτό το ουράνιο τόξο... Ε... μετά ξύπνησα...

Χριστίνα: Ουάου... Φαντασμαγορικό...! Και πολύ ωραίο - αν εξαιρέσεις το ότι «ήσουν πεθαμένη» ...

Τζανίν: Το παράξενο είναι πως αισθανόμουν πράγματι «πεθαμένη». Δεν έβλεπα «εγώ» την έρημο και τα βάτα - ούτε τα βότσαλα και τα ουράνια τόξα, ήταν μέσα από τα μάτια του Ιωάννη... σαν να ήμουν και το πτώμα κι ο Ιωάννης... Δεν ήξερα με τίνος τα μάτια βλέπω - ούτε ποιος βλέπει τ' όνειρο μέσα από τα δικά μου...

Χριστίνα: Ε... όνειρο ήτανε - τα πάντα μπορούν να συμβούν εκεί... Απ' όσο ξέρω αυτό που μετράει περισσότερο είναι το πώς αισθανόσουν όταν ξύπνησες...

Τζανίν: Παράξενα - πήρε ώρα να συνέλθω... Το πρώτο που σκέφτηκα ήταν πως θα πεθάνω - και το περίεργο είναι πως δεν είχα κανέναν φόβο γι' αυτό... Ύστερα ήρθε στον νου μου εκείνο το βράδυ στην παραλία... Δε θυμάμαι αν σου 'χω πει γι' αυτό - ήταν η τελευταία φορά που βρεθήκαμε με τον Ιωάννη... Είχαμε πάει με την παρέα σε μια ψαροταβέρνα στον Μαραθώνα... Εκείνο το βράδυ χωρίσαμε...

Χριστίνα: Τσακωθήκατε...;

Τζανίν: Κατά κάποιον τρόπο - δεν ήταν ακριβώς «καβγάς»... Κάποια στιγμή μέσα στη γενική πλάκα είπε κάτι για τα σκίτσα μου και στεναχωρήθηκα πολύ... Θύμωσα αλλά δεν είπα τίπο- τα - κι ύστερα ήπια κάνα δυο ποτήρια παραπάνω... Όχι καμιά φοβερή ποσότητα, αλλά με πείραξε... ζαλίστηκα και βγήκα να πάρω λίγον αέρα... Δεν τον άφησα να 'ρθει μαζί μου, δεν ήθε- λα, είχα ανάγκη να μείνω λίγο μόνη μου... ήσυχα...

Χριστίνα: Αυτό ήταν όλο...;;

Τζανίν: Όχι... έχει και συνέχεια... Βρήκα μια βάρκα ξέμπαρκη στην παραλία κι έκατσα λίγο να συνέλθω... Με πήρε ο ύπνος κι όταν ξύπνησα ήταν σαν να γυρνούσα από άλλον κόσμο... Σαν να τα έβλεπα όλα για πρώτη φορά - ποτέ δεν το ξέχασα αυτό το συναίσθημα... Έκανα ώρα να προσανατολιστώ, να θυμηθώ την ταβέρνα και να βρω κατά πού έπεφτε... Πλησιάζοντας είδα τα παιδιά σκορπισμένα πέρα δώθε να με ψάχνουν, χωρίς να το κα- ταλάβω είχα απομακρυνθεί αρκετά... Ο Ιωάννης ήταν έξαλλος, έβαλε τις φωνές μόλις με είδε κι ούτε που θυμάμαι τι έλεγε... Νόμιζε πως το είχα κάνει επίτηδες...

Χριστίνα: Δεν του εξήγησες...;;;

Τζανίν: Δεν μπορούσα - ήταν σαν να είχα χάσει τον εαυτό μου... τ' αντανακλαστικά μου... Σαν να έβλεπα όνειρο... Μουρμούρισα κάποια στιγμή ένα συγγνώμη και γυρίσαμε πίσω με διαφορετικά αυτοκίνητα... Από τότε δεν τον ξαναείδα μέχρι που πριν τέσσερα χρόνια βρέθηκε φάντης μπαστούνι μπροστά μου στο γραφείο...

Χριστίνα: Αυτό το θυμάμαι - ήταν τότε που μου μίλησες για 'κείνον... Τόσα χρόνια φίλες και δεν είχες πει τίποτα...

Τζανίν: Δεν ήθελα να τα θυμάμαι, Χριστίνα - οι μέρες που ακολούθησαν ήταν τρομακτικές για 'μένα... Μου πήρε μήνες να συνέλθω - κι εκείνον τον καιρό έγινε και κάτι άλλο, που δε σου το 'χω πει ποτέ... Δυο τρεις εβδομάδες μετά ανακάλυψα πως ήμουν έγκυος...

Χριστίνα: Έκτρωση....;

Τζανίν: Έκτρωση...

Χριστίνα: Κι εκείνος...;

Τζανίν: Τι «εκείνος»....;

Χριστίνα: Το έμαθε….;;;

Τζανίν: Όχι βέβαια…!!!!

Χριστίνα: Δεν του το είπες…;;;

Τζανίν: Δεν είμαστε καλά. ! Μετά από εκείνη τη βραδιά στην παραλία δεν ήθελε να με ξαναδεί... Ούτε κι εγώ ήθελα άλλω- στε...

Γλαύκος: ...ωραία συνεννόηση....

Τζανίν: ... Δε θα γινόταν να συνεννοηθούμε, Χριστίνα - θα νόμιζε πως το κάνω για να τον πλησιάσω ή ακόμη και για να τον «δεσμεύσω» - κι εγώ για τίποτα στον κόσμο δε θα έκανα κάτι τέτοιο. Δεν υπήρχε κανένας λόγος να του το πω, το μόνο που ήθελα ήταν να βρω λίγη γαλήνη μέσα μου. Από εκείνο το βράδυ στην παραλία και μετά, αυτό ήταν το πιο σημαντικό για 'μένα... Ακόμα είναι προτεραιότητα - κι αυτή η ιστορία με το τελάρο... έχει ταράξει για τα καλά τη «γαλήνη» μου...

Χριστίνα: Όμως... είσαι σίγουρη πως δεν το ήθελες αυτό το μωρό. ;;;

Τζανίν: Δεν ξέρω - δε θέλησα καν ν' αναρωτηθώ... Από εκεί- νο το βράδυ και μετά δεν ήθελα - ούτε να «το θέλω», ούτε να τον ξαναδώ, ούτε τίποτα… Να πεθάνω ήθελα - όχι να κάνω και μωρό. Ακόμα και τη σχολή παράτησα - έχασα το εξάμηνο και παραλίγο να χάσω και το πτυχίο μου...

Χριστίνα: Καταλαβαίνω... Δεν είναι βέβαια και πολύ τίμιο εκ μέρους σου που δεν του το είπες, αλλά οπωσδήποτε... καταλα- βαίνω...

Τζανίν: Και γιατί δεν είναι τίμιο...; Έτσι όπως ήταν τα πράγμα- τα και με τον τρόπο που χωρίσαμε... κανένα δικαίωμα δεν είχε να το μάθει... και καμία υποχρέωση να του το πω...

Γλαύκος: ... προφάσεις και θεωρίες... δικαιώματα - υπο-χρεώ- σεις - και επί της ουσίας... ουδέν...

Τζανίν: ... Ακόμα κι αν αποφάσιζα να το κρατήσω...

Χριστίνα: Εντάξει τώρα, μην αρχίσουμε τις θεωρίες περί «δι- καιωμάτων» και «υποχρεώσεων» - τις αποφάσεις σου τις πήρες εδώ και χρόνια - αλλά το κυρίως θέμα είναι πως αυτή η ιστορία έρχεται ξανά στην επιφάνεια...

Γλαύκος: ...κι αυτό θα πει πως ήρθε η ώρα να βρούμε το νόη- μα...

Χριστίνα: ....κι αυτό θα πει πως χρειάζεται να τα ξαναδείς και να ψάξεις το νόημα...

Τζανίν: Τι να ψάξω, βρε Χριστίνα, ό,τι έγινε έγινε... Περσινά ξινά σταφύλια κουβεντιάζουμε...

→ **Γλαύκος:** ...ολόκληρο ουράνιο τόξο σου έστειλα χθες βράδυ, αγαπούλα μου... Δεν είναι περσινό ξινό σταφύλι αυτό...

Χριστίνα: Το όνειρο που είδες χθες το βράδυ κουβεντιάζουμε... δεν είναι περσινό...

Τζανίν: Σωστά... παραλίγο να το ξεχάσω... Τι όνειρο μα τον Θεό - και να δεις που όταν ξύπνησα είχα χάσει πάλι τον προσανατο- λισμό μου.. Όπως τότε...

Γλαύκος: Έλα, μπράβο - να θυμηθούμε και τ' όνειρο της παρα- λίας σιγά σιγά...

Τζανίν: ...και τότε είχα δει ένα παράξενο όνειρο... σαν να βρέ- θηκα σ' ένα δάσος και μιλούσα με κάποιους ανθρώπους... άγνω- στους - όμως μιλούσαμε σαν φίλοι... Θυμάμαι πως κάτι λέγαμε για την καρδιά μου κι είχα τρομάξει...

Χριστίνα: Χμ... κάτι λέγατε για την καρδιά σου - κι ο Ιωάννης σ' έψαχνε και σου τα 'ψαλε μαζεμένα... Κι εχθές, σε κουβαλούσε πεθαμένη - κι αντί να... «σου τα ψάλει» σου έδινε βότσαλα χρωματιστά... Είναι μία πρόοδος...

Τζανίν: Με δουλεύεις...;

Χριστίνα: Όχι, Τζανίνα μου, δε σε δουλεύω... Όλ' αυτά έχουν μεταξύ τους κάποια σχέση που ούτε εγώ, ούτε κι εσύ είμαστε σε θέση να την καταλάβουμε... Όμως ξέρω κάποια συνάδελφο που μπορεί - γιατί ασχολείται ειδικά με τα όνειρα... Να πας να τη βρεις, να το κουβεντιάσεις μαζί της...

Τζανίν: Κατάλαβα... Σε κούρασα τόσες μέρες με τις βλακείες μου... Με βαρέθηκες και δίκιο έχεις... Καταλαβαίνω...

→ **Γλαύκος:** ... υπεκφυγές...

Χριστίνα: Δεν αφήνεις τις υπεκφυγές...;; Σου λέω να πας στην Αννα γιατί γνωρίζει καλύτερους τρόπους από 'μένα ως προς αυτό και μπορεί να σου ανοίξει τα μάτια... Δεν είναι η φίλη σου η παιδοψυχολόγος αλλά ένας άνθρωπος που δε σε ξέρει και δεν είσαι υποχρεωμένη να της πεις τίποτα αν δεν κερδίσει την εμπι- στοσύνη σου... Γράφε τώρα το τηλέφωνό της και...

{Η φωνή της Χριστίνας σβήνει αργά - το ίδιο και τα φώτα - τέ- λος εικόνας.}

Εικόνα 8η

{Φωτίζεται το στούντιο. Ο Ιωάννης κάθεται στον καναπέ και γράφει σ' ένα τετράδιο - γύρω του τα διάφορα cd, τα δυο κουτιά κι η φωτογραφία δίπλα στο τηλέφωνο. Η Γλαύκη στην πλατ- φόρμα περνάει μέσα στο δωμάτιο. Ο Ιωάννης σταματάει το γρά- ψιμο - κοιτάζει γύρω του απορημένος, σηκώνεται, προχωράει αμήχανα και τελικά γυρίζει προς τη φωτογραφία. Καθώς μιλάει, η Γλαύκη κινείται ανάλογα.}

Ιωάννης: Ποτέ δε θα μπορέσω να καταλάβω αυτό που έγινε χθες το βράδυ… αναρωτιέμαι τι θα πει ο Μάνος… Δεν ήταν όνειρο αυτό - δεν ξέρω καν αν ήμουν εγώ που το είδα… Ποιος άκου- γε - ποιος έβλεπε - ποιος μιλούσε…; Άκουγα εμένα κι ένιωθα εσύ… Όλα όσα είπα 'κείνο το βράδυ που είχες χαθεί κοντεύουν σήμερα να με τρελάνουν - η ίδια η φωνή μου με πλήγωνε… σαν να χτύπαγα με μαστίγιο το ίδιο μου το πρόσωπο… Κι εσύ… που- θενά χθες το βράδυ… Ούτε νεράιδα - ούτε μάγισσα… ούτε καν η σκοτεινιά… Εγώ κι ο «εαυτός» μου - που μιλούσε κι άκουγε χωρίς να ξέρω ποιος μιλά και ποιος ακούει… «εγώ» ή «εσύ»…;; Σαν πληγωμένο θηρίο ξύπνησα - όλο μου το σώμα πονούσε… Ακόμα δεν μπορώ να συνέλθω… να καταλάβω…

Ούτε με τον Μάνο δε θέλω να το συζητήσω- τι να του πω…; πώς έχασα τον εαυτό μου, έγινα εσύ και ξύπνησα χωρίς να ξέρω ποιος είναι ποιος…; Δε λέγεται αυτό - κι ούτε μπορώ να περι- γράψω πόσο πολύ με πόνεσαν τα ίδια μου τα λόγια… Κι αν αυτό σημαίνει πως αισθάνθηκα τον πόνο που σου προκάλεσα. δεν ξέρω τι να κάνω… Δεν μπορώ να τ' αλλάξω… Δεν μπορώ να συγχωρήσω τον εαυτό μου γι' αυτό που έκανα - ούτε κι εσένα που με τρόμαξες και με θύμωσες τόσο πολύ. Ίσως να μην εί-χαμε χωρίσει αν δεν είχες χαθεί έτσι εκείνο το βράδυ. αν δε με είχες τρομάξει τόσο. Να σε ψάχνω και να μην είσαι πουθενά, να σε φωνάζουμε όλοι και να μη φαίνεσαι… να μην απαντάς… Ακόμα θυμώνω που το θυμάμαι και τόσον καιρό που σε βλέπω στον ύπνο μου απ' αυτόν τον θυμό τρέχω να ξεφύγω, μου φαί- νεται…

Όμως… μετά το χθεσινό δεν ξέρω πια… εσύ δεν ήσουν πουθενά κι εγώ δεν ήξερα ποιος είμαι - ούτε και ποιος ονειρεύεται… εγώ ή εσύ…;;;

Γλαύκη: ... Είναι καιρός να καταλάβεις πως ανάμεσα σε 'μας τους «δυο» δεν υπάρχει αυτή η διαφορά, καρδιά μου... Δεν εί- μαστε «εγώ» ή «εσύ» - είμαστε και «εγώ» και «εσύ» ... Μιλάς και μ' ακούς... με βλέπεις και φοβάσαι τον εαυτό σου... Και πονάς... όταν με πονάς...

{Ο Ιωάννης κοιτάζει παραξενεμένος γύρω του, αφουγκράζε- ται.}

Γλαύκη: ... Δεν μπορείς να με δεις - μπορείς όμως να μ' ακού- σεις και να αισθανθείς την παρουσία μου... Το ξέρεις πως δεν είσαι μόνος σου... Ποτέ δεν ήσουν, ακόμα και πριν συναντη- θούμε... Απλά έχει έρθει ο καιρός να με αφομοιώσεις - δε θα είσαι πραγματικά ολόκληρος αν δεν αισθάνεσαι την παρουσία μου μέσα στην καρδιά σου... Δεν είναι «σχήμα λόγου» - είναι η «Δευτέρα Παρουσία» - και δε θέλεις να μείνεις μισός άνθρωπος, αγάπη μου, έτσι δεν είναι...;;

Ιωάννης: Δυο μήνες έχω να κοιμηθώ σαν άνθρωπος - τι περι- μένεις...; Ένα μυαλό είχα κι εγώ - και πάει... το χάσαμε, Γιαν- νάκη... Τα 'λεγε ο Μάνος - δεν είναι εύκολη υπόθεση η «μάγισ- σα - καλύτερα βολέψου με κάνα χαπάκι»... κι εγώ έλεγα πως υπερβάλλει... Φιλοσοφίες ήθελα κι «ονειροφύλακες» - ορίστε τώρα... Τη φωνή της ακούω και την Τζανίν στον αέρα αισθάνο- μαι... Ήθελές τα - έπαθές τα...

Γλαύκη: Μην τρομάζεις τόσο πολύ, καλέ μου - στην πραγματι- κότητα είναι η πρώτη φορά που αισθάνεσαι κι ακούς αληθινά... Με τα χαπάκια θα κατάφερνες απλώς να χάσεις και πάλι την ουσία - και την παρουσία της Αγάπης στην καρδιά σου... Όταν ο Ουρανός σού δίνει τη χάρη και την άδεια δεν την αφήνεις να πάει χαμένη - άλλους τόσους αιώνες θα 'παιρνε για να ξανα- βρούμε την ευκαιρία...

Ιωάννης: Δεν είναι δυνατόν αυτό - δε γίνεται να 'χουν οι σκέ- ψεις μου τη φωνή της και δεν μπορεί να σκέφτομαι έτσι εγώ... Κι αυτό το άρωμα παντού... αυτή η ζέστη ξαφνικά... Τι μου συμ- βαίνει, Θεέ μου...;;;

{Ακούγεται ο ήχος του τηλεφώνου.}

Ιωάννης: Λέγετε...

Μάνος: Έλα... εγώ είμαι... Τι γίνεται...; όλα καλά...;;

Ιωάννης: Δεν ξέρω... δεν ξέρω τι να σου πω...

Μάνος: Έγινε κάτι...;

Ιωάννης: Πολλά - αλλά δεν ξέρω από πού ν' αρχίσω... Μου συμβαίνει κάτι παράξενο αλλά δεν μπορώ να μιλήσω τώρα...

Μάνος: Εντάξει - μόνο να ξέρεις πως ό,τι κι αν αισθάνεσαι, ακόμα κι αν σου φαίνεται πολύ παράξενο, να μην ανησυχείς... Ίσως αλλάξει η «αντίληψή» σου για κάποια πράγματα κι αρχί- σεις να καταλαβαίνεις την κυριολεξία τους - αλλά δεν πρόκειται να τρελαθείς, σ' το εγγυώμαι... Άντε τώρα... σ' αφήνω - και κοί- τα να ξεκουραστείς... Γεια χαρά...

Ιωάννης: Μου φαίνεται πως το χρειαζόμουν αυτό... Ευχαριστώ θα τα ξαναπούμε σύντομα... Γεια...

{Κλείνουν. Ακούγονται οι μακρινές νότες - ο Ιωάννης ξαπλώνει στον καναπέ και καθώς τα φώτα σβήνουν η Γλαύκη κατεβαίνει από την πλατφόρμα και τον αγκαλιάζει. Τέλος της εικόνας.}

Εικόνα 9η

{Φωτίζεται το ατελιέ. Η Τζανίν μπαίνει βιαστικά, αφήνει την τσάντα και τη ζακέτα της στον καναπέ, πιάνει το τηλέφωνο / παίρνει τον αριθμό.}

Χριστίνα: Εμπρός...

Τζανίν: Έλα... εγώ είμαι... μόλις γύρισα από την Άννα...

Χριστίνα: Ωραία...! Πώς πήγε...;;

Τζανίν: Τι να σου λέω - κι από πού ν' αρχίσω δηλαδή...;

Χριστίνα: Όλα... και με τη σειρά...

Τζανίν: Δεν μπορώ - είναι πολλά... πάρα πολλά και πολύ και-νούργια για 'μένα... Θα σου πω το συμπέρασμα. Θυμάσαι πριν τέσσερα χρόνια που είχα κάποιο πρόβλημα - με κάποια κύστη στην ωοθήκη. ;;

Χριστίνα: Κάτι θυμάμαι... δεν ήταν όμως κάτι σοβαρό - σω- στά. ;

Τζανίν: Ναι, ο γιατρός είχε πει πως δε φαινόταν σοβαρό αλλά καλού κακού θα 'ταν καλύτερα να την αφαιρέσουμε κάποια στιγμή... Το αμέλησα, βέβαια, σχεδόν το ξέχασα. Φοβόμουν κιόλας - μην τυχόν και μου 'λεγε μετά για ολική αφαίρεση και τέτοια. Δε με πονούσε και συχνά - κάτι ενοχλήσεις μόνο πότε πότε...

Χριστίνα: Και τι σχέση έχει με την Άννα αυτό. ;

Τζανίν: Έχει που εγώ της μιλούσα για το όνειρο - και πριν προ-λάβω να της πω για το τελάρο και τον πίνακα, εκείνη με ρώτησε αν έχω κάποιο θέμα με την υγεία μου και μάλιστα που να σχε- τίζεται με τα «όργανα αναπαραγωγής»... Εκεί διαπίστωσα πως από την ημέρα που ήρθε το τελάρο έχω συνέχεια φευγαλέους πόνους στην κοιλιά, που όμως... δεν έδωσα σημασία...

Χριστίνα: Μάλιστα... και... ποια είναι η άποψή της επ' αυτού...;

Τζανίν: Πως μέσα από το όνειρο το προχθεσινό, ο Ιωάννης μού πρόσφερε διάγνωση και θεραπεία - βάζοντας τα χρωματιστά βότσαλα πάνω στο σημείο που βρίσκεται η κύστη... Πως η κύ- στη είναι το αποτέλεσμα της σχέσης με τον Ιωάννη - και της έκτρωσης που ποτέ δεν ασχολήθηκα για να τη «θεραπεύσω»... Πως χρειάζεται να «καθαρίσω» τον οργανισμό μου από τα συ- ναισθήματα εκείνης της εποχής, είπε - γιατί... «εγώ μπορεί να τα κουκούλωσα, αλλά η Ψυχή και το σώμα μου τα κουβαλάνε...» και με βαραίνουν και μ' αρρωσταίνουν... Ακόμα και να με σκο- τώσουν μπορούν, γιατί αυτή η κύστη δεν ξέρουμε σε τι μπορεί να εξελιχθεί... Κι αν τελικά αποφασίσω απλά να την αφαιρέσω, χωρίς ν' ασχοληθώ με το πραγματικό πρόβλημα... το ίδιο πρό- βλημα θα δημιουργήσει κάτι άλλο - κάπου αλλού... Αυτό είπε...

Χριστίνα: Ήμουν σίγουρη πως έπρεπε να μιλήσεις με την Αννα...! Ξέρει να κάνει τους σωστούς συνδυασμούς...

Τζανίν: Ότι είχες δίκιο να λέγεται - μου έδωσε μια εντελώς δι- αφορετική οπτική κι είναι γεγονός πως αν μου τα 'λεγες εσύ δε θα έδινα ιδιαίτερη σημασία... Τον ήξερες κι εσύ αυτόν τον «συνδυασμό», Χριστίνα - είμαι σίγουρη... Όλο αυτό σκεφτό- μουν τώρα που γύριζα σπίτι - το ήξερες και προσπαθούσες να μου το δείξεις... αλλά δεν μπορούσα να καταλάβω...

Χριστίνα: Εντάξει - τα όνειρα λειτουργούν σαν θεραπεία, δεν είναι καινούργιο αυτό. Ο ίδιος ο Ιπποκράτης έβρισκε τις αιτίες μιας αρρώστιας μέσα από τα όνειρα... Μέσα από τις μνήμες και τα συναισθήματα που ξυπνούσαν μάθαινε από ΤΙ χρειάζεται να «καθαρίσει» ο οργανισμός για να ξαναβρεί την ισορροπία του... Αλλά το ότι το ξέρω δε σημαίνει πως μπορώ να κάνω και τους σωστούς συνδυασμούς - χρειάζεται μια κάποια «εξειδίκευση»...

Τζανίν: Δεν ξέρω τι χρειάζεται αλλά με κανέναν τρόπο δε θα το έβλεπα μόνη μου κάτι τέτοιο, αν και κατάλαβα πολύ καλά όσα είπε η Αννα - μου κάνει μεγάλη εντύπωση αυτό. Είναι παράξενο

- οδυνηρό κι ανακουφιστικό ταυτόχρονα... κι αισθάνομαι τόσο μεγάλη κούραση, λιποθυμία μού 'ρχεται...

Χριστίνα: Να ξεκουραστείς, λοιπόν, να τ' αφήσεις να καταλα- γιάσει και δε χρειάζεται περαιτέρω «ανάλυση»... Κι αύριο μέρα είναι...

Τζανίν: Σωστά - αυτό μου είπε και η Άννα... Και κάτι ασκήσεις που μου έδωσε είπε να μην τις ξεκινήσω πριν να περάσουνε τρεις μέρες - για να προλάβει λέει ο οργανισμός ν' αφομοιώσει τις πληροφορίες και να προετοιμαστεί... Κι αν δω κι άλλα όνειρα να τα γράψω είπε - με όσο το δυνατόν περισσότερες λεπτομέρειες...

Χριστίνα: Ωραία - να το κάνεις... Ως προς τον πίνακα τι γνώμη έχει...; Φαντάζομαι πως όλο και κάτι θα είπατε σχετικά και μ' αυτόν...

Τζανίν: Ναι... βέβαια... έχει σχεδόν την ίδια γνώμη που έχεις κι εσύ - τον βλέπει σαν «μέσον» για «το ξεκαθάρισμα των συναι- σθημάτων που με βαραίνουν»... Μου έδωσε μάλιστα και «άσκη- ση» - έναν τρόπο να χρησιμοποιήσω τα χρώματα για... «να βο- ηθήσω να διαλυθεί η κύστη» καθώς θα ζωγραφίζω... Στην αρχή μου φάνηκε εντελώς τρελό - αλλά... όσο το σκέφτομαι... δεν ξέρω... Σίγουρα δε χάνω τίποτα να δοκιμάσω...

Χριστίνα: Σωστά... το καλό με κάτι τέτοιες μεθόδους είναι πως πράγματι... δε χάνεις τίποτα να δοκιμάσεις... Άντε τώρα να ξε- κουραστείς - και τα λέμε πάλι...

Τζανίν: Εντάξει, Χριστινάκι... Σ' ευχαριστώ... Φιλιά...

{Κλείνουν - ανάβει τσιγάρο και στέκεται μπροστά στον πίνακα.}

Χμ... «τα συναισθήματα που με βαραίνουν...» Που απαγόρευα στον εαυτό μου να τα έχει και πίστευα πως δεν υπάρχουν πια...

Κύριε ελέησον... Χμ... Ελέησον και βοήθησον - γιατί δε με βλέ- πω καθόλου καλά...

{Ο Γλαύκος εμφανίζεται στην πλατφόρμα και περνάει αργά από την κουρτίνα στο εσωτερικό του ατελιέ. Η Τζανίν πηγαίνει στο ραδιόφωνο.}

Γλαύκος: Τι το θες, αγαπούλα μου, το καβουρντηστήρι...;;

{Η Τζανίν κοιτάζει γύρω της - γυρίζει προς το μέρος του - στρέφεται ξανά στο ραδιόφωνο. Ο Γλαύκος φωτίζεται από μπλε προ- βολέα.}

Γλαύκος: Ασ' το το ρημάδι... Σκέτο παράσιτο είναι, γλυκιά μου...

Τζανίν: (κοιτάζει γύρω παραξενεμένη) Ε...;;; Δεν είμαστε καλά. (απλώνει το χέρι ξανά προς το ραδιόφωνο)

Γλαύκος: Μια χαρά είμαστε... αρκεί να μην ανοίξεις τώρα αυ- τόν τον σαματά...

{Η Τζανίν γυρίζει απότομα προς το μέρος του - τον «βλέπει» - τα χάνει και πέφτει στο πάτωμα - ακουμπάει κάπου - τον κοι- τάζει – σταυροκοπιέται.}

Τζανίν: ΙΩΑΝΝΗ...;;;;

Γλαύκος: Αυτοπροσώπως, μωρό μου... Ολόκληρος... σχεδόν...

Τζανίν: Δεν είναι δυνατόν να συμβαίνει αυτό... Παραισθήσεις έχω... τρελάθηκα...

→ **Γλαύκος:** ... Γιατί. ;

Τζανίν: Τι είναι αυτό...;;;; Κοιμάμαι κι ονειρεύομαι... ή πέθανα και χάθηκα...;

Γλαύκος: ... Δε χάθηκες - αλλά... όσο να 'ναι... τα 'χασες λίγο, αγαπούλα μου... Δικαιολογημένα, μην ανησυχείς... Δεν πέθανες - ούτε καν κοιμάσαι... Και δεν τρελάθηκες... Ηρέμησε...

Τζανίν: Δεν είναι δυνατόν...!

Γλαύκος: ...προφανώς είναι, κούκλα μου - ησύχασε είπαμε... Άλλωστε... εμείς οι «δυο» γνωριζόμαστε... μ' αναγνώρισες αμέσως...

Τζανίν: Σ' αναγνώρισα...; Τι αναγνώρισα...;;; Δεν είναι δυνατόν να βρέθηκες εσύ μέσα στο σπίτι μου - και μάλιστα... έτσι...

Γλαύκος: ... έτσι ακριβώς...! Δε χαίρεσαι που με βλέπεις...;;

Τζανίν: Να... «χαίρομαι»... που σε «βλέπω»...;; μα... φυσικά... ούτε λόγος... αφού ξέρω και τι βλέπω... Μήπως να σε κεράσω και καφέ...;;

Γλαύκος: ... χα χα χα... ευχαρίστως - αλλά... καλύτερα κράτησε τον για μια πιο «κανονική» συνάντηση...

Τζανίν: Ωραία... Πάλι καλά που παραδεχόμαστε πως δεν είναι και πολύ «κανονική» αυτή η... «συνάντηση» ... Ποιος είσαι...;;; ΤΙ είσαι...;;;

Γλαύκος: ... ένα ένα και θα καταλάβεις, γλυκιά μου... Μόνο ησύχασε... Για να μπορέσουμε να μιλήσουμε... τουλάχιστον «εμείς»...

Τζανίν: Εμείς...;;; Ποιοι «εμείς»....;

Γλαύκος: Εσύ κι εγώ...

Τζανίν: Ποιος είσαι «εσύ»...; κι εγώ...;;; ποια «εγώ»...;;

Γλαύκος: ...Σωστά... στην περίπτωσή μας δεν υπάρχει «εσύ» κι «εγώ»... Απλά βρήκα ευκαιρία να παρουσιαστώ - γιατί πριν από λίγο ζήτησες βοήθεια... Και... ήρθα...! Για να βοηθήσω...

Τζανίν: Ζήτησα «βοήθεια»...;; εγώ...; Πότε...;

Γλαύκος: Μα... πριν από λίγο... Δεν το θυμάσαι...;;

Τζανίν: Όχι...

Γλαύκος: ... Δεν είπες... «Κύριε ελέησον - και βοήθησον»...;

Τζανίν: Είπα...; Δεν ξέρω... ίσως να είπα...

Γλαύκος: Ορίστε... ήρθα...

Τζανίν: Ε...;;;

Γλαύκος: ... Καταλαβαίνω την έκπληξή σου - όμως μην ανησυχείς.... σε λίγο θα καταλάβεις και θα κουβεντιάζουμε σαν παλιόφιλοι... Αυτό είμαστε άλλωστε - όσο κι αν σου φαίνεται παράξενο ακόμα...

Τζανίν: Μάλιστα... μου φαίνεται παράξενο - ενώ στην πραγματικότητα... δεν είναι...; Μιλάω με τη σκιά του Ιωάννη - κι είναι το πιο φυσικό πράγμα στον κόσμο... Κι αν το πω και πουθενά και με μαζέψουνε θα' ναι τρελοί εκείνοι κι όχι εγώ... Απλούστα- το...!

Γλαύκος: ... Έτσι είναι στην πραγματικότητα - αλλά δεν είναι ανάγκη να το κουβεντιάζεις και με τον κάθε άσχετο, αγαπούλα μου...

Τζανίν: Αυτό πια μου έλειπε... Ακόμα κι η Χριστίνα θα τρομά- ξει...

Γλαύκος: .. Για τη Χριστίνα μην ανησυχείς... δε θα τρομάξει..! Εσύ όμως χρειάζεται να ηρεμήσεις τώρα - αν θέλεις να κουβε- ντιάσουμε και λίγο σοβαρά... Μήπως να φτιάξεις έναν καφέ...;;

Τζανίν: Δεν είμαστε καλά - που θα φτιάξω και καφέ...!

Γλαύκος: Γιατί όχι...; Ένας καφές πάντα βοηθάει...

Τζανίν: Ορίστε... ηρέμησα και χωρίς καφέ...! Τι έχουμε να «πούμε» - και αρχικά... τι είσαι...; Ποιος είσαι - που έρχεσαι και για... «να βοηθήσεις»…;

Γλαύκος: Η πρώτη σωστή ερώτηση - μπράβο, γλυκιά μου...! Λοιπόν… βασικά είμαι ο βοηθός σου... Ας πούμε το κομμάτι εκείνο του Εαυτού σου που συνδέεται με τον Πνευματικό Κό- σμο... Φύλακας άγγελος και σύμμαχός σου από την πρώτη στιγ- μή της Δημιουργίας μας... Φίλος και σύντροφος αιώνιος - στις προσταγές σου...!

Τζανίν: Μάλιστα.. Με τη φάτσα του Ιωάννη όλ᾽ αυτά...;;

Γλαύκος: …Θα προτιμούσες κάποια άλλη «φάτσα»...;;

Τζανίν: Έχει σημασία τι θα προτιμούσα...;;

Γλαύκος: Για να είμαστε ειλικρινείς, όχι... Εγώ θα μπορούσα να πάρω οποιαδήποτε μορφή - αλλά εσύ πάντα και μόνο τη «φά- τσα» του Ιωάννη θα «έβλεπες»... Μόνο αυτή θ᾽ αναγνώριζες - γιατί μόνο αυτή η συχνότητα δημιουργήθηκε μαζί μ᾽ εσένα...

Τζανίν: Και τώρα... εγώ... υποτίθεται πως κάτι πρέπει να κατα- λάβω από όλ᾽ αυτά…;

Γλαύκος: …Τίποτα δεν υποτίθεται... ο νους σου δεν μπορεί να εξηγήσει αλλά η καρδιά σου γνωρίζει ήδη... Και πολύ καλά μά- λιστα...

Τζανίν: Χμ... δεν ξέρω πώς γίνεται... απίστευτο είναι - αλλά πραγματικά... μ᾽ έναν πολύ περίεργο τρόπο το καταλαβαίνω αυτό που λες...

Γλαύκος: ...Ωραία... να το θυμάσαι - θα βοηθήσει να συντονί- ζεσαι με την καρδιά σου... Εδώ και χρόνια την κρατάς κλειστή και ταμπουρωμένη...

Τζανίν: Κάπως έπρεπε να την προφυλάξω από κάτι τύπους σαν εσένα...

Γλαύκος: ... Απο την πλευρά που το βλέπεις, έχεις ένα δίκιο - δεν μπορώ να πω... Αν αλλάξεις οπτική γωνία όμως...; Αλή-θεια... για θυμήσου... σ'εκείνο τ' όνειρο που έβλεπες προχθές... μήπως την αισθανόσουν κάπως διαφορετικά την καρδιά σου...;;

Τζανίν: Όλα ήταν αλλιώτικα σ' εκείνο το όνειρο προχθές... Αλ- λιώς χτυπούσε η καρδιά μου, αλλιώς βλέπανε τα μάτια μου... Σαν να μην ήμουν «εγώ»...

Γλαύκος: ...Μα ΔΕΝ ήσουν «εγώ» - ήσουν «εμείς»... Έτσι «άνοιξε» και η καρδιά σου και το βλέμμα σου... Και σιγά σιγά θ' ανοίξει και θ' αλλάξει ο τρόπος που καταλαβαίνεις τον κόσμο... Θα «είσαι εμείς»... και θα «βλέπεις» τα πράγματα διαφορετικά...

Τζανίν: Δεν μπορώ να φανταστώ τι εννοείς - αν και σ' αυτό το όνειρο κάπως έτσι ήτανε... Μόνο που εγώ ήμουν πεθαμένη - κι αυτός που «έβλεπε» ήταν μάλλον ο Ιωάννης... Αλλά αυτό ήταν όνειρο - κι εγώ τώρα είμαι ξύπνια, είμαι σίγουρη γι' αυτό...

Γλαύκος: Δε θα είσαι ξύπνια για πολύ ακόμα - δεν αντέχεις, γλυκιά μου... Αλλά τη σημερινή μας «συνάντηση», ακόμα κι όταν όλ' αυτά θα μοιάζουν με όνειρο δεν πρόκειται να την ξεχά- σεις ποτέ, πίστεψέ με... Πάντα είμαστε «μαζί» εμείς - κι από 'δω και πέρα θα μπορείς να το αισθάνεσαι... Θα μάθεις να ζεις μ' αυτό - κι εσύ κι ο βλάκας σου, ο Ιωάννης... Και καλά θα κάνετε να καταλάβετε πως είναι μεγάλη τύχη κι ευλογία αυτή η «Ένω- ση» - ακόμα κι αν είναι πολύ διαφορετική απ' αυτό που έχεις συ- νηθίσει να ονομάζεις «ένωση», γλυκιά μου... Μπορεί να θερα- πεύσει όλες τις πληγές και τα τραύματα και να σε βοηθήσει να κάνεις «ειρήνη» με το παρελθόν... Δεν έχεις ιδέα πόσο μακριά και πόσο βαθιά μπορεί να πηγαίνει αυτό το «παρελθόν» ...

Είναι σημαντικό να κάνεις «Αληθινή Ειρήνη» με δαύτο - κι αυτό ση- μαίνει ν' αγαπήσεις ό,τι σε πλήγωσε περισσότερο... Μόνον έτσι «ανοίγει» και γίνεται ολόκληρη η καρδιά σου - και σίγουρα δε θέλεις να την αφήσουμε «μισή» ... Αν είσαι «μισός άνθρωπος» δεν μπορείς να βρεις τον Αληθινό Εαυτό σου... Δεν ξέρεις καν τι σημαίνει αυτό... Στους αιώνες υπάρχει - και συνυπάρχει με όλους τους άλλους και σε πολλά επίπεδα.

Είναι πολλά αυτά που συμβαίνουν στους αιώνες, γλυκιά μου - κι αφήνουν τα σημάδια τους που όλο και περισσότερο βαραίνουν και πονάνε… όχι μόνο «εμάς» αλλά και τον Πλανήτη ολόκλη- ρο. Είναι καιρός ν' αλλάξει αυτό - κι αυτήν την αλλαγή μόνο η Καρδιά μας μπορεί να τη φέρει... Αρκεί να είναι ανοιχτή κι ολόκληρη για ν' αγαπάει αληθινά - χωρίς κανόνες και «προϋπο- θέσεις» ... Ακόμα και αυτά που σε πλήγωσαν. Κυρίως αυτά που σε πλήγωσαν…!!! Η Καρδιά σου όμως... δεν υπάρχει χωρίς εμέ- να... ούτε κι η δικιά μου χωρίς εσένα άλλωστε… ακόμα και τον «μικρό» εαυτό σου… μόνο αν μ' αγαπάς μπορείς ν' αγαπάς....

{Όσο ακούγεται η φωνή, η Τζανίν ακουμπάει το κεφάλι στον καναπέ και κλείνει τα μάτια - ο Γλαύκος την πλησιάζει, κάθεται πίσω της στο πάτωμα και την αγκαλιάζει - τα φώτα σβήνουν - τέλος της εικόνας.}

Εικόνα 10η

{Φωτίζεται το στούντιο. Ο Ιωάννης με την κιθάρα ανάμεσα σε κουτιά, cd και κασέτες παίζει έναν χορευτικό σκοπό. Χτυπάει το τηλέφωνο.}

Ιωάννης: Καλώς τονέ - καλώς τονέ. !

Μάνος: Στα κέφια σου σ' ακούω...

Ιωάννης: Στα κέφια μου είμαι και σου τα χρωστάω... Χθες βρά-δυ... συναντήθηκα με την Τζανίν...

Μάνος: Επιτέλους - έλεγα πως δε θα τ' αποφάσιζες ποτέ... Πώς έγινε το θαύμα...;

Ιωάννης: Εκείνη το 'κανε - πέρασε τυχαία από το μαγαζί και... έτυχε να είμαι εκεί...

Μάνος: Μάλιστα... τυχαία - κι έτυχε... Το ξέρει πως είναι δικό σου το μαγαζί...;

Ιωάννης: Ναι - βέβαια, της το είχα πει τότε που συναντηθήκαμε στο διαφημιστικό. Περνούσε, είπε - και σκέφτηκε να πούμε ένα «γεια»...

Μάνος: Και...;;

Ιωάννης: Ε... είπαμε το «γεια» - και της ζήτησα να πάμε στο «καφέ» να πούμε περισσότερα... Τρεις ολόκληρες ώρες καθί- σαμε...

Μάνος: Και πολύ καλά κάνατε...! Συμπέρασμα...;

Ιωάννης: Είχες απόλυτο δίκιο - ήταν ανάγκη να τη δω και να μιλήσουμε... Είπαμε πολλά - και για τα παλιά και για τα νεώτε- ρα... Σαν νερό περάσανε τα χρόνια, κοντεύει να κλείσει χρόνο η εγγόνα της...

Μάνος: Να της ζήσει και να τη χαίρεται... Κι εσύ...;; πώς είσαι μετά απ' αυτό...;;

Ιωάννης: Λύτρωση ήταν αυτή η συνάντηση για 'μένα, Μάνο... και για εκείνην, υποθέτω... Σαν το πουλάκι κοιμήθηκα - ούτε παραλίες, ούτε σκοτεινιές, ούτε μάγισσα... Μόνο ένα πρόσωπο παράξενο είδα κάποια στιγμή - δεν είμαι σίγουρος αν ήταν το δικό μου ή το δικό της... Κάτι σαν αρλεκίνος... Καθόλου δε με τάραξε... ίσα που πέρασε κι έφυγε χαμογελαστό...

Μάνος: Έτσι είναι οι «ονειροφύλακες» - όταν λυθεί το πρόβλημά τους ντύνονται αρλεκίνοι κι αρχίζουν τα χωρατά και τα χαμόγελα... και... τα «όνειρα γλυκά» ... Ωραία λοιπόν - και... πάμε παρακάτω...

Ιωάννης: Παρακάτω... έχω βαλθεί να ψάχνω τις παλιές μου- σικές μου σήμερα... Αποφάσισα να τις δουλέψω λίγο και να δώσω αυτές για την παράσταση του σχολείου... Δε βρήκα και τίποτα που να ταιριάζει, οπότε... γιατί όχι...;

Μάνος: Πολύ καλό αυτό το «παρακάτω»...! Να υποθέσω πως έχει κάποια σχέση με τη χθεσινή συνάντηση..;;

Ιωάννης: Να υποθέσεις - είχα πολλά χρόνια να συναντήσω κάποιον που να ξέρει τα τραγούδια μου κι η Τζανίν τα θυμόταν ακόμα... Κάμποσες φορές μου είπε πως είναι κρίμα που δε συνέχισα να γράφω μουσική... και να δεις που κάτι ανάλογο έκανε κι εκείνη με τη ζωγραφική της... Τα παράτησε - τόσα χρόνια μόνο με το διαφημιστικό ασχολήθηκε... Δεν ξέρω... μπορεί να φταίω κι εγώ γι' αυτό, μπορεί να την είχα κομπλεξάρει έτσι που θύμωνα με 'κείνα τα σκίτσα... Κι είναι κρίμα γιατί ζωγράφιζε πολύ καλά...

Μάνος: Ελπίζω να της το είπες αυτό...

Ιωάννης: Φυσικά και της το είπα - αν και τώρα τελευταία, έτσι κι αλλιώς έχει αρχίσει να ζωγραφίζει πάλι. Ετοιμάζει έκθεση, μάλιστα... Είπαμε πολλά, Μάνο... Πρώτη φορά που κουβεντιά- σαμε αληθινά εμείς οι δυο...

Μάνος: Ε... καιρός ήταν... Μόνο μην το παρακάνετε...

Ιωάννης: Όχι... όχι βέβαια... αλλά να... μπορούμε να συναντιό-
μαστε πότε πότε από 'δω και πέρα... να λέμε τα νέα μας... Θα μου
στείλει και πρόσκληση για την έκθεση... Ήρθε τόσο παρά- ξενα
στην ώρα της αυτή η συνάντηση - και να δεις που ήταν σαν να μην
είχε περάσει ούτε μέρα... Σαν να ήμασταν ακόμα είκοσι χρονών...

Μάνος: Δεν είσαστε όμως - και μην το ξεχνάμε αυτό...

Ιωάννης: Όχι, βρε παιδί μου - αλλά να... ήταν ωραία που μιλή-
σαμε επιτέλους... Σαν να δώσαμε μια εξήγηση - μια αμοιβαία
«συγγνώμη» κατά κάποιον τρόπο, χωρίς πολλά και περιττά λό-
για. Άλλος άνθρωπος αισθάνομαι - σαν να ξαλάφρωσε η καρδιά
μου από ένα βάρος που δεν ήξερα πως υπάρχει, δεν το συνειδη-
τοποιούσα και μόλις χθες το κατάλαβα... Άβυσσος η Ψυχή του
ανθρώπου τελικά...

Μάνος: Σωστά... «άβυσσος»... Το ωραίο είναι που μέσα σ' αυ-
τήν την «άβυσσο», έρχεται μια συνάντηση σαν αυτή... τόσο
«παράξενα στην ώρα της» ... για να σου δείξει μάλλον σε ποιο
σημείο της «αβύσσου» βρίσκεσαι και πώς να πας παρακάτω... Σ'
το έχω πει πως έχει χιούμορ το Σύμπαν... Άντε τώρα - πήγαι- νε
να συμμαζέψεις τα χθεσινά, να θυμηθείς και τις μουσικές σου και
τα λέμε πάλι...

Ιωάννης: Σωστά... έχω κάμποσα να σκεφτώ και να συμμαζέψω
σήμερα... Σ' ευχαριστώ για όλα, ρε φίλε... και προπαντός για την
υπομονή σου...

Μάνος: Παρακαλώ - δεν κάνει τίποτα... Τζάμπα είναι η υπομο- νή...
Άντε... γεια...

Ιωάννης: Γεια...

{Κλείνουν. Τα φώτα σβήνουν - τέλος της εικόνας.}

Εικόνα 11η

{Φωτίζεται το ατελιέ. Με ιδιαίτερο προβολέα ο πίνακας, που έχει τελειώσει και δείχνει μια φιγούρα όπου ξεχωρίζει βασικά ένα πρόσωπο - μισό ο Ιωάννης / μισό η Τζανίν - σε φόντο με χρωματιστές σφαίρες που μοιάζουν και με πρόσωπα. Μπαίνει η Τζανίν κρατώντας έναν μεγάλο φάκελο κι ένα δέμα - κάθεται το ανοίγει και τακτοποιεί τις προσκλήσεις σε φακέλους. Ακούγεται η φωνή του Γλαύκου.}

Γλαύκος: Υπέροχος είναι ο πίνακας, γλυκιά μου - κι όπως είδες και στις εξετάσεις... καμία κύστη δεν υπάρχει πια... Σταμάτα ν' ανησυχείς - μεγάλη του τιμή στο κάτω κάτω - κι όποιος κατά- λαβε κι ό,τι κατάλαβε... Ελεύθερος άνθρωπος είσαι και να μη σ' απασχολεί - ό,τι θέλει ζωγραφίζει ο καλλιτέχνης... Να μην μπερδεύεσαι με τις αμφιβολίες και τις γνώμες κανενός... Ούτε καν του Ιωάννη... Ορίστε μας...

{Τα φώτα χαμηλώνουν στο ατελιέ - ο πίνακας μένει φωτισμένος - κι ανάβουν στο στούντιο. Μπαίνει ο Ιωάννης κρατώντας την πρόσκληση για την έκθεση - κάθεται - την ανοίγει - ακούμε τη φωνή της Γλαύκης.}

Γλαύκη: Το ξέρω - φοβάσαι πως θα σ' έχει πάλι ζωγραφισμένο κι εκτεθειμένο... με τα πιο βαθιά σου μυστικά σε κοινή θέα... Και λοιπόν...; Σιγά το πράμα - κανείς πέρα από 'σας τους δυο δε θα μπορεί να καταλάβει - οπότε μην ανησυχείς και μεγάλη σου τιμή στο κάτω κάτω... Δε θα 'ναι πια το ίδιο άλλωστε για 'σένα... Ούτε και για εκείνην... Ό,τι θέλει ζωγραφίζει ο καλλι- τέχνης - ελεύθερος άνθρωπος είναι... Και καλά θα κάνει να μην μπερδεύεται με τις αμφιβολίες και τις γνώμες κανενός... Ούτε καν τις δικές σου... Ορίστε μας...!

{Τα φώτα σβήνουν - τέλος της εικόνας.}

Εικόνα 12η - φινάλε

{Χαμηλός φωτισμός στο ατελιέ και στο στούντιο. Στο ατελιέ μπαίνει η Τζανίν κρατώντας ένα ρολό χαρτί περιτυλίγματος. Ανάβει ένα κερί, βάζει ένα ποτό - κάθεται κι ανάβει τσιγάρο. Ο πίνακας με μπλε προβολέα. Στο στούντιο ο Ιωάννης κάθεται ανάμεσα σε σκόρπια cd - φωτίζεται με μπλε προβολέα επίσης - πιάνει την κιθάρα βάζει τ' ακουστικά κι αρχίζει να παίζει ένα τραγούδι - που ακούγεται με τις φωνές των Γλαύκων. Φωτίζεται ο διάδρομος κι οι Γλαύκοι μπαίνουν χορεύοντας στον σκοπό του τραγουδιού.}

Νυχτερινός μονόλογος

που ψάχνει την αλήθεια

πίσω από μάτια σκοτεινά

σκιές και παραμύθια.

Κρύβομαι - πάλι κρύβομαι - παντού για να με βλέπεις

γαλάζιο σύννεφο θολό - ήχος και φως και χρώμα

αέρας, όνειρο, ζωή, θάλασσα και σταγόνα.

Νυχτερινός μονόλογος

κόλπα και θεωρίες

κι εσύ δικός μου διάβολος

και σκοτεινές φοβίες.

Κρύβομαι - πάντα κρύβομαι - τρέξε για να με φτάσεις

Αγάπη γίνε να με δεις - φλόγα να με κοιτάξεις

μόλις μ' αγγίξεις να χαθώ, τα χέρια σου μην κάψεις

(τα φώτα σβήνουν αργά)

Επίλογος

(οι Γλαύκοι έρχονται από τον διάδρομο, στέκονται στο κέ- ντρο της σκηνής - φωτίζονται από μπλε και κόκκινο προβο- λέα που εναλλάσσονται - χαμηλά η μουσική υπόκρουση της μελωδίας του τραγουδιού - απαγγέλλουν εναλλάξ).

«Ο Χορός του Κύκλου»

Το όνομα μου είναι Σιωπή

Γραφή σιωπηλή

Σιωπηλή ανάγνωση

η Ακοή όταν σωπαίνει... αφουγκράζεται

η Αίσθηση όταν σωπαίνει... διαισθάνεται

σιωπηλή και μακάρια

μένει η Καρδιά που γνωρίζει

μετρά τον Ρυθμό της

την Αγάπη

την Αφοσίωση

Όσιον και Άγιον το Σιωπάν

στην Αρχή και στο Τέλος... σιωπή...

στα Νερά και στο σκοτάδι της Μήτρας... σιωπή...

Γεννιέται ο πρώτος Ήχος της Καρδιάς

στη σιωπή...

η Ζωή δημιουργείται

Σςςςς... ένας άνθρωπος πλάθεται

Η Ψυχή του Εισχωρεί...

Σιωπηλά...

Θα γνωρίσει μια μέρα καινούργια

θ' αναγνωρίσει και πάλι την Ύπαρξη

Εικόνες έρχεται να δημιουργήσει

ήχους ν' ανακαλύψει

να ζωγραφίσει δικά του χρώματα

να ψάξει, ν' αγγίξει και να μάθει

να ερωτευτεί...

να παίξει με τη ζωή και τον θάνατο

στη μικρή σκιά του ανθρώπινου κόσμου

Θ' αναγνωρίσει το Απέραντο και το Άδηλο

καθώς το πεπερασμένο θα εκδηλώνεται

Γεννιέται...

Σε κόσμο άγνωστο έρχεται

γεμάτο θόρυβο και σκιές

-Πού βρίσκομαι, Ψυχή μου...;

-Σςςςς...ξεκινάς το ταξίδι...

Πού βρίσκει αρχή ο Ουρανός...;;

Τα σύννεφα...;; πώς τρέχουν... ;;

Πού βρίσκει η Θάλασσα νερό...;;

Πού κρύβεται ο Ήλιος...;;

Πώς βγαίνει κάθε μέρα εκεί

– και πώς ξανά πηγαίνει...;;

και πως η Γη είναι στρογγυλή

κι εμείς εδώ κρυμμένοι...;;;

Πώς ήρθε η σκέψη μου ως εδώ

και πώς μιλά η φωνή μου….;;;

Ποιος έφτιαξε μαμά το φως…;;

Πού βρήκα τη ζωή μου…;;

Παίζοντας με το βλέμμα της Ψυχής

Μεγαλώνω

Μπροστά μου

ένα αρχαίο, ξεχασμένο στρατιωτάκι

δίπλα σε μια μονόφθαλμη και κοκαλένια κούκλα

Σε συνάντησα...

Αναζητώντας τη Μνήμη της Ψυχής μου σε είδα

Ατίθασα μαλλιά

χείλη κλειστά, τρομαγμένα

βαμμένα κόκκινα σαν για να κρύψουν

το δικό τους κοκκινάδι

Δεν τολμούν ν' αγαπήσουν

- μη και χαλάσουν το ζωγραφισμένο σχήμα

Δεν τολμούν ν' ανοίξουν, ν' αγαπηθούν

- μη και παγιδευτούν

Άγουρη νιότη...βιαστική κι ανήμπορη

Αγώνας άνισος...

να ορίσεις έναν άγνωστο κόσμο ξανά

Φόβος η Αγάπη του - κι ο Έρωτας του βρισιά

Σ' άγνωστο κόσμο γεννήθηκα Μνήμη της Ψυχής μου

κι ο Κρόνος του καταπίνει τις μέρες μου

Μεγαλώνω...

Αγγίζοντας την Ηλικία της Ψυχής μου

σ' αναγνώρισα

Κλείνω τα μάτια - κι είναι γεμάτος άστρα γνώριμα ο Ουρανός

Δυνάμεις του Νου μου, σβήστε τα φώτα της πόλης

- ν' αγγίξω την Αλήθεια

Σιωπή μου - σε καλώ... σβήσε τον βέβηλο θόρυβο

Θορυβούμαι

Απέραντες οι αντανακλάσεις

Βιτρίνες κι επιφάνειες που γυαλίζουν

- τρομάζω με τα είδωλα

με τις επιγραφές και τους βρώμικους τοίχους - τρομάζω...

Κοιτώ ένα απέραντο, άφταστο μηδέν

μέσα στο Παν και το Τίποτα

Μεγαλώνω

Γελώ πια με τα όνειρα που πίστευα για ψέμα

κι εκείνα όλα τα λάθη μου - που αλάθητα όμως ήταν

Γελώ...

κι η Σιωπή μου μιλά σαν τον άνεμο

Γέλα... κι ο φόβος θα χαθεί...

μην κλαις και μην τρομάζεις

Εγώ είμαι εδώ για πάντοτε, Αιώνια Ψυχή σου

Άχρονη ηλικία σου, σκέψη και προσευχή σου

Εγώ Ειμί – και είμαι εδώ

είμαι παντού και πάντα

Είμαι στο λάθος σου... στον «νου»...

Αρχή μαζί και Τέλος

Είμαι μαζί σου – κι είμαι εσύ

Ασπίδα σου και Βέλος

Να με φωνάζεις... να γελάς... μη με ξεχνάς: υπ - άρχω»!

Ανάσα είμαι αυτής της Γης - γύρω και μέσα σου Είμαι

Είμαι στα φύλλα, στις Φυλές

στο Δάκρυ, στα Λουλούδια...

Είμαι στη Λύπη, στη Χαρά,

στη Σκέψη, στα τραγούδια

Ακούω τη λαχτάρα σου

τον φόβο σου τον βλέπω

Ό,τι κι αν κάνεις σ' Αγαπώ

κι όταν πονάς αντέχω

Είμαι η μορφή σου κι η Καρδιά

κάθε της χτύπος Είμαι

Εγώ Ειμί...! και πάντα εδώ

τον δρόμο σου θα δείχνω

με τ' Όνειρο σ'ακολουθώ

με τη Σιωπή θ' ακούσεις

μια συλλαβή, μια λέξη μου

Ήχος που σ' αγκαλιάζει

και με πανάρχαιους ψαλμούς

στον νου βαθιά φωλιάζει

Μεγαλώνεις

Τον κόσμο αισθάνεσαι...

Πρόσκαιρος κι άπιαστος - μα...κοίτα...!

Πόσο όμορφος...!!!

Χιλιάδες τα χρώματα που ζωγραφίζουν τον κόσμο σου

κόκκινες φλόγες που στολίζουν το δέρμα σου

στην ορμή της νιότης

στον έρωτα, στο πάθος, στον θυμό

Κάθε στιγμή σου άπιαστη και δεν ξαναγυρίζει

κι όμως Αλήθεια είναι και Φως που τη ζωή ορίζει

Μεγαλώνεις

Κοίτα... πόσο κόκκινο το μισοφέγγαρο στη Δύση του

Ω Θεέ μου...! αλήθεια... πόσο κόκκινο...!!

και πόσο γρήγορα χλωμιάζει και χάνεται...

Ένας κόσμος τόσο αληθινός

- και τόσο τίποτα συνάμα

Μεγαλώνω

Το Μηδέν, το Παν και το Τίποτα

και πάλι με καλεί

Ατάραχα κοιτώ

Αόρατα τους βλέπω

Ακούω την προσευχή

και τον φόβο τους

Λουλούδια πάνω στο χώμα

και τ' άρωμά τους πνοή ανάλαφρη

για την Αύρα της Γης μου

Σπόρος αιώνιος κάτω απ' το δέρμα Της

ένα σώμα λευκό σαν μαραμένο τριαντάφυλλο

Το κοιτώ... και τ' αφήνω

απόηχος στην Ανάσα της Γης γραμμένη η ζωή μου

ποτίζει το Χώμα Της

Σπόρος αιώνιος κάτω απ' το δέρμα Της

Διαφανές και κρυστάλινο Λευκό

μ' αγκαλιάζει

Ανέσπερον Φως...!

Μ' ένα γέλιο σιωπηλό αφουγκράζομαι

Ό,τι σιωπηλά δημιουργήθηκε

στη Σιωπή επιστρέφει

Σιωπή...

η Ψυχή Αποχωρεί

Διευρύνεται... Μεγαλώνει

Κραδασμοί στην αιώνια Μορφή Της οι μνήμες μου

Φτερά που πάλλονται κι ένα Φως υγρό

τρυφερά με σκεπάζει

Δυναμώνουν οι Συχνότητες της σκέψης μου

Της καρδιάς και του λόγου μου

Δεν ντρέπομαι, δε μετανοιώνω, δε λυπάμαι, δε φοβάμαι

Μόνο θυμάμαι...

Ανάγλυφες οι αρμονίες κι οι λέξεις

στους αρχαίους Ψαλμούς

Κύμα που αναπαράγεται

με ξυπνά

μου θυμίζει

Θυμάμαι...!!

Θυμάμαι τώρα όλους τους στίχους

που τραγουδήσαμε στη Γη

ακούω εικόνες

βλέπω μουσικές

το ΛυκΑυγές και το ΛυκόΦως αγγίζω

Οσφραίνομαι την καμπύλη του λόφου

τις Κορφές του Βουνού και τη Θάλασσα γεύομαι

Προσκυνώ τα χαμομήλια, τα ρυάκια,

τα φύκια

τα όστρακα

τις Πηγές...

Ερωτεύομαι – κι η ανάσα μου άνεμος

τραγουδά

Ο έρωτας κι ο θάνατος γεννήθηκαν μαζί

Θυμάμαι...

τόσα σύννεφα

βροχές κι αστροπελέκια

ώρες αγάπης και θυμού

στιγμές γαλήνης... πάθους

φεγγάρια ολόγιομα, αμμουδιές

αστέρια, κύμα, χιόνι...

άνεμος, σκόνη, αναλαμπή

παιδιά που παίζουν

στα ραδιόφωνα ειδήσεις

Ήττα και νίκες, ήρωες,

μετάλλια και μάχες

επαναστάσεις, πόλεμος, γενιές πάνω σε στάχτες

πλούτος και πείνα, φτώχεια ή ντροπή

γιορτές και γάμοι και βαφτίσια, χωρισμοί

Σαν κουκλοθέατρο η ζωή που κάθε δειλινό κι αυγή

αναίμακτα πεθαίνει

Φέρνει Ψυχές αγέννητες, ως χθες σ' ανυπαρξία...

Παίρνει Ψυχές, που φεύγοντας στο «τίποτα» επιστρέφουν...

Κι ειν' το Μεγάλο Τίποτα

Μηδέν μαζί και Κύκλος

Κύκλος – ο ΠαντοΔύναμος...

Του ρολογιού, του χρόνου

των άστρων κοσμική τροχιά,

της Γης Χορός Αρχαίος

Πρωτόγονος του Κόσμου ο Ρυθμός

πρωτογενής ο ήχος

ν'ακολουθήσει τις Ψυχές

- στον «άλλο κόσμο»

- στον «άλλο χρόνο»

- στον «άλλο κύκλο»

Στη μαγεία του Τίποτα που όλα τα περιέχει...

Όμορφος κόσμος...!Θαυμαστός...!

Αγγελικά φτιαγμένος...!

Με χώρο, χρόνο, διάβολο, όπως και κάθε κόσμος

Κόσμος δικός σου... ή τ' αλλουνού

Κόσμος γνωστός ή ξένος

Άγνωστος κόσμος, ατελής κι ατέλειωτος συνάμα...

Χρώματα διάφανα και Φως...

Πλήθη... Μονάδες... Γένη...

Γενιές Ανθρώπων.... Πλανητών...

Πλασμάτων από Σκόνη... Σκόνη η ΠαντοΔύναμη...!

Πάντων το Τέλος Σκόνη.

Χρυσόσκονη...Αστερόσκονη...

Των Ηφαιστίων Σκόνη που όλα μπορεί να τα σκεπάζει

Όλα...

Εκτός απ' τη δική σου τη μορφή

Έρωτα

της Σκόνης μετασχηματιστή

Μορφέα

που τις Μορφές σχεδιάζεις

Αφροδίτη

Μήτρα Δημιουργική

Προσκυνώ το Μεγαλείο της Εικόνας σας

Θεοί και Δαίμονες του Κόσμου...

Τώρα σας Βλέπω

τώρα μόνο μπορώ να θαυμάζω

την Ομορφιά του Κόσμου που φτιάξατε

Ευχαριστώ σας

για τη Φλόγα της Αιώνιας Μνήμης

που δώσατε στη Γη μου

στον Αέρα και στα Νερά μου

στη Συνείδησή μου

Θεοί και Δαίμονες του Κόσμου...

Ευχαριστώ σας...

για τη Γνώση που δώσατε στα κύτταρά μου

Που ανασαίνουν κι αλλάζουν,γεννιούνται και πεθαίνουν

ακούραστα

ανενόχλητα

αμετανόητα

Χωρίς ποτέ να ξεχνούν...

Αναγνωρίζουν...!

Όπου κι αν ήταν κρυμμένο τ' άρωμά σου

όπου κι αν ήταν γραμμένη η ματιά και το γέλιο σου

Σ' αναγνώρισαν Έρωτα

Μ' ένα φεγγάρι χρυσό και κατακόκκινο ο Μορφέας μου σε ζω- γράφισε

τόσο Χρυσό – και τόσο Κόκκινο

Στα σκοτεινιασμένα μου βλέφαρα, τώρα πια μόνο Εσύ

Το άφθαρτο, το ανέγγιχτο

το Νόημα το Μοναδικό να είμαι Εσύ

να αισθάνομαι Εσύ

να βλέπω Εσύ

Τώρα μόνο σε κατάλαβα, Κόσμε

Αδέλφια με τον χρόνο σου τα κύτταρά μου και σε βλέπουν, Κό- σμε

Άνεμος η Μορφή της Ψυχής μου και προχωρά

στο Άπειρομαζί σου,

Κόσμε

Πόσο γνώριμες οι Λέξεις σου, τα Σχήματα, οι Φωνές σου

Μάτια και Χέρια σου - δικά μου

Υπάρχω.... σ'έναν «άλλο» Κόσμο, μαζί σου

Υπάρχω.... Πανταχού παρούσα Απουσία

Αιώνιο Ψέμα ο Θάνατος – που ορίζει και χαράζει τη Ζωή

Ασύλληπτο Πνεύμα το Παρελθόν, πλάθει το Μέλλον

πολύχρωμο

Μάτια και Χέρια σου δικά μου - κι ολόλευκα Φτερά

φτερά Περιστεριού, φτερά Αετού

Φτερά των Αγγέλων που διασκορπίζουν τη Ζωή

Υπάρχω σ' έναν άλλο πλανήτη

Μαζί σου

Εκεί που η Σκόνη χορεύει και πάλλεται

παίζοντας με το Παν και το Τίποτα

Υπάρχω πάντα σ' έναν άλλο πλανήτη...

Κρυστάλλινο...

Μαζί σου...

Στην Αρμονία των Αντιθέτων, σαν μια Μονάδα

που ποτέ δε χωρίστηκε

Κι είναι ο Κόσμος Απέραντος...!

Ολόκληρος...!

Αληθινός και Χαρούμενος...

Το πανηγύρι της Γης

Το «Λούνα - Πάρκ» στην άκρη του Γαλαξία

Γεμάτο Σκόνη...

Ιερή... Λαμπερή...Αθάνατη Γαλαξιακή Σκόνη....